Klaus Claaßen, Thilo Girndt

unter Mitwirkung der Verlagsredaktion

Stadt und Stadtentwicklung

westermann

Georg-Westermann-Allee 66, 38104 Braunschweig
www.westermann.de

Druck A³ / Jahr 2024
Alle Drucke der Serie A sind im Unterricht parallel verwendbar.

Redaktion: Thilo Girndt
Druck und Bindung: Westermann Druck GmbH, Georg-Westermann-Allee 66, 38104 Braunschweig

ISBN 978-3-14-**151135**-2

Inhalt

Städte nehmen zurzeit nur circa drei Prozent der Erdoberfläche ein, sind aber der Lebensraum für weltweit 4,2 Milliarden Menschen (2018), was 55,3 Prozent der globalen Bevölkerung entspricht. Und die Verstädterung nimmt – mit regionalen Unterschieden – weiter zu. Im Jahr 2030 soll der Anteil der Stadtbevölkerung weltweit schon bei 60 Prozent liegen. Städte müssen demnach etwas Besonderes haben, wenn so viele Menschen in ihnen wohnen wollen. Die Motive für das Leben in der Stadt sind überall auf der Welt ähnlich: Sie bietet mehr Arbeit und Bildung, Versorgung und Gesundheit, Unterhaltung und Freiheit, Mobilität und Flexibilität sowie Vielfalt und Gleichberechtigung. Zwar haben Städte auch mit einer Vielzahl von Problemen zu kämpfen, sie sind aber auch die Orte, in denen Lösungen gefunden werden. In diesen „Brutnestern der Innovationen" werden die wichtigsten gesellschaftlichen, wissenschaftlichen, ökonomischen und ökologischen Entwicklungen angeschoben.

Gliederung des Buches

Das Phänomen „Stadt" in seiner Gesamtheit zu erfassen, ist gar nicht so einfach. Stadtbewohner, Künstler, Dichter, Architekten, Stadtplaner und Wissenschaftler haben unterschiedliche Auffassungen und Ansichten von „Stadt" und definieren sie jeweils anders. Diese unterschiedlichen Facetten von „Stadt" werden in Kapitel 1 erfasst, ebenso grundlegende Begriffe und Konzepte der Stadtgeographie.

Städte entstehen nicht einfach aus dem Nichts. Es sind bestimmte topographische, ökonomische, politische und gesellschaftliche Voraussetzungen notwendig, die an ganz bestimmten Standorten der Erde zu Stadtgründungen führten. Mit der Stadtentstehung und der weiteren historischen Stadtentwicklung in Mitteleuropa und anderen Weltregionen beschäftigt sich Kapitel 2.

Die räumlichen Auswirkungen von demografischen, sozialen, ökonomischen und verkehrstechnischen Entwicklungen auf die Städte sind in Kapitel 3 das zentrale Thema. Die Stadtgeographie hat dazu bestimmte Prozesse identifiziert (z.B. Suburbanisierung, Segregation, Citybildung), die trotz aller Unterschiedlichkeit der Städte vielerorts in ähnlicher Weise ablaufen.

Neben der Beschreibung vergangener und aktueller Entwicklungen hat sich die Stadtgeographie immer auch mit der Zukunft der Städte beschäftigt. Kapitel 4 stellt die Leitbilder der Stadtentwicklung des 20. Jahrhunderts vor. Schließlich werden einige Lösungen für die ökologischen, sozialen und wirtschaftlichen Herausforderungen aufgezeigt, vor denen die Stadt im 21. Jahrhundert steht.

Während bis dahin überwiegend die Stadtentwicklung in Mitteleuropa im Vordergrund stand, nimmt Kapitel 5 die Verstädterung in den Ländern des Südens mit all ihren Risiken, Chancen und Herausforderungen unter die Lupe.

1 Städtische Räume – ein Überblick

New York gilt vielen Menschen als Inbegriff von Stadt: Wolkenkratzer und Times Square, Manhattan und die Bronx, Central Park und China Town. Vielleicht ist „Big Apple" tatsächlich die großstädtigste Metropole der Welt. Doch Stadt kann so viel mehr sein: Mega City und Kleinstadt, Reihenhaussiedlung und Slum, Altstadt und Plattenbau, Nairobi und Paderborn. Eine allgemeine und präzise Stadtdefinition kann es aufgrund der Verschiedenartigkeit von Städten und ihrer Strukturen nicht geben. Allen gemein ist, dass sie auf Menschen eine hohe Faszination ausüben. Die Stadtgeographie widmet sich der Vielfalt an städtischen Räumen und analysiert die ökonomischen, sozialen, kulturellen, politischen und ökologischen Prozesse in ihnen.

1.1 Stadt-Ansichten

***Stadt**: was für ein knappes Wort für eine Vielfalt von Wirklichkeiten: das sündige Babel, das heilige Jerusalem, Oldenburg in Oldenburg, und Kalkutta, Sparta und Athen, die deutschen Städte des frühen Mittelalters mit im Durchschnitt 500 Einwohnern und Mexico City heute mit über dreißig Millionen. Die Stadt, die uns noch auf Merian-Stichen gegenübertritt, war früher eine mauerbewehrte Insel der Zivilisation im Meer der Natur. Heute bildet die Natur kleine, sorgfältig gehegte Inseln im Siedlungsbrei des Ruhrgebiets oder von Boswash.*

Hartmut Häußermann, Walter Siebel, *Soziologen*

***Urbanität**: Als Merkmale gelten Größe, Dichte und Heterogenität der Stadtbevölkerung. Daraus resultieren physische Nähe bei gleichzeitiger sozialer Distanz und Reserviertheit zwischen den Menschen, die Anonymität des sozialen Verkehrs, ausgeprägte Differenzen zwischen Öffentlichkeit und Privatheit, distinkte Lebensstile sowie ethnische, kulturelle und soziale Vielfalt. Orte werden als urban wahrgenommen, wenn sie gewisse städtebauliche Elemente aufweisen und mit kulturellen Einrichtungen sowie Bildungseinrichtungen ausgestattet sind.*

Lexikon der Geographie

Städtische Superlative

Damaskus: *älteste (noch bewohnte) Stadt*
Ahvaz *(Iran): wärmste Stadt (Ø 46,8 °C, Juli)*
Jakutsk *(Russland) kälteste Stadt (Ø -43 °C, Januar)*
La Rinconada *(Peru): höchste Stadt (5100 m ü. NN)*
Jericho *(Westjordanland): tiefste Stadt (-250 m u. NN)*
Los Cabos *(Mexiko): gefährlichste Stadt (350 Morde/J.)*
Delhi *(Indien): lauteste Stadt*
Zürich *(Schweiz): leiseste Stadt*
Varanasi *(Indien): dreckigste Stadt (217 µg/m^3 Schadst.)*
Singapur: *sauberste und teuerste Stadt*
Dhaka *(Banglad.): dicht besiedelste Stadt (47400 Ew./km^3)*
Hongkong: *Stadt mit meisten Wolkenkratzern (353)*

Halte aus, ich bin gleich da, bin aufgeregt wie jedes Mal. Ich komm zu dir, und du bist wunderschön. Ich atme ein, die Luft ist rein. Du trägst deinen Schmuck und zeigst ihn allen. Du blendest nicht, du bist einfach wunderschön. Deine Feinde kennen dich genau. Doch sehen in dir nur dein brennendes Haus, lachen dich aus und sagen du bist schlecht. Jeden Tag musst du dich beweisen. Ich verbreite deinen Namen auf allen meinen Reisen. Und nie wieder will ich von dir weg.
Du bist so ehrlich zu jedem, Du bist so herrlich dagegen. Ja, du hast mich groß und stark gemacht. Ich zieh los und such mein Glück. Doch dein Licht zieht mich zu dir zurück. Mein Rostock. **Marteria**: *Mein Rostock (2014)*

Wenn du zur Arbeit gehst am frühen Morgen,
wenn du am Bahnhof stehst mit deinen Sorgen:
dann zeigt die Stadt dir asphaltglatt
im Menschentrichter
Millionen Gesichter:
Zwei fremde Augen, ein kurzer Blick,
die Braue, Pupillen, die Lider –
Was war das? Vielleicht dein Lebensglück...
vorbei, verweht, nie wieder.
Kurt Tucholsky: *Augen in der Großstadt (1932)*

„Es ist wirklich Luxus zu wissen, dass Sie etwas tun können, wenn Sie wollen, aber dass Sie es nicht müssen, wenn Sie nicht möchten." (Ein Berliner)

„In der Stadt sind Sie nie weit weg, von dem, was passiert." (Ein Einwohner aus Sydney)

„Ich habe mich bewusst entschieden. Und nicht nur wegen der Arbeit. Es gibt einfach so viel zu erleben." (Ein Einwohner aus New York)

Laßt uns Berlin statistisch erfassen! Berlin ist eine ausführliche Stadt,
die 190 Krankenkassen und 916 ha Friedhöfe hat.
53000 Berliner sterben im Jahr,
und nur 43000 kommen zur Welt.
Die Differenz bringt der Stadt aber keine Gefahr, weil sie 60000 Berliner durch Zuzug erhält. Hurra! [...]
Berlin hat 20100 Schank- und Gaststätten,
6300 Ärzte und 8400 Damenschneider und 117000
Familien, die gern eine Wohnung hätten.
Aber sie haben keine. Leider.
Erich Kästner: *Berlin in Zahlen (1930)*

Die innerstädtische Szenerie [...] mit ihrer Konzentration von Menschen und Funktionen auf engstem Raum wird wohl unzweideutig als urban wahrgenommen. Für ein suburbanes Einfamilienhausgebiet am Stadtrand mit anderen, recht homogenen Bauformen sowie nur geringer funktionaler wie sozioökonomischer Mischung mag das jedoch ganz anders aussehen, obgleich solche Gebiete integrale Bestandteile moderner Großstädte sind. [...] Das geographische Verständnis von Stadt muss demnach eine Vielzahl von Vorstellungsbildern zulassen.
Ludger Basten, Ulrike Gerhard, *Geographen (2016)*

1 Recherchieren Sie einen Songtext über eine Stadt oder über Stadt als Phänomen und analysieren Sie ihn.

1.2 Stadt – Definitionen eines Raumes

1.2.1 Stadtbegriffe

Was ist „Stadt"? Diese Frage haben sich bereits viele Wissenschaftler gestellt und die Stadt aus der jeweiligen objektiven fachlichen Sicht definiert. Doch auch jeder Mensch hat seine ganz eigene Sicht auf die Stadt.

M1: Perspektive einer Fußgängerin und eines Autofahrers

Die Stadt im Kopf

Stadt hat für jeden ein anderes Gesicht. Dies betrifft nicht nur die Wahrnehmung der eigenen Stadt, sondern auch die persönliche Sicht, was das Konstrukt „Stadt" ausmacht. Das im Kopf entstehende Bild der Heimatstadt hängt nicht nur von den Sinneseindrücken des Betrachters ab, sondern auch von persönlichen Bewertungen, Motivationen, Interessen und Bedürfnissen. Oft ist die individuelle Perspektive stark abhängig von Alter, Herkunft, sozialem Status oder auch dem Mobilitätsradius. So blicken Arbeitnehmer, Kinder, Senioren, Alteingesessene, Zugezogene, ausländische Migranten, Reiche, Arme, Autofahrer oder Fußgänger ganz unterschiedlich auf ihr städtisches Umfeld. Es entsteht für den einzelnen Stadtteilnehmer ein subjektives Stadtbild, das nicht statisch ist, denn mit jedem neu gewonnenen Eindruck verändert es sich wieder. Neue Facetten der Stadt kommen hinzu, andere verblassen oder verschwinden.
Aus diesem Bild leitet sich auch ab, was jeder Einzelne für Merkmale braucht, damit in seiner Vorstellung aus einer Siedlung eine Stadt wird: Hochhäuser, Theater, Fußgängerzone oder Bahnhof. Ein Kleinstädter wird dabei womöglich zu einer anderen Stadt-Definition kommen als der Bewohner einer Großstadt. Nicht nur bei der persönlichen Begriffsbestimmung ist von Bedeutung, dass Stadt immer auch über sein Gegenteil definiert wird, also Dorf oder ländlicher Raum.

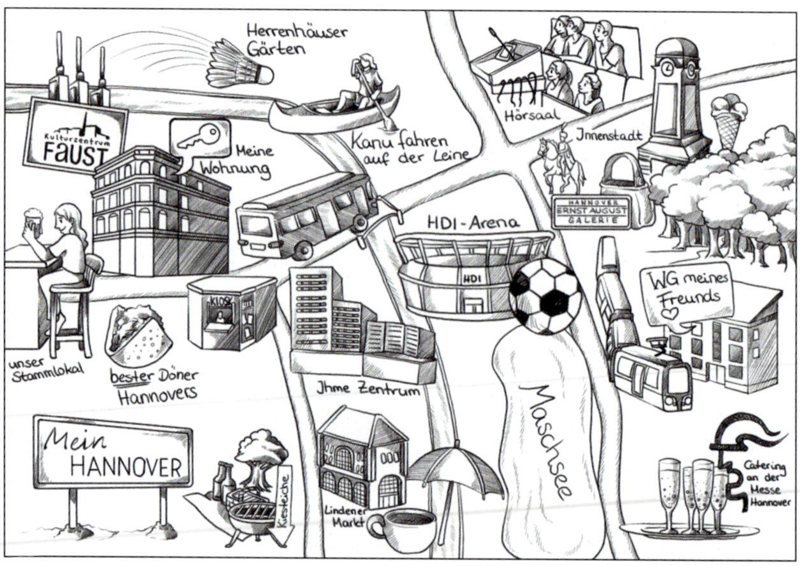

M2: Mental Map von Hannover einer 19-Jährigen Studentin

1 a) Charakterisieren Sie die dargestellte Mental Map (M2).
b) Begründen Sie die Bedeutung anderer städtischer Elemente z.B. für Senioren und Berufstätige.

2 a) Entwerfen Sie eine Mental Map Ihrer Heimatstadt (oder einer benachbarten Stadt).
b) Vergleichen Sie in Ihrem Kurs die unterschiedlichen Sichtweisen auf die Stadt.

3 Definieren Sie aus Ihrer Sicht, was eine Stadt ausmacht.

Die Stadt in der Wissenschaft

So wie jedes Individuum die Stadt in einer bestimmten Art und Weise wahrnimmt, so haben auch Statistiker, Soziologen, Historiker, Juristen, Ökonomen oder Geographen eine besondere fachspezifische Sicht auf die Stadt. Je nach Untersuchungskriterien, aber auch zeitlicher Epoche und Untersuchungsregion kann der Inhalt des Stadtbegriffs wechseln, wodurch es keine allgemeingültige Definition von „Stadt" geben kann.

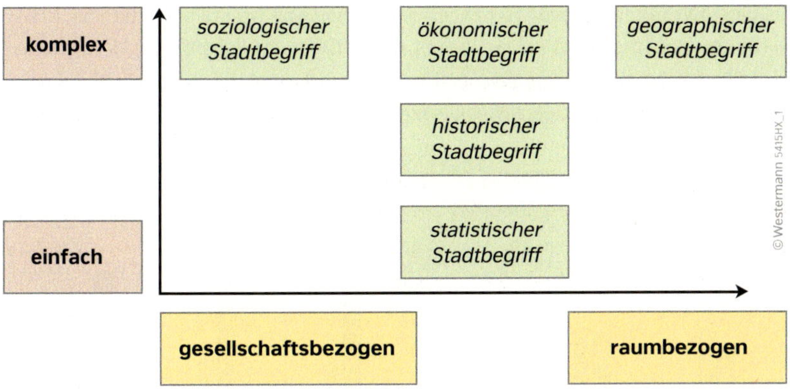

M3: Stadtbegriff in unterschiedlichen Disziplinen

M4: Quellentext zum statistischen Stadtbegriff
Heinz Fassmann: Stadtgeographie I. Braunschweig: Westermann 2009, S. 42

»

Einen einfachen Zugang, um Städte zu definieren, offeriert der statistische Stadtbegriff, der in der Regel von den Einwohnerzahlen oder den Dichtewerten ausgeht. [...] Ab einem bestimmten Wert werden die statistischen Einheiten als „städtisch" eingestuft, und unterhalb dieses Wertes gelten sie noch als ländlich [...]. Welcher Wert als Schwellenwert gilt, stellt eine normative Setzung dar, die theoretisch nicht begründet werden kann. Klar ist, dass diese Trennungslinie so festgelegt werden soll, dass tatsächlich städtische Einheiten von ländlichen getrennt werden. Je nach räumlichem und kulturellem Kontext schwankt dieser Wert aber erheblich.

«

Untere Schwellenwerte für Städte	
Dänemark, Schweden, Finnland	200 Ew.
Deutschland, Frankreich	2 000 Ew.
Österreich, USA	2 500 Ew.
Schweiz, Malaysia, Griechenland	10 000 Ew.
Syrien, Türkei	20 000 Ew.
Japan	50 000 Ew.

Stadtgröße nach Einwohnerzahl in Deutschland	
Landstadt	2000 – 5000 Ew.
Kleinstadt	5000 – 20 000 Ew.
Mittelstadt	20 000 – 100 000 Ew.
Großstadt	100 000 – 1 000 000 Ew.
Millionenstadt	>1 000 000 Ew.

M5: Statistische Abgrenzungswerte für Städte

M6: Quellentext zum historisch-juristischen Stadtbegriff
Axel Borsdorf, Oliver Bender: Allgemeine Siedlungsgeographie. Wien: Böhlau 2010, S. 79

»

In der Rechtswissenschaft ist die Stadt an ein spezifisches Stadtrecht gebunden und geht selbst dort, wo dieses an rechtlicher Wirksamkeit verloren hat, vom Rechtstitel „Stadt" aus. In Mitteleuropa ist der Stadttitel heute inhaltsleer und ohne Rechtskraft. Selbst Gemeinden ohne Zentralität, mit agrarischer Ausrichtung [...] oder/und Einwohnergrößen unter 2000 führen den Stadttitel, während Gemeinden, die in den letzten hundert Jahren eine starke Industrialisierung erfuhren und dadurch auch demografisch stark gewachsen sind, diesen Titel nicht immer besitzen.

«

Mit dem Stadttitel bekam eine Stadt besondere Privilegien wie das Abhalten eines Marktes, Befestigungsrecht, Zollrecht, Münzrecht, eigene Gerichtsbarkeit und Verwaltung.

Stadt – Definitionen eines Raumes

M1: Quellentext zum soziologischen Stadtbegriff
Jürgen Bähr, Ullrich Jürgens: Stadtgeographie II. Braunschweig: Westermann 2009, S. 25

»

Man spricht von „städtischen Lebensformen" und meint damit die Besonderheiten der Lebensweise, die ursprünglich als Unterscheidungskriterium zwischen Stadt und ländlicher Siedlung herangezogen werden konnte, sich aber in den Industriestaaten aber von den Städten ausgehenden mehr und mehr auch auf dem Lande durchgesetzt hat. Indikatoren dafür sind u.a. Haushaltsgröße und Familienstruktur (z. B. Einpersonenhaushalte und nicht-eheliche Lebensgemeinschaften), Freizeitverhalten, Konsummuster und kulturelle Orientierung. Eine hohe Intensität städtischer Lebensform wird als Urbanität bezeichnet. [...] In den Industriestaaten ist die Vielfalt der Kulturen und Lebensstile (Muster der Lebensführung) ein Kennzeichen der Städte. Demgemäß entsteht Urbanität aus der Begegnungsmöglichkeit verschiedener Lebensstile.

«

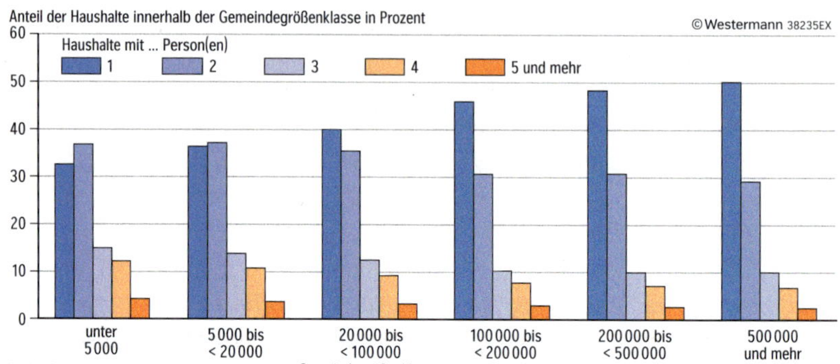

Quelle: Statistisches Bundesamt Mikrozensus Gemeindegrößenklassen mit ... Einwohnern

M2: Privathaushalte nach Haushaltsgrößen und Gemeindegrößenklassen in Deutschland (2016)

M3: Quellentext zum ökonomischen Stadtbegriff
Klaus Zehner: Stadtgeographie. Gotha: Klett-Perthes 2001, S. 23

»

Mögliche Indikatoren zur pragmatischen Abgrenzung von Städten als Wirtschaftsstandorte sind: 1. die Tiefe der Gliederung des städtischen Arbeitsmarktes, der die gegenüber dem Land größere Vielseitigkeit des wirtschaftlichen Besatzes widerspiegelt, sowie 2. der Anteil der Beschäftigten in tertiären Branchen (Banken, Versicherungen, Handel) und in quartären Wirtschaftszweigen (Forschungs- und Entwicklungseinrichtungen). Ihr Anteil liefert einen guten Indikator für Zentralität. Der Anteil der Industriebeschäftigten ist dazu nicht geeignet. Bedingt durch Industriesuburbanisierung und Deindustrialisierung, von denen die Städte stärker als die ländlichen Gebiete betroffen sind, ist der Anteil der im sekundären Sektor Beschäftigten auf dem Lande heute sogar häufig größer als in der Stadt.

«

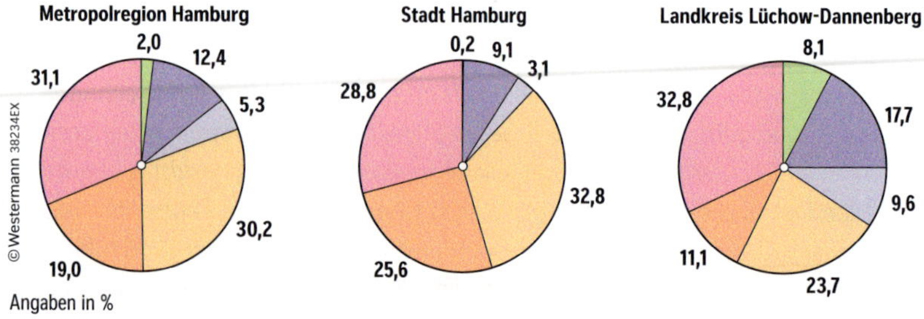

Angaben in %
- Landwirtschaft, Fischerei
- verarbeitendes Gewerbe
- Baugewerbe
- Handel, Verkehr, Gastgewerbe, Informationen und Kommunikation
- Finanz- und Unternehmensdienstleister, Grundstücks- und Wohnungswesen
- öffentliche und sonstige Dienstleister, Erziehung, Gesundheit

Quelle: Erwerbstätigenrechnung des Bundes und der Länder

M4: Erwerbstätige nach Wirtschaftsbranchen in der Metropolregion Hamburg (2015)

Die geographische Perspektive auf die Stadt greift einige auch von anderen Wissenschaften verwendete Merkmale auf und rundet sie mit Aspekten des geographischen Arbeitsfeldes ab (M5). Aufgrund der großen Vielfalt an städtischen Erscheinungsformen haben Stadtgeographen zudem versucht, Städte zu typisieren und zu klassifizieren, um damit zu einer begrifflichen Vereinfachung zu kommen (M6).

»

- *Größere Siedlung (z.B. nach der Einwohnerzahl),*
- *Geschlossenheit der Siedlung (kompakter Siedlungskörper),*
- *hohe Bebauungsdichte,*
- *überwiegend Mehrstöckigkeit der Gebäude (zumindest im Stadtkern),*
- *deutliche funktionale innere Gliederung (z.B. mit City oder Hauptgeschäftszentrum, Wohnvierteln, Naherholungsgebieten),*
- *besondere Bevölkerungs- und Sozialstruktur (z.B. überdurchschnittlich hoher Anteil von Einpersonenhaushalten),*
- *differenzierte innere sozialräumliche Gliederung,*
- *Bevölkerungswachstum vor allem durch Wanderungsgewinn [...],*
- *hohe Wohn- und Arbeitsstätten-/Arbeitsplatzdichte,*
- *Dominanz sekundär- und tertiärwirtschaftlicher Tätigkeiten bei gleichzeitig großer Arbeitsteilung,*
- *Einpendlerüberschuss (positiver Pendlersaldo),*
- *Vorherrschen städtischer Lebens-, Kultur- und Wirtschaftsformen (z.B. spezielle kulturelle Bedarfsdeckung der Bewohner),*
- *Mindestmaß an* **Zentralität***, z. B. mindestens mittelzentrale (Teil-)Funktionen,*
- *relativ hohe Verkehrswertigkeit (Bündelung wichtiger Verkehrswege, hohe Verkehrsdichte),*
- *weitgehend künstliche Umweltgestaltung mit z.T. hoher Umweltbelastung.*

«

M5: Merkmale des geographischen Stadtbegriffs
Heinz Heineberg: Stadtgeographie. Paderborn: Schöningh 2017, S. 28

Zentralität
Relative Bedeutung einer Siedlung in Bezug auf das sie umgebende Gebiet oder Grad, in dem ein Ort zentrale Dienste und Güter anbietet, also Dienste und Güter, die über seinen Eigenbedarf hinausgehen und die im Umland, regional, national oder sogar international nachgefragt werden.

	Kategorisierung	Beispiele
Topographische Lagetypen	nach topographischen Lageeigenschaften	Küsten-, Bergstadt
Kulturhistorische Stadttypen	nach Zeit der Gründung/Entstehung	Burgstadt, Polis, mittelalterliche Bürgerstadt, gründerzeitliche Stadt
Kulturraumspezifische Stadttypen	nach Kulturraum (und dort vorherrschender politischer / gesellschaftlicher Strukturen)	Mitteleuropäische, nordamerikanische, islamisch-orientalische, indische, chinesische Stadt
Morphogenetische Stadttypen	nach räumlicher Struktur	ringförmige, sektorale Anordnung, mono-, polyzentrische Struktur, Satellitenstadt
Statistische Stadtklassen	nach statistischen Kennwerten (Einwohnerzahl,- dichte uvm.)	Klein,- Mittel-, Großstadt Megacity
Funktionale Stadtklassen	nach spezifischen Funktionen (wirtschaftlich, gesellschaftlich, kulturell) nach politischem/verwaltungsrechtlichem Status nach funktionalem Bedeutungsüberschuss (national, global)	Beamten-, Bischofs-, Universitäts-, Industriestadt, Metropole. kreisfreie Stadt, Kreis-, Landes-, Bundeshauptstadt. Klein-, Mittel-, Großzentrum, Global City

Megacity / Megastadt
Städte mit mehr als zehn Mio. Einwohnern (gelegentlich auch Schwellenwert für Einwohnerdichte von 2000 Ew./km²).

Global City
Städte mit einer zentralen Steuerungsfunktion innerhalb der globalisierten Weltwirtschaft.

M6: Stadttypen und -klassen

1 Vergleichen Sie die Stadtbegriffe der einzelnen wissenschaftlichen Fachrichtungen.
2 Vergleichen Sie Ihre Stadtdefinition (Aufgabe 3, S. 8) mit der geographischen Stadtdefinition (M5).
3 Typisieren bzw. klassifizieren Sie die Stadt Ihres Schulstandorts (M6).

„Dorf und Stadt haben sich, zumindest in den Industriestaaten, in Lebensform, Wirtschaftsorientierung, Infrastruktur und Physiognomie einander angeglichen, der Stadt-Land-Gegensatz ist einem Stadt-Land-Kontinuum gewichen."

Axel Borsdorf, Oliver Bender, *deutsche Geographen (2010)*

M1: Zitat

M2: Struktur von Agglomerationsräumen

Monozentrische Regionen
Berlin-Brandenburg, Hamburg, München London, Mailand, Paris
Polyzentrische Regionen mit einem dominierenden Zentrum
Rhein-Main, Stuttgart, Nürnberg, Dreistadt (Danzig mit Gdingen und Zoppot)
Polyzentrische Regionen mit mehreren gleichwertigen Zentren
Hannover-Braunschweig-Göttingen, Rhein-Neckar, Rhein-Ruhr, Randstad (Amsterdam, Den Haag, Rotterdam und Utrecht)

M3: Beispiele mono- und polyzentrischer Regionen in Deutschland und Europa

1.2.2 Das Stadt-Land-Kontinuum

Neben der Frage, was ist Stadt, gibt es eine zweite wichtige Frage: Wo fängt Stadt eigentlich an, wo hört Stadt auf. Den alten Stadt-Land-Gegensatz gibt es nicht mehr (außer in manchen Entwicklungsländern). Er ist einem fließenden Übergang von Stadt und Land und einer Urbanisierung des ländlichen Raums gewichen. Zudem haben sich aufgrund des massiven Wachstums Städte auf der ganzen Welt über ihre ursprünglichen administrativen Grenzen zu immer größeren Agglomerationen ausgedehnt.

Zwei Entwicklungen haben im Laufe der letzten Jahrzehnte eine einfache Beschreibung des räumlichen Phänomens Stadt immer weiter erschwert: Zum einen wuchsen manche Städte in Industrie- aber vor allem Entwicklungs-/Schwellenländern zu riesigen Millionen- und Megastädten mit komplexen Strukturen weit über ihre alten Verwaltungsgrenzen hinaus. Anderswo entstanden Städteballungen mit einer polyzentrischen Struktur, bei denen mehrere Städte zu einem einzigen verstädterten Raum zusammenwuchsen (M2, M3). Stadtgeographen, Planer, Statistiker und Verwaltungsfachleute haben für diesen verstädterten Raum eine ganze Reihe von Begriffen ersonnen (mit keinesfalls jeweils einheitlicher Definition, sodass es bis heute keine einheitliche internationale Klassifizierung von städtischen Räumen gibt):

- **Stadtregion** (funktionale Einheit aus Kernstadt und einem Pendlereinzugsbereich mit Arbeitsplatz-, Bildungspendlern und Konsumenten),
- **Agglomeration** (auch Ballungsgebiet oder Verdichtungsraum; großflächiger, mono- oder polyzentrischer verstädterter Raum und das urbane Umland),
- **Metropolregion** (Großstadtregion mit hoher nationaler oder internationaler Bedeutung, die oft noch im Gegensatz zur Agglomeration auch ländliche Gebiete einbezieht, die wirtschaftlich mit der Kernstadt verflochten sind),
- **Megalopolis** (auch Megaregion; zusammengewachsenes, bandartiges Gebiet von mehreren Agglomerationen mit großer Einwohnerzahl, z. B. BosWash: Boston/Washington, Tokio/Osaka).

Zum anderen kam es besonders in den Industrieländern zu einer (funktionellen) Verstädterung des ehemals ländlichen Raums besonders im städtischen Umland. Das Stadtwachstum führte dabei zu einer Überformung dörflicher Strukturen. Auch wenn es noch Unterschiede bezüglich Wirtschaftskraft, Arbeits- und Wohnungsmarkt, Erreichbarkeit von zentralen Einrichtungen oder Verfügbarkeit von öffentlichen Verkehrsmitteln zwischen Stadt und Umland gibt, sind Stadt und ländlicher Raum heute intensiv sozial und wirtschaftlich miteinander verflochten. Viele städtische Merkmale sind heute auch im ländlichen Raum anzutreffen und die Lebensstile haben sich immer mehr angeglichen.

Sowohl Wissenschaftlern als auch Stadt- und Raumplanern fällt es schwer, mit den fließenden Übergängen zwischen städtischem und ländlichem Raum umzugehen. Meist dient eine bestimmte Mindesteinwohnerzahl kombiniert mit einer Mindestdichte innerhalb bestimmter administrativer Grenzen zur Abgrenzung. Über Luft- und Satellitenbilder lassen sich Städte auch über die Bebauungs- und Siedlungsdichte abgrenzen. Die Bedeutung der Landwirtschaft, ein Indikator der vor wenigen Jahrzehnten noch zur Differenzierung von ländlichen und städtischen Räumen oder zur Unterscheidung von Dörfern gegenüber Städten genutzt wurde, findet in den Industrieländern kaum noch Anwendung. Eine aktuelle Methode, städtische und ländliche Räume abzugrenzen, sind die siedlungsstrukturellen Regionstypen des Bundesinstituts für Bau- und Raumforschung (BBSR; M5, M6).

Merkmal	Stadt	Land
Einwohnergröße	Siedlung ab 2000 bzw. 5000 Ew. hohe Bevölkerungsdichte	Siedlung bis 2000 / 5000 Ew. niedrige Bevölkerungsdichte
Soziale Beziehungen	anonym	personalisiert
Soziale Kontrolle	gering	ausgeprägt
Soziale Differenzierung	hoch	niedrig
Bauliche Struktur	dichte Bebauung Dominanz des Geschosswohnbaus	geringe Dichte Ein- und Zweifamilienhäuser
Funktionale Bedeutung	weitreichend und vielfältig	geringer Bedeutungsüberschuss

Bedeutungsüberschuss
Überangebot eines (zentralen) Ortes mit Versorgungseinrichtungen (Bildung, Verwaltung, Einzelhandel, Gesundheit etc.), die über den Eigenbedarf hinaus ein Umland mitversorgen.

M4: Differenzierungskriterien von Stadt und Land

	Städtische Regionen	Regionen mit Verdichtungsansätzen	Ländliche Regionen
Abgrenzungskriterien: Regionen mit	• > 50 % Bevölkerung in Groß- und Mittelstädten, eine Großstadt (> 500 000 Ew.), • Ew.-Dichte > 300 Ew./km² (ohne Großstädte)	• > 33 % Bevölkerung in Groß- und Mittelstädten (150 - 300 Ew./km²), • Ew.-Dichte >100 Ew./km² (ohne Großstädte)	• < 33 % Bevölkerung in Groß- und Mittelstädten (Ew.-Dichte < 150 Ew./km²,), • Ew.-Dichte <100 Ew./km² (ohne Großstädte)
Fläche (in km²)	63 363 (17,7 %)	127 689 (35,7 %)	166 316 (46,5 %)
Bevölkerung	39,0 Mio. (47,5 %)	25,2 Mio. (30,7 %)	17,9 Mio. (21,8 %)

M5: Deutschland: Siedlungsstrukturelle Regionstypen 2016 des Bundesinstituts für Bau- und Raumforschung (BBSR)

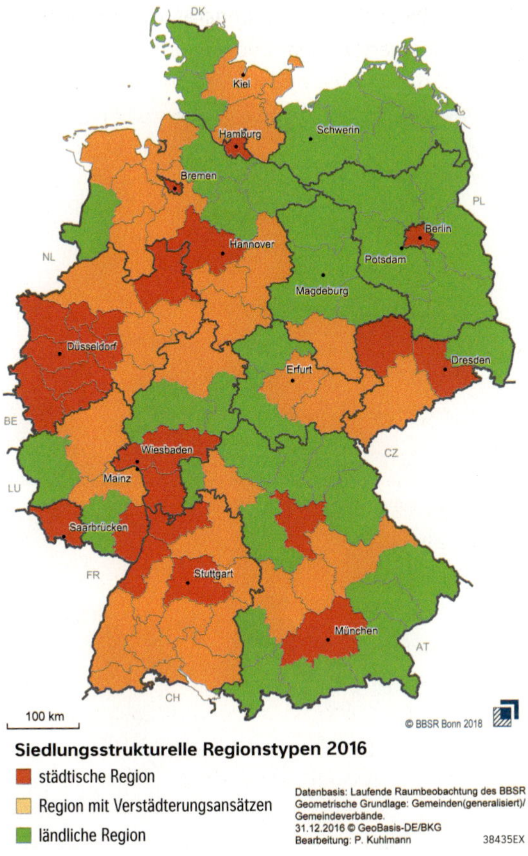

M6: Gliederung Deutschlands in siedlungsstrukturelle Regionstypen 2016

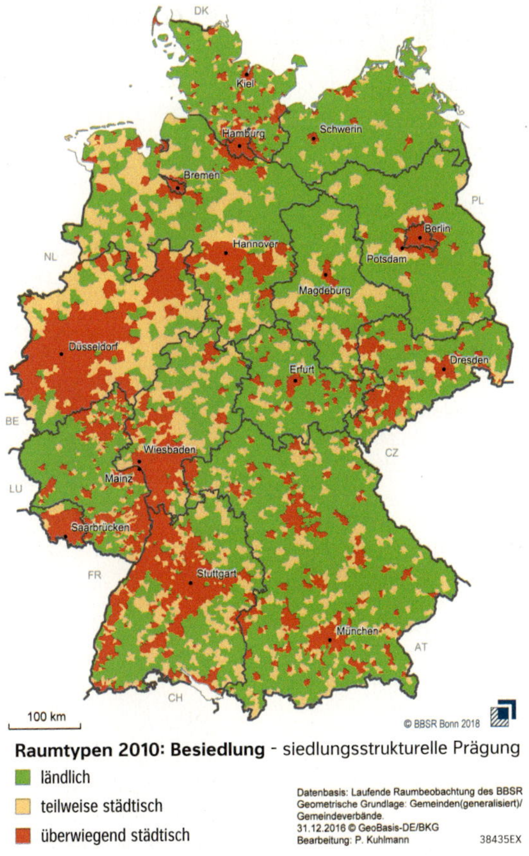

M7: Gliederung Deutschlands nach Raumtypen 2010 (Daten 2016)

1.2 Stadt – Definitionen eines Raumes

M1: Die größte Stadt der Welt

Was ist die größte Stadt der Welt? Dass diese Frage nicht ganz einfach zu beantworten ist, hat auch mit der Stadtdefinition und der Abgrenzungsproblematik zu tun. Der Fläche nach ist das chinesische Chongqing (82403 km^2, entspricht der Größe von Österreich; ca. 370 Ew./km^2) weltweiter Spitzenreiter. Große Areale dieses gewaltigen Stadtraums sind jedoch ländlich strukturiert. Auch zum Stadtgebiet vieler anderer großer Städte der Welt gehören landwirtschaftlich genutzte Flächen. Andersherum besteht vielerorts das Phänomen, dass die städtische Fläche weit über die ursprüngliche Verwaltungseinheit einer Stadt hinausgewachsen ist. Dies gilt auch für die lange Zeit größte „Stadt" nach Einwohnern Tokio. Während in der heutigen Metropolregion Tokio 2018 etwa 37,4 Mio. Menschen lebten (2662 Ew./km^2), besitzt die alte Stadt Tokio, die keine Verwaltungseinheit mehr ist, lediglich 13,7 Mio. (ca. 6220 Ew./km^2). Abgelöst wurde Tokio vor ein paar Jahren von einem städtischen Raum in Südchina, der gar keinen Stadtnamen trägt. Unter dem Namen Metropolregion Perlflussdelta firmieren die Städte Guangzhou, Hongkong, Shenzhen, Foshan, Macau und Dongguan an der Mündung des Perlflusses, die durch die mit dem rasanten wirtschaftlichen Aufschwung verbundene massive Zuwanderung immer weiter zusammengewachsen sind. Eine genaue Angabe der Einwohnerzahl ist schwierig, unterschiedliche Quellen sprechen von 65 bis 120 Mio. Einwohnern. Eine Bevölkerungsdichte von 1625 bis 3000 Ew./km^2 spricht dafür, den etwa 40000 km^2 großen Raum insgesamt als eine Agglomeration zu bezeichnen (z. Vgl., Ruhrgebiet: 1150 Ew./km^2). Die größte „echte" Stadt ohne Umlandmitberechnung liegt auch in China: Shanghai mit etwa 25,6 Mio. Einwohnern.

Agglomeration	Land	Ew. (in Mio.)
Tokio	Japan	37,4
Delhi	Indien	28,5
Shanghai	China	25,6
São Paulo	Brasilien	21,7
Mexiko Stadt	Mexiko	21,6
Kairo	Ägypten	20,1
Mumbai	Indien	20,0
Peking	China	19,6
Dhaka	Bangladesch	19,6
Osaka	Japan	19,3
New York	USA	18,8
Karachi	Pakistan	15,4
Buenos Aires	Argentinien	15,0
Chongqing	China	14,8
Istanbul	Turkei	14,8
Kolkata	Indien	14,7
Manila	Philippinen	13,5
Lagos	Nigeria	13,5
Rio de Janeiro	Brasilien	13,3
Tianjin	China	13,2
Kinshasa	D.R. Kongo	13,2
Guangzhou	China	12,6
Los Angeles	USA	12,5
Moskau	Russland	12,4
Shenzhen	China	11,9
Lahore	Pakistan	11,7
Bangalore	Indien	11,4
Paris	Frankreich	10,6
Bogotá	Kolumbien	10,6
Jakarta	Indonesien	10,5
Chennai	Indien	10,5
Lima	Peru	10,4
Bangkok	Thailand	10,2

Quelle: UN Urbanization Prospects 2018

M2: Agglomerationen mit mehr als zehn Mio. Einwohnern (Megastädte, 2018)

Die Angabe der Einwohnerzahl von Städten ist grundsätzlich mit großer Vorsicht zu genießen. Selten beruhen sie auf Zählungen oder einem korrekten Meldewesen. Meist handelt sich um Schätzungen oder Fortschreibungen von Zählungen in der Vergangenheit. Zudem gibt es international unterschiedliche Kategorisierungen und Zählweisen. Bei internationalen Angaben werden in diesem Buch die UN Urbanization Prospects verwendet.

M3: Perlflussdelta (Ausschnitt) 1988 und 2014 *(siehe auch Atlas 187.2)*

1.2.3 Verstädterung und Urbanisierung

Neben demografischem und räumlichem Wachstum von Städten kann auch die Zunahme städtischer Funktionen und Lebensformen beobachtet werden.

Zwar gibt es auch das Phänomen schrumpfender Städte (vgl. Kap. 3.3), doch weltweit sind Agglomerationen, aber auch Klein- und Mittelstädte, die bevorzugten Wachstumsräume. Die Zunahme der städtischen Bevölkerung kann dabei ganz verschiedene Ursachen haben: Natürliches Bevölkerungswachstum der Städter, Zuwanderung aus ländlichen Gebieten, aber auch Umklassifizierung von bisher als ländlich eingestuften Siedlungen nach Überschreiten einer bestimmten Einwohnerzahl oder administrative Vorgänge (Eingemeindungen).

Die **demografische Verstädterung** (Zunahme der Stadtbevölkerung) kann mit Maßzahlen beschrieben werden, die den Zustand (**Verstädterungsgrad**) oder auch den Prozess der Verstädterung (**Verstädterungsrate** bzw. **städtische Wachstumsrate**) vor allem für Staaten angeben. Bei diesen Indikatoren bestehen charakteristische Unterschiede zwischen Industrie- und Schwellen-/Entwicklungsländern (M4, vgl. Kap. 5.1). Über die Zunahme der städtischen Bevölkerung hinaus kann Verstädterung auch noch die räumliche Ausbreitung von Städten oder die Zunahme der Anzahl von Städten meinen.

Zudem hat der Begriff Verstädterung nicht nur eine zählbare, quantitative, sondern auch eine qualitative Dimension. So weist die **funktionale Verstädterung** darauf hin, dass mit Entstehung und Wachstum von Städten in aller Regel Funktionsänderungen verbunden sind (z. B. Ansiedelung von Industrie, Dienstleistungen und Handel). Mit der **physiognomischen Verstädterung** geht eine Expansion städtischer Siedlungsformen einher (z. B. dichtere, höhere Bebauung, Übernahme städtischer Baustile). Die **soziale Verstädterung** bedeutet schließlich die Adaption und räumliche Ausbreitung städtischer Sozial-, Wohn-, Lebens- und Wirtschaftsformen und Verhaltensweisen. Hierfür wird häufig auch der Begriff **Urbanisierung** verwendet.

Demografie
interdisziplinar arbeitende Wissenschaft von der Bevölkerung, ihrer Struktur, Verteilung und Entwicklung.

Verstädterungsgrad
Anteil der Stadtbevölkerung an der Gesamtbevölkerung.

Verstädterungsrate
Veränderung des Anteils der Stadtbevölkerung an der Gesamtbevölkerung pro Jahr, also prozentuale Veränderung des Verstädterungsgrads.

Städtische Wachstumsrate
Veränderung der städtischen Bevölkerung eines Landes.

Land/Region	Verstädterungs-grad	Verstädterungs rate	Städtische Wachstumsrate
Welt	55,3 %	0,82 %	1,90 %
Industrieländer	78,7 %	0,24 %	0,50 %
Entwicklungsländer	50,6 %	1,09 %	2,34 %
Europa	74,5 %	0,28 %	0,35 %
Lateinamerika	80,7 %	0,31 %	1,30 %
Afrika	42,5 %	1,09 %	3,58 %
Deutschland	77,3 %	0,07 %	0,27 %
Belgien	98,0 %	0,04 %	0,62 %
Niger	16,4 %	0,46 %	4,27 %
Uganda	23,8 %	2,47 %	5,70 %
Japan	91,6 %	0,09 %	-0,14 %
Polen	60,1 %	-0,08 %	-0,25 %

Quelle: UN Urbanization Prospects 2018

M4: Verstädterungsgrad (2018) und -rate (2015 – 2020) sowie städtische Wachstumsrate (2015 – 2020) ausgewählter Regionen und Länder

1 **Charakterisieren Sie die Verflechtung von Kernstädten mit ihrem Umland (Atlas).**
3 **Erläutern Sie die Problematik der Bestimmung der größten „Stadt“ der Welt (M1).**
3 **Fassen Sie die Merkmale der unterschiedlichen Verstädterungsarten zusammen.**
4 **Charakterisieren Sie die Verstädterung in den in M4 ausgewählten Ländern.**

1.2.4 Nationale und internationale Bedeutung von Städten

Einige Städte haben innerhalb von Staaten oder sogar weltweit eine ganz besondere Stellung. Sie sind die herausragenden Großstädte des jeweiligen Landes und haben die Funktion eines wirtschaftlichen, politischen, sozialen, kulturellen und gesellschaftlichen Zentrums.

Sogenannte Metropolen (z.B. Paris, New York, London, Wien, Tokio) müssen nicht zwangsläufig die Hauptstadt eines Landes sein. Durch ihre herausragende Bedeutung hat oft ein ökonomisches und demografisches Wachstum begonnen, das alle anderen Städte übertrifft (Metropolisierungsprozess, vgl. Kap. 5.2). Metropolen entwickeln durch die Reichweite ihrer Funktionen in Wirtschaft, Gesellschaft und Kultur eine Ausstrahlungskraft bis in den letzten Winkel des Staates und teilweise sogar weltweit.

Bei vielen dieser Agglomerationen handelt es sich um räumlich und wirtschaftlich übermächtige urbane Landschaften, die allen anderen Städten eines Landes den Rang ablaufen, also eine Vormachtstellung einnehmen. Diese Agglomerationen werden auch als **Primatstädte** (primate cities) bezeichnet. In ihnen konzentriert sich nicht nur ein überdurchschnittlich großer Anteil der Bevölkerung eines Staates (demografische Vormachtstellung, **demografische Primacy**), sondern auch der Wirtschaftskraft (funktionale Vormachtstellung, **funktionale Primacy**).

Primacy Index
(auch Metropolisierungsquote) Verhältnis der größten zur zweitgrößten Stadt eines Staates. Bei einem Index von deutlich größer als zwei wird von einer Vormachtstellung gesprochen.

M1: Quellentext zur Primatstadt Paris
Tim Freytag: Frankreich. Geographische Rundschau 5/2013, S. 4–5

» *Die Tradition des Zentralismus ist in Frankreich ähnlich fest verankert wie der Föderalismus in der Bundesrepublik Deutschland. Der absolutistische Herrscher König Ludwig XIV. und Kaiser Napoleon I. haben u. a. durch ihre Verwaltungsreformen wesentlich dazu beigetragen, dass sich dieses Leitprinzip der staatlichen Organisation in einem während des Mittelalters noch stark zersplitterten Frankreich hat durchsetzen können. [...] In Frankreich konnte sich Paris dauerhaft als politischer Mittelpunkt etablieren. [...] Im Zuge einer fortschreitenden Industrialisierung und Urbanisierung vermochte Paris seine herausragende Position als politisches, wirtschaftliches, kulturelles und demografisches Zentrum noch weiter stärken und entwickelte sich schließlich zu einer modernen Metropole von Weltrang.* «

Staat (Ew.)	Größte Städte	Ew. in der Agglomeration
Nigeria (195,9 Mio.)	(1) Lagos (2) Kano	13,5 3,8
Dem. Rep. Kongo (84,0 Mio.)	(1) Kinshasa (2) Mbuji-Mayi	13,2 2,3
Argentinien (44,7 Mio.)	(1) Buenes Aires (2) Córdoba	15,0 1,5
Thailand (69,2 Mio)	(1) Bangkok (2) Chon Buri	10,2 1,4
Frankreich (65,2 Mio.)	(1) Paris (2) Lyon	10,9 1,7
Österreich (8,8 Mio.)	(1) Wien (2) Graz	1,9 0,3
Deutschland (82,9 Mio.)	(1) Berlin (2) Hamburg	3,6 1,8

Quelle: UN Urbanization Prospects 2018

M2: Größte Städte ausgewählter Länder (2018)

Stadt	Anteil Ew.	Anteil BIP
Amsterdam (Niederlande)	14,5	17,8
Athen (Griechenland)	35,4	49,7
Berlin (Deutschland)	6,2	5,3
Dublin (Irland)	39,5	49,0
London (UK)	21,8	30,2
Madrid (Spanien)	13,7	19,0
Paris (Frankreich)	18,2	29,9
Riga (Lettland)	50,5	67,5
Rom (Italien)	7,1	9,5
Tallinn (Estland)	43,5	60,0
Valetta (Malta)	92,5	93,6
Warschau (Polen)	8,7	17,1
Wien (Österreich)	31,5	34,9

Quelle: Eurostat

M3: Anteil europäischer Hauptstädte an der Gesamtbevölkerung und der -wirtschaftskraft ihres Landes (2016)

M4: Paris: Primatstadt und Global City

Global Cities gelten als die Motoren und Steuerungszentralen der modernen globalisierten Weltwirtschaft. Sie beherbergen die Headquarter der transnational agierenden Unternehmen (Global Player), die wichtigen Banken, Börsen und Unternehmensdienstleister, sind Standorte bedeutender Flughäfen und führender Seehäfen. Global Cities sind stark miteinander vernetzt, konkurrieren aber auch untereinander.

Eine feststehende wissenschaftliche Definition des Begriffes und eine eindeutige Merkmalsliste gibt es nicht. Das erklärt auch, warum zwar allgemein Einigkeit darüber besteht, dass die führenden Global Cities der Welt New York, London, Paris und Tokio sind, es aber vielerlei Meinungen über die nachgeordneten „globale Städte" gibt. Verschiedene Ratingmethoden unterschiedlicher Wissenschaftler und Organisationen (wie Unternehmensberatungen) kommen über verschiedene Merkmalskataloge zu unterschiedlichen Ergebnissen (M6, M7).

- *Wirtschaftliche Aktivität (30%): Anzahl von Firmenzentralen internationaler Konzerne, Präsenz wichtiger Unternehmensdienstleister, Wert der Kapitalmärkte, Anzahl von internationalen Konferenzen und Güterumschlag.*
- *Humankapital (30%): Fähigkeit einer Stadt, qualifizierte Arbeitskräfte auf Basis folgender Messgrößen anzulocken: Ausländeranteil; Qualität der Hochschulen; Anzahl internationaler Schulen; Anzahl internationaler Studenten; Anzahl von Einwohnern mit Hochschulabschluss.*
- *Informationsaustausch (15%): Zugang zu großen TV-Nachrichtenkanälen; Internetpräsenz; Anzahl von internationalen Nachrichtenagenturen; Freiheit der Meinungsäußerung; Verfügbarkeit von Breitbandanschlüssen.*
- *Kulturangebot (15%): Anzahl von Sportveranstaltungen, von Museen, von Ausstellungsorten für darstellende Kunst, von gastronomischen Einrichtungen; Anzahl internationaler Touristen; Anzahl Städtepartnerschaften.*
- *Politisches Engagement (10%): Einfluss einer Stadt auf den globalen politischen Dialog (gemessen mit der Anzahl von Botschaften und Konsulaten, wichtigen Denkfabriken, internationalen Organisationen und lokalen Institutionen mit internationaler Bedeutung, die in der Stadt vorhanden sind); politische Konferenzen, die in einer Stadt stattfinden.*

M5: Merkmale und Gewichtung in Prozent für die Berechnung des Global City Index

„Im Vergleich zu dem überkommenen Begriff der Weltstadt sollte die Bezeichnung Global City ihre Kontrollfunktion über die Produktion und Märkte in einem weltweiten Netz von Städten und hierarchisch aufgebauten Produktionsprozessen kennzeichnen."
Lexikon der Geographie (2002)

M6: Zitat

Stadt	Global City Index	Stadt	Global Power City Index
New York	62,0	London	1560
London	60,1	New York	1386
Tokio	53,2	Tokio	1355
Paris	47,2	Paris	1282
Hongkong	44,9	Singapur	1225
Los Angeles	38,3	Seoul	1144
Singapur	37,9	Amsterdam	1130
Chicago	36,3	Berlin	1108
Peking	35,4	Hongkong	1090
Brüssel	34,3	Sydney	1078
Washington	34,2	Los Angeles	1074
Seoul	33,3	Frankfurt	1060
Madrid	33,2	Peking	1052
Moskau	32,7	Wien	1046
Sydney	32,5	Shanghai	1032

Quelle: A.T. Kearney, Institute of Urban Strategies

M7: Ranking von Global Cities durch die Unternehmensberatung A.T. Kearney 2018 (Global City Index) und des Institutes of Urban Strategies 2017 (Global Power City Index)

1 Vergleichen Sie die Begriffe „Primatstadt" und „Global City".
2 Vergleichen Sie die demografische und funktionale Primacy in europäischen Hauptstädten (M2, M3).
3 Beurteilen Sie die Aussagekraft der Merkmale des Global City Index (M7).

1.3 Gliederung der Stadt

In Städten haben sich Viertel herausgebildet, die sich in ihrer Geschichte, ihrer Gestalt, ihren Funktionen und ihrer sozialen Struktur unterscheiden. Stadtstrukturmodelle dienen dazu, in einfacher Form die räumliche Organisation einer Stadt und die Struktur ihrer Gesellschaft und Wirtschaft darzustellen.

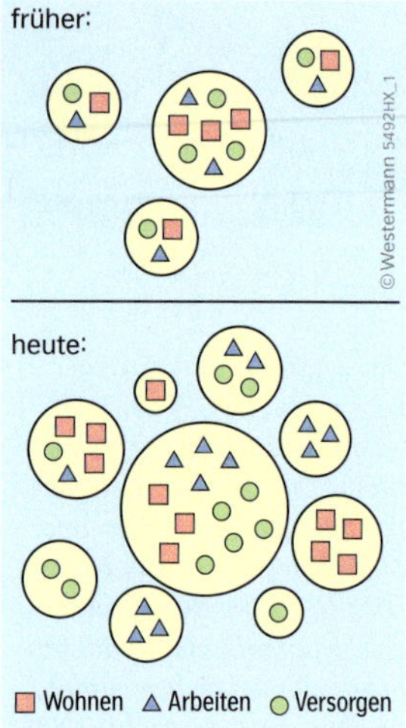

M1: Modell der Siedlungsdispersion und Entmischung

Zu einem wichtigen Merkmal, das eine Stadt von einem Dorf unterscheidet, gehört ihre Gliederung in verschiedene Stadtteile oder Stadtviertel. Im Laufe ihrer Geschichte haben Städte eine heterogene Struktur angenommen (M1). Um die räumliche Stadtgestalt zu beschreiben, haben Geographen verschiedene Ansätze und Methoden entwickelt, Städte in bestimmte Teilräume zu gliedern, etwa nach

- der baulichen Gestalt (z.B. vorherrschende Hausformen, Alter der Gebäude),
- ihrer historischen Entwicklung (z.B. mittelalterliche Altstadt, Gründerzeitviertel),
- der Entfernung vom Zentrum (Kernstadt, Kerngebiet, verstädterte Zone, Randzone, Umland),
- Funktionen (z.B. Wohnviertel, Gewerbe-/Industriegebiet, Geschäftsviertel),
- der sozialen Struktur (z.B. Viertel mit hohem Anteil von Bewohnern mit ähnlichem Einkommen, Vermögen, Alter oder ähnlicher Herkunft),
- Boden- und Immobilienpreisen, Erschließungsgrad, Verkehrsdichte, Erreichbarkeit, Bevölkerungsdynamik (Zu- und Abwanderungsräume) und vielem mehr.

Funktionale Gliederung

Die funktionale Gliederung stellt die jeweilige Nutzung und damit die Daseinsgrundfunktionen in den Mittelpunkt: Wohnen, Arbeiten, Einkaufen, Bildung und Freizeit/Erholung, Gemeinschaft und Teilnahme am Verkehr (M3). Die Ansprüche des Menschen an seinen Lebensraum spiegeln sich im Stadtbild wieder. Als Funktionsräume gliedern sie die Stadt und sind häufig räumlich klar voneinander abgegrenzt, wobei ihre Entstehung sowohl geplant als auch ungeplant verlief.

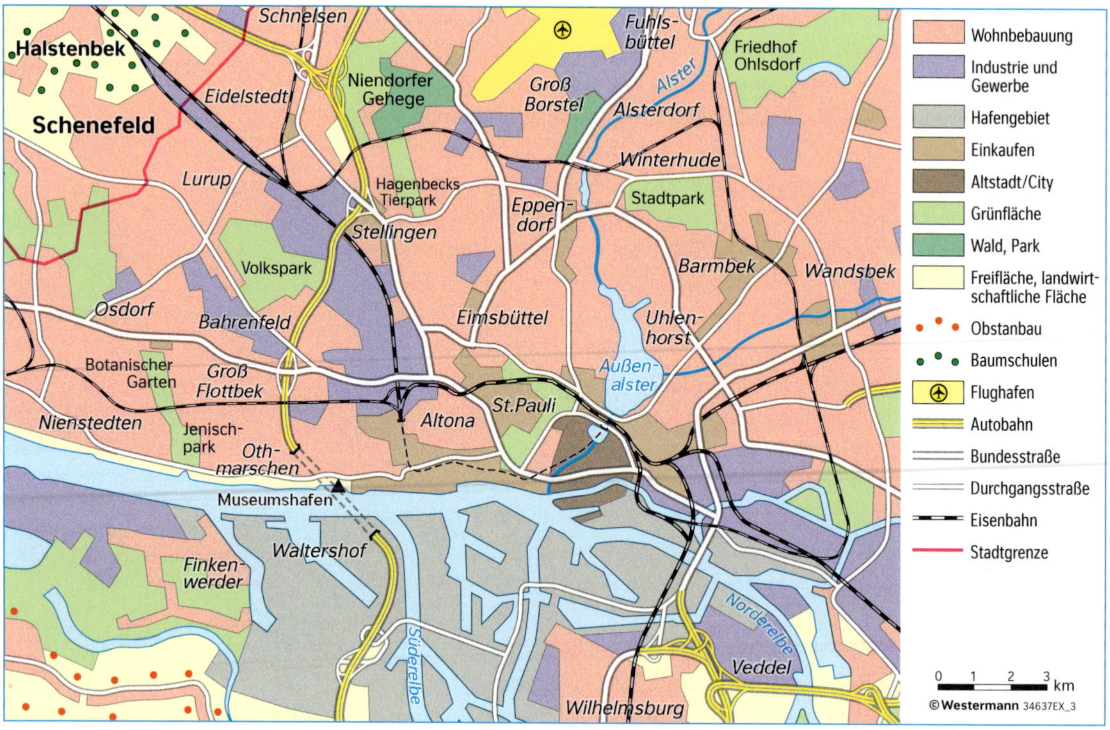

M2: Funktionale Gliederung von Hamburg

Heute sind Wohn-, Gewerbe-, Dienstleistungs-, Einkaufs- und Freizeitbereiche über die Stadt verteilt (M2). Allerdings gibt es in der Stadtplanung der letzten Jahrzehnte den starken Trend, die Funktionstrennung wieder aufzuheben und eine stärkere Funktionsmischung anzustreben (vgl. Kap. 4.2.2). Ein besonderer, multifunktionaler Raum im Zentrum der Städte ist die City. Die funktionale Gliederung wird regelmäßig in Flächennutzungsplänen eingesetzt, einem zentralen Instrument der Raum- und Stadtplanung (vgl. Kap. 4.1).

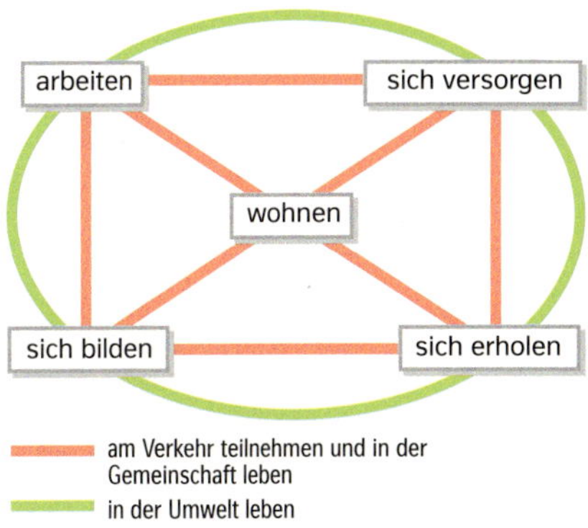

M3: Daseinsgrundfunktionen

City

Stadtkern großer Städte (im engl. auch Central Business District, CBD), Eigenschaften:
- *Ballung von Einzelhandelseinrichtungen, Zentralen der Banken und Versicherungen, öffentlicher Verwaltung und kulturellen Einrichtungen,*
- *hohe räumliche Verdichtung, auch in die Höhe,*
- *geringe Wohnbevölkerung,*
- *Tag- > Nachttbevölkerung;*
- *höchste Boden- und Immobilienpreise,*
- *hohe Arbeitsplatzdichte;,*
- *gute Anbindung an den öffentlichen Personennahverkehr, hohe Fußgängerdichte,*
- *Fußgängerzonen, viele Parkplätze.*

Sozialräumliche Gliederung

Die sozialräumliche Gliederung nimmt eine Unterscheidung danach vor, welchen sozialen Gruppen die Bewohner bestimmter Viertel vorwiegend angehören (M4). Dabei können Aspekte wie Einkommen und Vermögen, Bildungsstand, Erwerbstätigkeit (Arbeitslose, Hausfrauen), Berufsgruppen und Alter genauso Eingang finden wie Herkunft, Lebensstil und Haushaltsform und -größe (Single, Familie). Ursachen für sozialräumliche Differenzierungsprozesse sind ökonomische (Mieten) und auch gesellschaftliche Zwänge (Abdrängen von sozialen Randgruppen und Ausländern in bestimmte Vierteln), aber auch das Streben vieler Menschen, mit ihresgleichen zusammenzuwohnen (Segregation, vgl. Kap. 3.4).

Stadtstrukturmodelle

Auf Grundlage der verschiedenen Gliederungskonzepte haben Stadtgeographen versucht, die innere Struktur und Entwicklung der Stadt in einfacher, überschaubarer und idealisierter Form modellhaft zu veranschaulichen. Solche Stadtstrukturmodelle zeigen die räumliche, soziale, wirtschaftliche und kulturelle Gliederung einer Stadt in einer bestimmten Region für einen bestimmten historischen Zeitrahmen. So gibt es Modelle, die eine bestimmte Epoche (Römerstadt, mittelalterliche Stadt, vgl. Kap. 2.1) oder einen Kulturraum (orientalisch-islamische Stadt, US-amerikanische Stadt, vgl. Kap. 2.3) in den Fokus stellen. Dabei gehen die Stadtgeographen davon aus, dass die städtische Struktur nicht zufällig, sondern aufgrund bestimmter Ordnungsprinzipien entsteht. Stadtstrukturmodelle können aber auch für die Darstellung von Stadtplanungskonzepten und -leitbildern verwendet werden (Gartenstadt, aufgelockerte Stadt; vgl. Kap. 4.2).

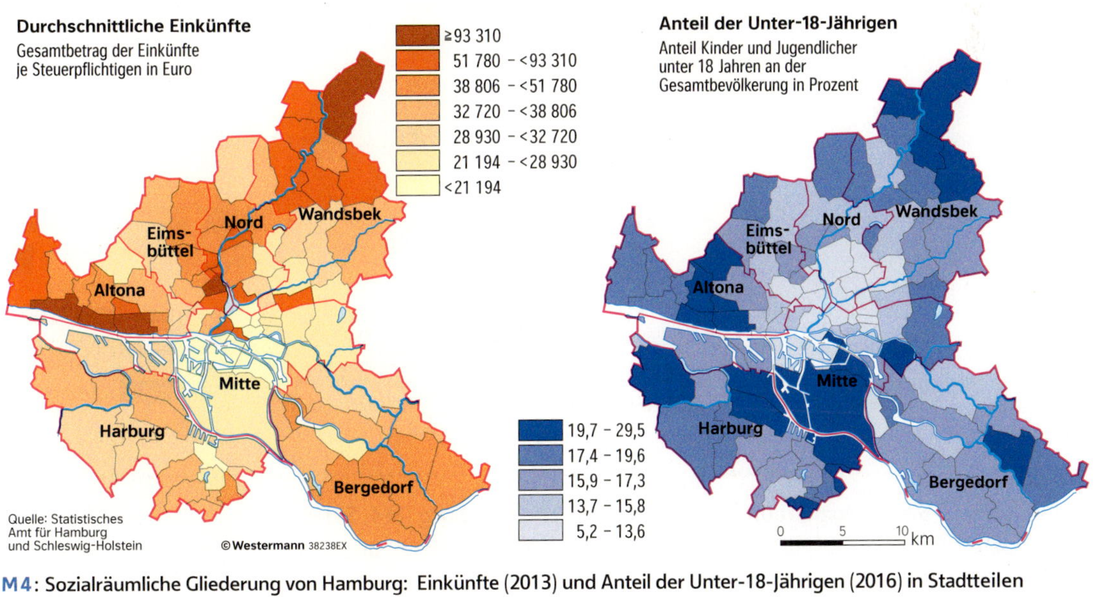

M4: Sozialräumliche Gliederung von Hamburg: Einkünfte (2013) und Anteil der Unter-18-Jährigen (2016) in Stadtteilen

1.3 Gliederung der Stadt

Um die wesentlichen Merkmale bestimmter Stadttypen oder -entwicklungen schnell und bildhaft zu erfassen, sind die verschiedenen wissenschaftlichen Stadtstrukturmodelle hilfreich. Aufgrund des hohen Abstraktionsniveaus und der fehlenden Angaben über in die Modelle eingearbeiteten Vereinfachungen und Verallgemeinerungen werden sie die Komplexität von realen Städten aber nie vollständig und befriedigend abbilden können. Ein direkter Rückschluss auf die Realität sollte daher vermieden werden.

Oft kombinieren Stadtstrukturmodelle dabei verschiedene Gliederungskonzepte. So haben in die klassischen „**sozioökologischen**" Stadtmodelle der Chicagoer Schule sozialsräumliche und funktionale Komponenten Eingang gefunden. Eigentlich entstanden sie aus der Analyse nordamerikanischer Städte in der Zwischenkriegszeit, weisen aber auf einige universelle Gliederungsprinzipien hin, die auch in anderen Kulturräumen bis heute beobachtet werden können.

Sozialökologie
Die Sozialökologie betrachtet die Stadt als ein Gebilde von sozialräumlichen Einheiten, in denen bestimmte Nutzergruppen beheimatet sind. Diese Nutzungen sind standortadäquat, das heißt wenn sich Veränderungen in den Rahmenbedingungen ergeben, dann müssen sich die Nutzer entweder langfristig darauf einstellen oder neue Standorte suchen.
Über die Stadtstruktur entscheidet allein der (liberale) Markt, das heißt die Standorte der einzelnen Gruppen (Wohnbevölkerung, Unternehmen etc.) entwickeln und verändern sich im Verlauf von Konkurrenzkämpfen, wobei Boden- und Mietpreise eine wichtige Rolle spielen. Die attraktivsten Standorte werden von den wirtschaftlich stärksten Nutzern besetzt.

Beim 1925 von dem kanadischen Soziologen Burgess publizierten **Ringmodell** ist die Stadt in konzentrischen Ringen um die City/den CBD gegliedert, die im Laufe der Zeit in alle Richtungen gleichmäßig von innen nach außen wachsen. Das Modell geht von zwei grundlegenden Annahmen aus: 1. Städte verändern sich ständig unter dem Einfluss der Konkurrenz um die Standortvorteile. 2. Die Veränderung eines Teilgebiets bedingt Folgen für die anderen Teilgebiete. Sieht man sich zum Beispiel den CBD an, führt wirtschaftliches Wachstum zu einer Vergrößerung nach außen, was in den angrenzenden Stadtvierteln zur Verdrängung der dort ansässigen Bevölkerung und der Industrie führt (Übergangszone). Fehlende Investitionen in die Gebäudesubstanz und damit sinkende Mietpreise ziehen dort einkommensschwächere Bevölkerungsgruppen (z.B. Zuwanderer) und Unternehmen an, die sich keinen besseren Standort leisten können.

Beim von Hoyt (1939) entworfenen Sektorenmodell vollzieht sich die Stadtentwicklung vor allem entlang der großen auswärts gerichteten Verkehrsachsen und wird von dem Wohnstandortverhalten der wohlhabenden Bevölkerung bestimmt. Das Mehrkernmodel von Harris & Ullmann (1945) geht davon aus, dass sich im Laufe der Entwicklung einer Stadt mehrere Kerne (Geschäftszentren) ausbilden, die sich auf verschiedene Funktionen spezialisieren und mit der Größe der Stadt zunehmen.

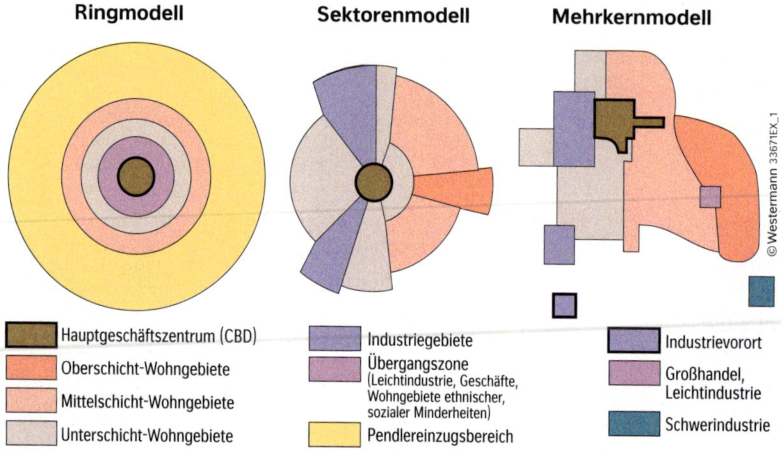

M1: Stadtmodelle der Chicagoer Schule

1 Analysieren Sie die sozialräumliche Gliederung von Hamburg (M4, S.19).
2 Charakterisieren Sie den Funktionsraum City im Vergleich zu Wohn- und Industrie-/Gewerbegebieten.
3 Überprüfen Sie die Übertragbarkeit der Stadtmodelle (M1) auf Hamburg (M2, M4, S.18/19).

Historische und kulturräumliche Stadtentwicklung

2

Aus der Vogelperspektive ergibt sich beim Blick auf Köln – als römische Siedlung gegründet eine der ältesten Städte Deutschlands – ein ungeordnetes Bild aus Linien, Bögen, Quadraten, Recht- und Dreiecken. Solche Raummuster haben sich im Laufe der Entwicklungsgeschichte jeder Stadt überall auf der Erde langsam herausgebildet. So verlaufen aus wirtschaftlicher Sicht viele gerade Linien als Straßen auf ein Zentrum zu und die gebogenen Linien umrunden heute als Umgehungs- oder Ringstraßen bestimmte Stadtviertel. Die aus dem Linienverlauf entstandenen Zwischenräume bekamen in ihrer Entwicklung bestimmte (sozio)ökonomische Funktionen. Historisch und kulturräumlich existieren verschiedene Stadttypen mit charakteristischen Mustern, die jedoch ständigen Veränderungen unterworfen waren, und sich nicht selten trotz ihrer weit voneinander entfernten räumlichen Entwicklung ähneln.

2.1 Die Entstehung der Städte

In Vorderasien, in den fruchtbaren Überschwemmungsgebieten des Euphrat und Tigris, entstanden nach heutigem Wissensstand um 4000 v. Chr. die ersten Städte. Sie bildeten sich nach ähnlichen sozioökonomischen Entwicklungsmustern,später auch an anderen Orten.

M1: Jungsteinzeitliche Siedlung in Ergozwil in der heutigen Schweiz (Rekonstruktion)

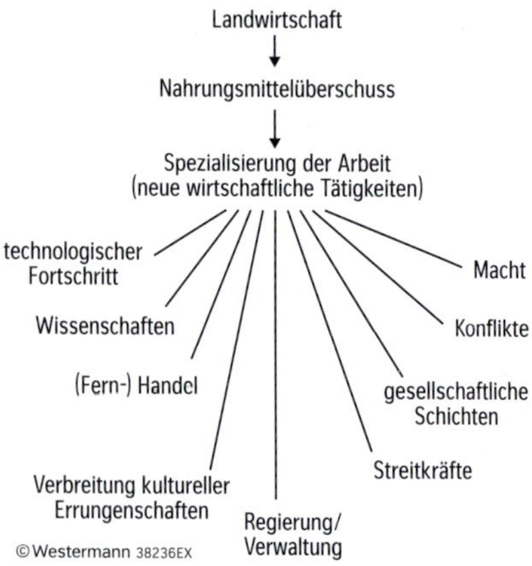

M2: Entstehung der städtischen Zivilisation: Ursachen und Auswirkungen

Zeit	Region (Entwicklung)
ca. 3500 v. Chr.	Fruchtbarer Halbmond/Mesopotamien: Euphrat, Tigris (eigenständige Entwicklung)
ca. 3200 v. Chr.	Ägypten: Nil (evtl. Ausbreitung von Mesopotamien aus)
ca. 2600 v. Chr.	Peru: Ceral (eigenständige Entwicklung)
ca. 2200 v. Chr.	Südasien: Indus (evtl. Ausbreitung von Mesopotamien aus)
ca. 1500 v. Chr.	Ostasien: Huang He, Jangtsekiang (eigenständige Entwicklung)
ca. 1100 v. Chr.	Mesoamerika (eigenständige Entwicklung)

M3: Aufkommen der städtischen Zivilisation weltweit

Im Altsteinzeit lebten die Menschen als Jäger und Sammler ohne dauerhafte Behausung unter Felsvorsprüngen und Schutzdächern aus Fellen und Häuten sowie in Hütten aus Laub. Erst mit dem Übergang vom Pleistozän zum Holozän vor circa 10000 Jahren und dem Abschmelzen der großen Inlandeismassen trat eine kulturgeschichtliche Wende ein (neolithische Revolution). So gaben zum Beispiel die ersten Menschen in Vorderasien ihre nomadische Lebensweise auf und siedelten als Bauern in kleinen Familiengehöften. Sie begannen Tiere zu domestizieren und Wildpflanzen zu veredeln. Auch die Herstellung von Kleidung, Tongeschirr und Werkzeugen gehörte zu den Aufgaben der ersten sesshaften Menschen, immer auf der Basis der eigenen Versorgung. Andere noch nomadische lebende Gruppen erkannten die Vorteile dieses gesellschaftlichen Zusammenlebens und ahmten es nach.

Im Laufe der folgenden Jahrtausende wurden immer mehr Lebensmittel und Gebrauchsgegenstände benötigt, um das tägliche Überleben der stetig anwachsenden sozialen Gruppen zu garantieren. Dabei zeigte sich, dass einige Personen oder auch ganze Familien bestimmte Tätigkeiten qualitativ und quantitativ besser ausführen konnten als andere. Sie wurden dann von anderen Tätigkeiten, die sie nicht so gut ausführten, freigestellt und andere Gruppenmitglieder übernahmen ihre vorherige Arbeit. Wurden die von der eigenen Gruppe erzeugten Waren nicht selbst aufgebraucht, so verkaufte man sie oder tauschte sie gegen nicht oder nicht mehr hergestellte Güter. Es entwickelte sich eine erste Arbeitsteilung und ein erster bescheidener Handel.

Besonders in Südmesopotamien, dem heutigen südlichen Irak zwischen Euphrat und Tigris, einer Region mit sehr fruchtbaren Böden und ausreichend Wasser, wurden erstmals Bewässerungsflächen für den Ackerbau angelegt (M8). Die gemeinschaftlich von der Bevölkerung der ersten stadtähnlichen Großsiedlungen erzeugten, nicht verbrauchten Erträge mussten gelagert, verteilt oder verkauft werden. Alle hierzu benötigten Produktions- und Lagerkapazitäten mussten in Stand gehalten und bei einem Bevölkerungszuwachs vergrößert werden. Hierfür benötigte man eine gewisse Planung, die ohne Schrift- und Zahlensysteme

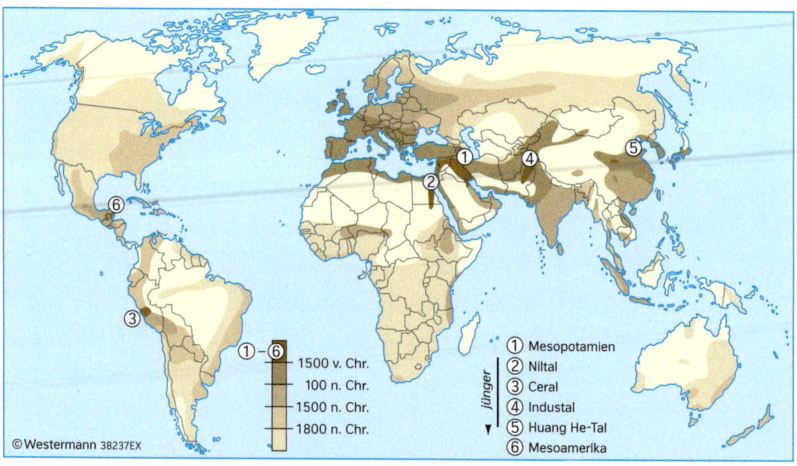

M4: Frühe Zentren der Stadtentstehung und Ausbreitung von Städten

undenkbar gewesen wäre. Das weckte natürliche Begehrlichkeiten bei anderen Siedlungsgemeinschaften, sodass die stadtähnliche Großsiedlung befestigt und verteidigt und der sich entwickelnde Handel organisiert und überwacht werden musste. Schließlich wurden Tempelanlagen für Gottheiten und Gebäude als Studierstuben für Wissenschaft und Religion errichtet. Dadurch übten immer mehr Menschen Tätigkeiten aus, die mit der Landwirtschaft nicht mehr unmittelbar etwas zu tun hatten, das heißt, die Arbeitsteilung in einem immer differenzierter werdenden „städtischen" Gemeinwesen schritt weiter voran.

Die Stadt wurde so zu einem großen Marktplatz, der sich ständig weiterentwickelte, weil er gegenüber dem ländlichen Raum drei große Vorteile aufwies:

- den umfassenden und schnellen Informationsaustausch, der von der Größe der Stadt und ihrer Lage an Handelswegen abhing;
- die Bildungsstätten, die zwingend auf den Informationsaustausch angewiesen waren und
- Innovationen, die sich wiederum aus dem Informationsaustausch und dem Bildungsstand der städtischen Gemeinschaft ergaben.

Die frühsumerische Stadt Ur zum Beispiel hatte zu ihrer Blüte 2000 v. Chr. etwa 35000 Einwohner (M6). Die mit einer Wallanlage geschützte Tempel- und Hafenstadt besaß einen gestuften Tempelturm (Zikkurat, M5), weitere Tempel und Paläste. Sie war Handelsort, Verkehrsknotenpunkt und Zentrum der agrarwirtschaftlichen Planung. Wie andere Städte dieser Zeit war sie aber auch eine Stätte der Inszenierung der weltlichen und religiösen Macht.

Bereits in diesen Anfängen der Stadt entwickelten sich, wenn auch mit Überschneidungen, durch die eingetretene Arbeitsteilung die heutigen Wirtschaftssektoren: der primäre Sektor zur Produktion von Lebensmitteln einer wachsenden Stadtbevölkerung, der sekundäre Sektor (Handwerk) zur Herstellung von Kleidung und Ge- und Verbrauchsgegenständen für das tägliche Leben und der tertiäre Sektor zur Organisation des sich neu entwickelnden Gemeinwesens.

Zur Stadtentstehung wurden verschiedene Theorien entwickelt, die nach dem Grund der Entstehung einer städtischen Siedlung differenziert sind (M7). Nur selten lässt sich ein einziger Grund ausmachen. Häufig spielte bei der Entstehung einer Stadt eine Kombination verschiedener Motive eine Rolle.

M5: Zikkurat von Ur

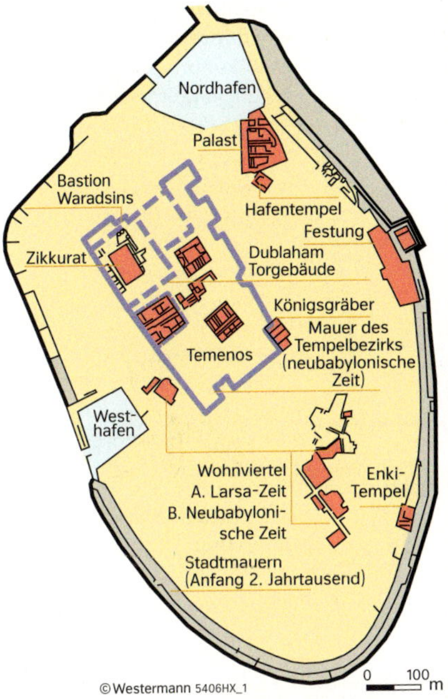

M6: Die Stadt Ur

Theorie	Entstehungsgrund	Charakteristische Merkmale
Hydraulische Theorie	Verfügbarkeit von Wasser	Stadtgründung an Quellen und Flüssen zur Organisation einer Bewässerungslandwirtschaft, zur Versorgung mit Trinkwasser und für bestimmte handwerkliche Arbeiten
Theologische Theorie	Existenz eines zentralen, räumlich fixierten Heiligtums	Versorgung der Priester an einem heiligen Ort durch eine größere Bevölkerungsgruppe
Ökonomische Theorie	Wachstum von Handel und Markt	Kaufmannssiedlungen entlang der Handelsstraßen zur Versorgung, zum Rasten und zum Schutz der Händler
Militärische Theorie	Sicherheit und Schutz vor feindlichen Übergriffen	Verteidigung der Errungenschaften durch einen natürlichen Schutz in der Landschaft oder durch eine errichtete Verteidigungsanlage (Mauer)

M7: Vier Theorien der Stadtentstehung

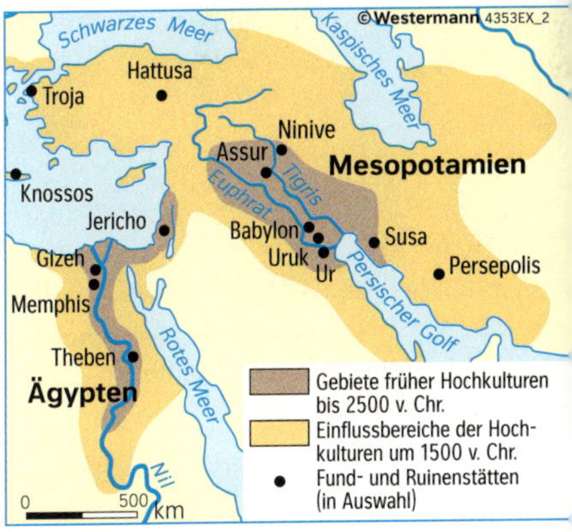

M8: Erste Städte in Mesopotamien und Ägypten

1 Ordnen Sie die Theorien aus M7 der Stadtentstehung in Ägypten, Mesopotamien und dem Indus-Tal zu.

2 Erklären Sie anhand des „ökonomische Stadtbegriffs" (M3, S.10) die Entstehung der Städte.

2.2 Stadtentwicklungen in Mitteleuropa

2.2.1 Von der Römerzeit zum Mittelalter

Erst mit der Ausdehnung des Römischen Reiches nach Norden und Nordwesten entstanden die ersten Städte in Mitteleuropa. Ihre Entwicklung verlief dann aber seit dem Mittelalter in einem rasanten Tempo.

Auch wenn es im südlichen und östlichen Mittelmeerraum bereits eine griechische und römische Stadtkultur gab, entstanden erst mit der römischen Landnahme (ab ca. 50 v. Chr.) nördlich der Alpen die ersten städtischen Siedlungen, wobei der Limes die Grenzlinie nach Nordosten darstellte. Oft als Militärstützpunkte mit einem schachbrettartigen Grundriss angelegt (M2), entwickelten sich die Lager zu Städten (z.B. Regensburg, Trier, Köln). Sie wiesen als Schutz eine Ummauerung auf, hatten eine sozialräumliche Gliederung nach Nachbarschaften und sozialen Klassen und waren infrastrukturell mit Wasserversorgungs- und Abwasserentsorgungsleitungen sowie Einrichtungen des öffentlichen Lebens (z.B. Forum, Thermen), des Handels, der Verwaltung, des Gerichtswesens und des Militärs ausgestattet. Außerdem lagen diese Städte an einem Fernstraßennetz (Heer- und Handelsstraßen) des Römischen Reiches, das oft heute noch die räumliche Grundstruktur des regionalen und überregionalen Straßennetzes Mitteleuropas bestimmt (M4).

Nach dem Zerfall des Römischen Reiches verfielen auch viele seiner Städte. Einige existierten jedoch weiter und wurden im Laufe der Zeit stark überformt, sodass heute, wenn überhaupt, nur noch im Stadtkern Anhaltspunkte des antiken Straßennetzes zu finden sind oder ausgegrabene und restaurierte Mauerwerke (Köln, M3), Wasserversorgungs- und Entsorgungsleitungen oder Thermen (Trier) an diese Zeit erinnern.

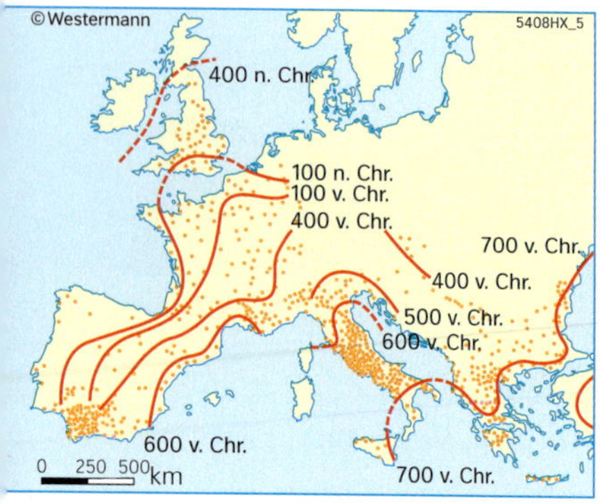

M1: Ausbreitung der antiken griechisch-römischen Stadtkultur und Städteverteilung im römischen Reich

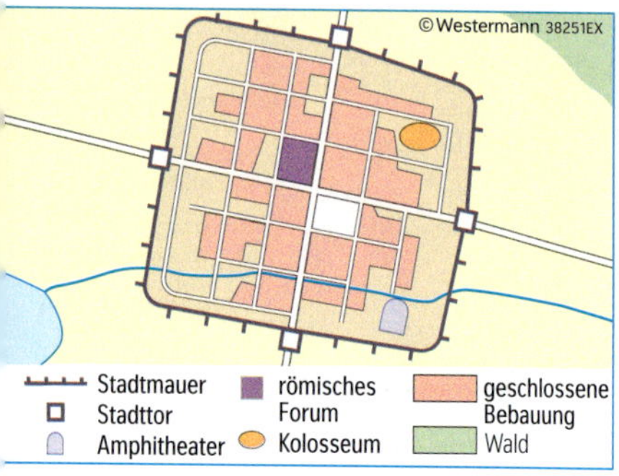

M2: Idealgrundriss der römischen Stadt

M3: Reste der römischen Stadtmauer in Köln

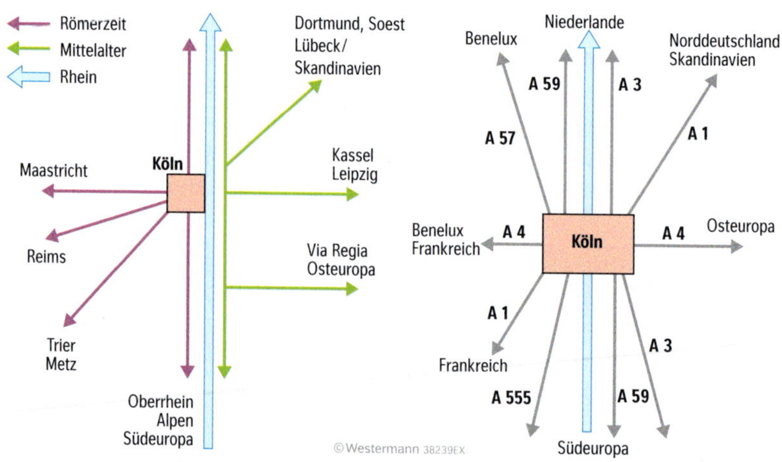

M4: Köln im römischen und mittelalterlichen Straßennetz sowie Köln im heutigen Autobahnnetz

Lagebedingte Standortfaktoren	Funktionale Standortfaktoren
• Fruchtbares Land für den Ackerbau, • seichte Flussstellen, • ruhige Bucht für den Bau einer Hafenanlage, • Vorkommen seltener Rohstoffe.	• Kreuzung von Handelswegen, • Übergang vom Flachland ins Bergland (Umladepunkt für Waren auf kleinere Transportmittel), • Endpunkt einer Tagesetappe auf einer Fernhandelsstraße (Versorgung von Händlern und Lasttieren), • Aussichtspunkte zur Überwachung und Sicherung von Handelsstraßen, • Feudalherrensitze (Burgen und Klöster).

M5: Lagebedingte und funktionale Standortfaktoren der Stadtgründung

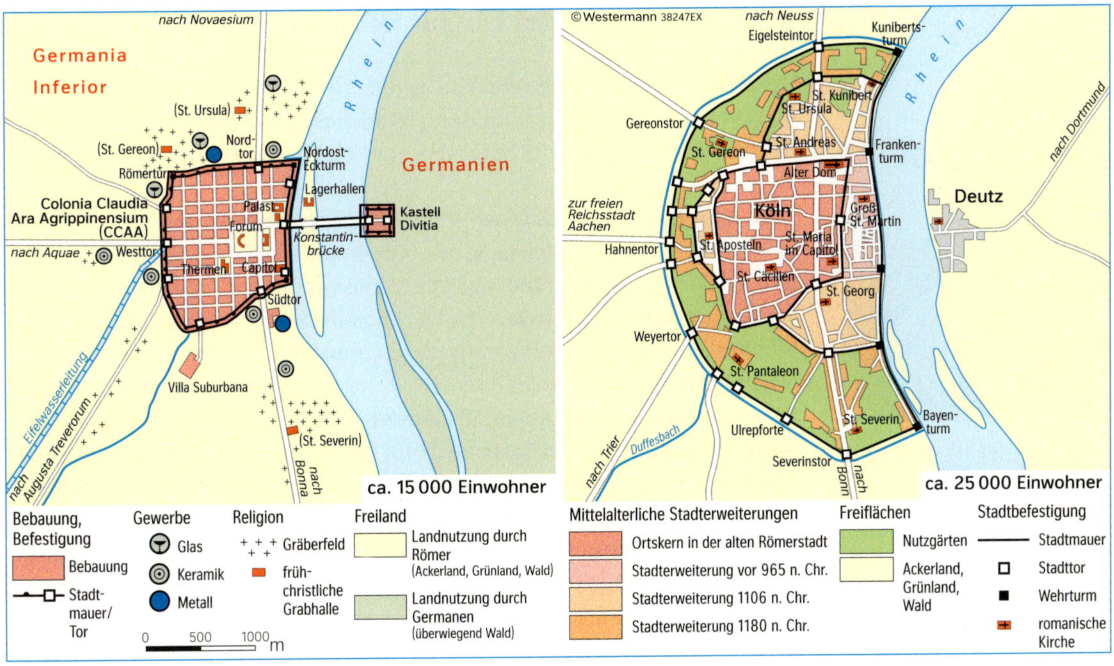

M6: Köln zur Römerzeit und im Mittelalter

Der größte Teil der mitteleuropäischen Städte entstand als Neugründungen ab dem Ende des hohen Mittelalters an Orten, die besondere lagebedingte und/oder funktionale Vorzüge für eine feste Siedlung aufwiesen (M5). Keimzellen der Stadtentwicklung waren die Königshöfe entlang von Heer- und Handelsstraßen (z.B. Aachen, Dortmund, Erfurt) und Dom- (Bremen, Hamburg) oder Klosterburgen (Hameln, Fulda), neben denen oft kaufmännische Siedlungen gebaut wurden. Hier konzentrierten sich Handwerker, Händler und „Transportunternehmer" sowie das für diese Tätigkeiten benötigte Kapital. Als Schutz vor Übergriffen wurden diese Siedlungspunkte befestigt. Im Zuge der Entwicklung des gewerblichen Marktwesens entstanden ab dem 11. Jahrhundert mittelalterliche Bürgerstädte, die sich durch Stadterweiterungen fortlaufend vergrößerten. Die Handwerker und Händler schlossen sich zu Zünften und Gilden zusammen und es entstand eine städtische Sozialordnung, die eine eigene Rechtsstellung der Bürger und das Stadtrecht begründete.

Neben den organisch wachsenden „alten" Städten wurden auch planmäßig angelegte Stadtanlagen gebaut. Zu diesen Gründungsstädten gehört zum Beispiel Freiburg im Breisgau, das in seiner gesamten Länge von einer gleich breiten Handelsstraße mit drei Marktplätzen durchschnitten wurde. In späteren Stadtgründungen (Lübeck, Breslau) entstanden um einen zentralen Markt Längs- und Querstraßen. Zwischen 1200 und 1300 gründeten die vielen deutschen Landesherren eine große Anzahl kleinerer Städte. Im späten Mittelalter nahm die Zahl der Städtegründungen dann stark ab (M7).

Durch den Einfluss des Handels, der Kirche oder der Krone auf das Gemeinwesen dieser Zeit stellen der Marktplatz, der Dom oder die Burg bei fast jeder mittelalterlichen Stadt die Keimzellen der Siedlungsentwicklung dar. Sie bilden das Zentrum, um das sich das städtische Leben entwickelte (M8).

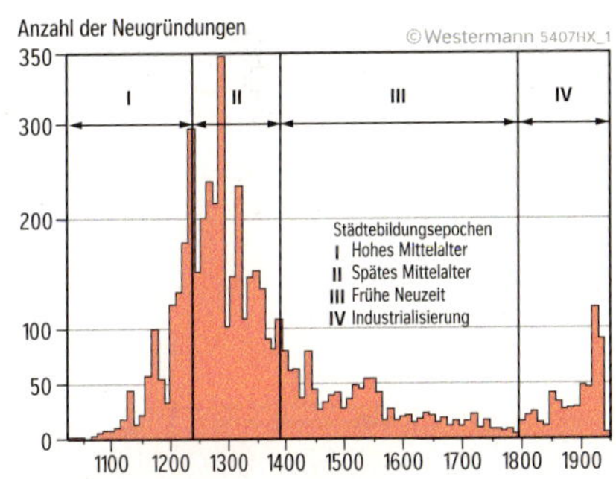

M7: Stadtentstehung und -bauepochen in Mitteleuropa

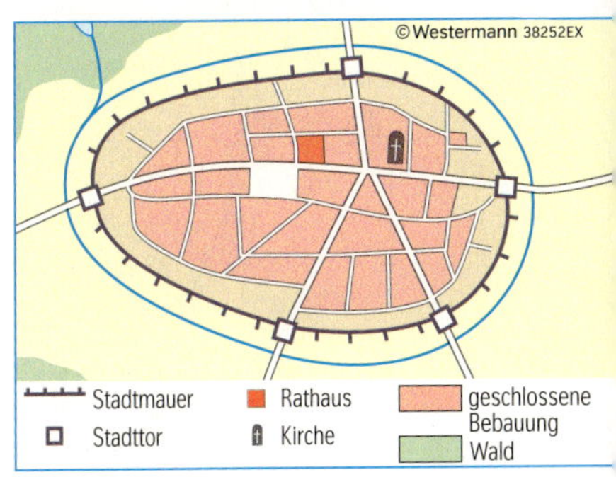

M8: Idealgrundriss der mittelalterlichen Stadt

1 Untersuchen Sie an einer Ihnen bekannten Stadt die Standortfaktoren der Stadtgründung (M5).

2 Vergleichen Sie die Idealgrundrisse der römischen und mittelalterlichen Stadt (M2, M8).

2.2.2 Vom Mittelalter bis zur Neuzeit

Die Blütezeit der Stadtentwicklung und -neugründungen in Mitteleuropa datiert auf das Mittelalter. In der frühen Neuzeit kamen nur noch wenige Städte hinzu, die von den Herrschern meist planvoll angelegt wurden.

M1: Fort X der Festungsanlage von Köln 1870

Auch wenn das „Städtebaufieber“ (M7, S.25) des Hochmittelalters nach 1500 zum Erliegen kam, wurden viele Städte aus unterschiedlichen Gründen strukturell weiterentwickelt. Durch die Erfindung neuer Schusswaffen und die Weiterentwicklung von Kriegsgeräten reichten die einfachen ringförmigen Mauern der mittelalterlichen Städte nicht aus, um sie vor Zerstörung zu bewahren. Viele Städte wurden daher weiter befestigt und die zur territorialen Sicherung bestehenden Garnisonsstädte als Festungsstädte ausgebaut. Bei diesen sternförmigen Befestigungsanlagen mit ihren vorgeschobenen Bastionen (M5) konnte die Artillerie von der Spitze des Sterns auch tote Winkel erreichen. Vor der Befestigung lag ein zu den Wallanlagen leicht ansteigendes unbebautes, baum- und strauchloses Gelände (Glacis), das als freies Beobachtungs- und Schussfeld diente. Darum gab es auch außerhalb solcher Städte keine Vorstädte. In die Anlage gelangte man über stark gesicherte Stadttore. Manche Städte wie Köln hatten sogar vorgelagerte Forts (M1, M3).

Zitadelle
Kleine in sich abgeschlossene Festung innerhalb einer städtischen Befestigungsanlage.

M2: Quellentext zur Nachnutzung der Festungen
Axel Borsdorf, Oliver Bender: Allgemeine Siedlungsgeographie. Köln: Böhlau 2010, S.136-137

»

Mit der Weiterentwicklung der Militärtechnik mussten die Festungen entweder nach der sogenannten neupreußischen Befestigungsmanier großflächig ausgebaut [wie zum Beispiel zunächst in Köln] *oder – wie in den meisten Fällen – aufgegeben werden. Die Wall-Graben-Systeme konnten dann geschliffen und ebenso wie das freie Schussfeld davor (Glacis) überbaut werden. In vielen Städten entstanden auf den alten Befestigungsanlagen Funktionsgebäude des Bürgertums (Theater, Museen) und bürgerliche Parkanlagen.*

«

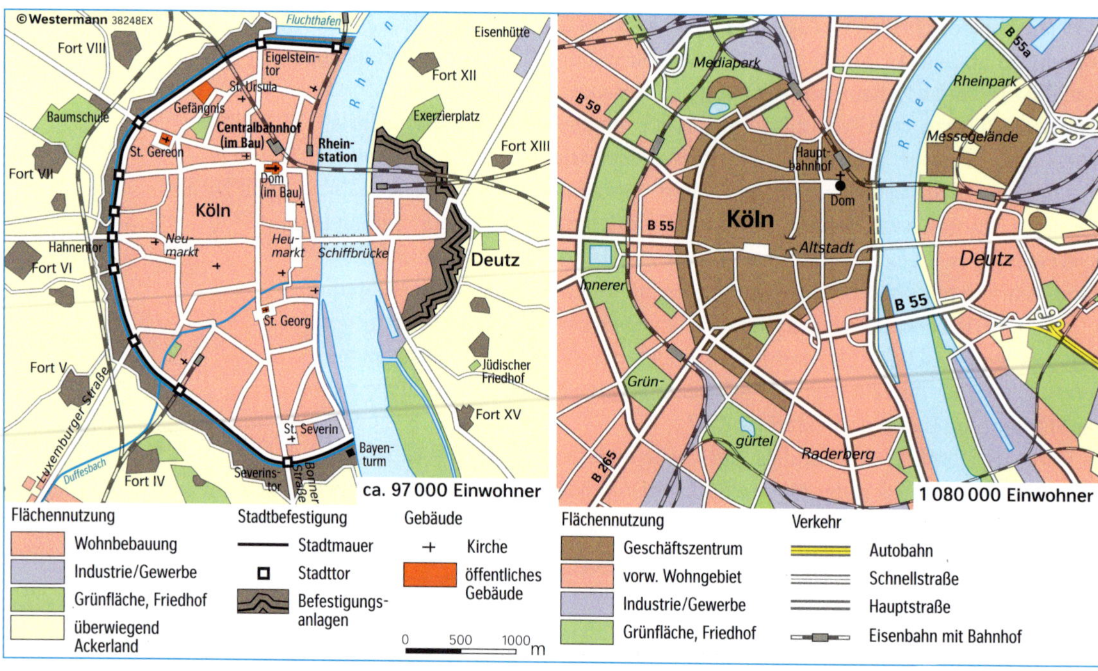

M3: Köln 1850 und heute (Innenstadtbereich)

Garnisons- und Festungsstädte dienten der Machtkontrolle eines größeren Raumes. Sie waren mit Kasernen, Kommandantur, Arsenal (Waffenlager), Krankenhaus und Garnisonskirche ausgestattet, die den größten Teil der Stadtfläche einnahmen. Die Bürger wohnten am Außenrand der Anlage. Diese Städte hatten eine ausschließlich militärische Zweckbestimmung und waren dadurch sehr stark von ihrem Umland abhängig, da in ihnen fast keine Produktion und kein Handel stattfanden.

Zudem entstanden einige Residenzstädte als (absolutistische) Planstädte, die am Reißbrett entworfen wurden. Dabei verlegte man oft die Residenz des Fürsten weit vor die Tore seiner Hauptstadt, da hier im Gegensatz zu der Enge der mittelalterlichen Bebauung und ihrer Einschnürung durch die Stadtmauern ausreichend Platz für die Neuanlage bestand, alter Baubestand nicht abgerissen werden musste und ein klares, neues städtebauliches Zeichen durch den Machthaber gesetzt wurde. Diese Residenzstädte (z.B. Versailles, Karlsruhe) galten der Machtrepräsentation und stellten das Schloss des Herrschers, also den Sitz der absoluten Macht, in den baulichen Mittelpunkt der Stadtanlage. Der Grundriss war mit seinen Hauptachsen und Fluchtlinien auf den Herrschaftssitz ausgerichtet und mit geometrisch angelegten Parkanlagen ausgestattet (M4). Viele bestehende Städte erhielten in dieser Zeit aber auch nur als Erweiterung ein Residenzviertel mit Schloss und Parkanlage. Solche Parkanlagen sind zum Beispiel noch heute in den Herrenhäuser Gärten in Hannover, im Schlosspark Ludwigsburg, im Schlossgarten Erlangen oder im Schlosspark Neustrelitz erhalten.

Eine Stadt, die beide neuzeitliche Elemente enthielt, war Mannheim. Als Doppelanlage geplant (Zitadelle und Bürgerstadt, M5) unterschied sich der Stadtgrundriss eindeutig von dem der mittelalterlichen Städte. Auch wenn durch Kriege im 16. Jahrhundert Mannheim in der ursprünglichen Form zerstört wurde, baute man die Stadt als Residenzstadt wieder auf. Die damalige rechtwinkelige Straßenstruktur ist bis heute erhalten geblieben und spiegelt ein damaliges Idealbild des Städtebaus wider (M6).

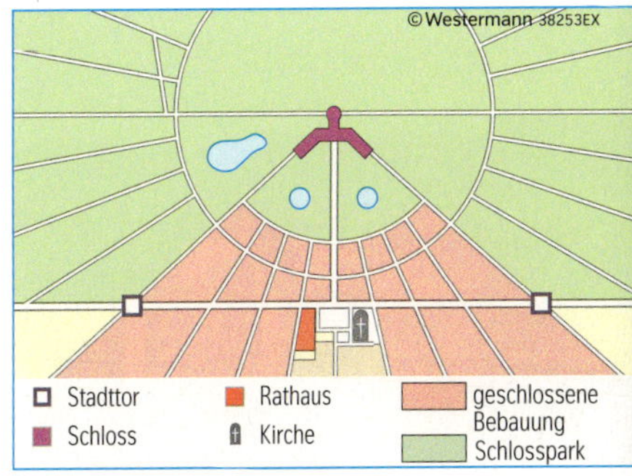

M4: Idealgrundriss einer Stadt im Barock (17./18. Jahrhundert)

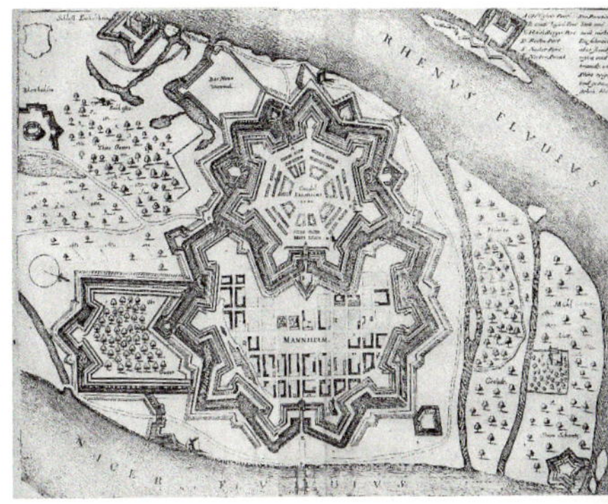

M5: Mannheim 1620

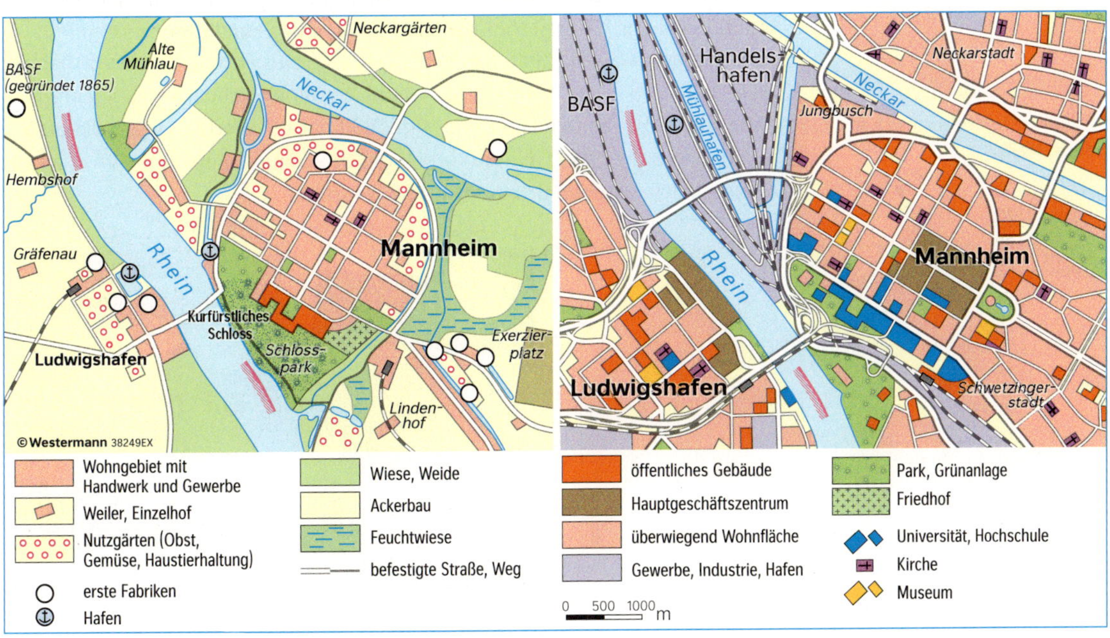

M6: Mannheim 1850 und heute

1 Beschreiben Sie die Entwicklung Kölns von der römischen Stadtgründung bis heute (M6, S.25, M3, S.26).

2 Charakterisieren Sie die städtebaulichen Merkmale Mannheims (M5, M6).

M1: Back-to-Back-Houses in Leeds

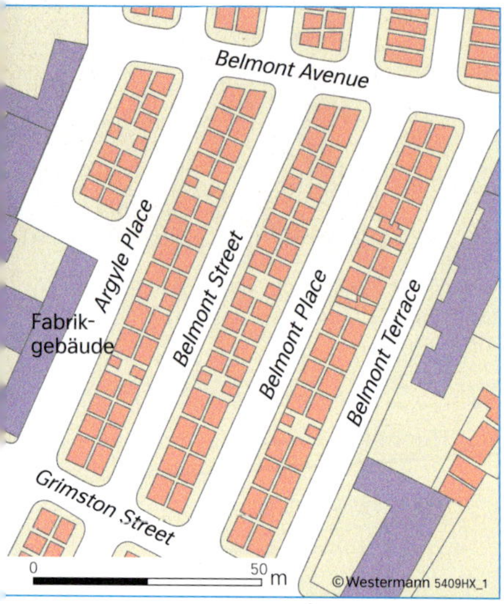

M2: Arbeiterwohnbezirk in Leeds 1890

2.2.3 Stadtentwicklung im Industriezeitalter

Während der Industrialisierung seit Anfang des 19. Jahrhunderts erfuhren viele Städte in Mitteleuropa durch Zuwanderung ein enormes Bevölkerungs- und Flächenwachstum. Die Industriestädte besaßen typische bauliche Strukturen. Daneben gab es wenige geplante Neugründungen.

Mit Beginn des Industriezeitalters setzte eine enorme Expansion städtischer Siedlungen in Nordwesteuropa ein. Durch die industrielle Revolution mit ihren neuen Basistechnologien änderten sich auch die Standortansprüche an den Raum. Rohstofflagerstätten (Kohle, Eisenerz), neue liniengebundene Verkehrsträger (Eisenbahn, Dampfschiffe auf Kanälen) und die Elektrifizierung bestimmten die Lage, die Entstehung und den Ausbau von Städten und Stadtlandschaften. Die starke Zuwanderung von Arbeitssuchenden verursachte zuerst ein Innenwachstum der Städte. Da die Befestigungsanlagen durch die Weiterentwicklung der Militärtechnik weitgehend ihre ursprüngliche Funktion verloren, wurden sie geschliffen. Auf ihnen entstanden Parkanlagen sowie Theater, Museen und andere öffentliche Gebäude (vgl. Kap. 2.2.2). Durch Platzmangel in den Städten begann dann ihr Außenwachstum.

Der starke städtische Bevölkerungszuwachs dieser Zeit (natürliches Wachstum und Zuwanderung) verursachte eine bisher nicht dagewesene Wohnungsnot. Um der Wohnraumknappheit Herr zu werden, erfolgte ein standardisierter, kompakter Massenwohnungsbau, zumeist in der Nähe der Arbeitsstätten (Eisen- und Stahlhütten, Zechen, Textilfabriken), da öffentliche Verkehrsmittel (Pferde-, Straßenbahn) noch nicht vorhanden waren oder man sie sich nicht leisten konnte. Während in Großbritannien Back-to-Back-Houses (zwei Reihenhauszeilen Rücken an Rücken) typisch waren, wurden im Ruhrgebiet um 1850 Zechenarbeiter mit ihren Familien in einfachsten ein- bis anderthalbgeschossigen, langgestreckten Häusern (100 bis 200 Meter, im Volksmund „D-Zug" genannt) untergebracht. Gemeinsame Wasserstellen, gemeinsame Außentoiletten mit oberirdischer Kanalisation und Lärm, Rauch und Schmutz der nahen Industrieanlagen prägten die Wohn- und Lebensqualität. Erst um 1880 bauten Werksbesitzer die ersten Wohnkolonien (M3, M4) mit anderthalbgeschossigen Doppelhäusern, Gärten, Kleintierställen, eigenen Brunnen und Sickergruben.

M3: Kolonie Dahlhauser Heide in Bochum-Hordel

M4: Kolonie Dahlhauser Heide in Bochum-Hordel
Die zwischen 1906 und 1915 von der Krupp AG gebaute Arbeitersiedlung besteht – neben einigen Beamtenhäusern – aus 339 Zweifamilienhäusern, die mit tief heruntergezogenen Dachtraufen und dem Zierfachwerk an die Bauformen westfälischer Bauernhöfe erinnern. Hinter den Häusern befinden sich ausgedehnte Nutzgärten.

In den Großstädten Mitteleuropas errichtete man mehrgeschossige Mehrfamilienhäuser (Mietskasernen) für die Arbeiter. Um auf den einzelnen Grundstücken möglichst viele Bewohner unterzubringen, wurden sie mit Seitenflügeln und mehrfachen Hinterhäusern bebaut und die Gebäude im Extremfall mit Kleinstwohnungen von eineinhalb Zimmern versehen, oft in der Nähe des Hinterhofgewerbes (Handwerk, Kleinindustrie). In der Phase der Hochindustrialisierung begann auch die räumliche, soziale Spaltung der Gesellschaft: einfachster Massenwohnungsbau für Fabrikarbeiter in Arbeitsplatznähe, aufwändiger ausgestattete Wohnviertel in der Nähe des alten Stadtkerns für Angestellte und Beamte sowie Villenviertel der Oberschicht am Stadtrand.
In Deutschland gab es im 20. Jahrhundert nur noch wenige Stadtgründungen. Wurde eine neue Stadt aus der Taufe gehoben, dann hatte das besondere Gründe: Wolfsburg zum Beispiel entstand 1938 während des Dritten Reiches als Industriestandort der Automobilindustrie. Eisenhüttenstadt in Brandenburg legte man ab 1951 zu DDR-Zeiten als Planstadt mit dem Bau des Eisenhüttenkombinats Ost für seine Beschäftigten als sozialistische Wohnstadt an. Baunatal in Hessen wurde aus mehreren eigenständigen Gemeinden nach Ansiedlung eines neuen VW-Standortes 1964 als Stadt zusammengeschlossen.

Wilhelmshaven ist mit der Entwicklung als wichtigster deutscher Marinestandort eng verbunden. Ab 1853 wurde mit der Planung begonnen: Hafenbecken und Kasernen bildeten den Mittelpunkt der Stadtanlage, an den sich Arbeiterwohnungen, Büros der Standortverwaltung, ein Hotel, Post, Apotheke und ein Kaufhaus in unmittelbarer Hafennähe anschlossen (M5). Das Stadtgebiet wurde um die Werft entlang des geradlinig verlaufenden Straßennetzes erweitert. Im Dritten Reich erreichte Wilhelmshaven mit circa 133000 Einwohnern seine höchste Einwohnerzahl. Hervorgegangen aus dem Zusammenschluss der Gemeinden Bant, Heppens, Neuende und Rüstringen wurde die Stadt im Zweiten Weltkrieg zu 60 Prozent zerstört. Nach dem Neubau des Marinehafens 1957 befindet sich heute das Logistikzentrum der Bundeswehr in der Stadt. Wilhelmshaven hat sich seit den 1950er-Jahren zum größten deutschen Ölhafen entwickelt. 2012 wird der JadeWeserPort als Tiefwasserhafen in Betrieb genommen.

M7: Mietskasernenbebauung in Berlin

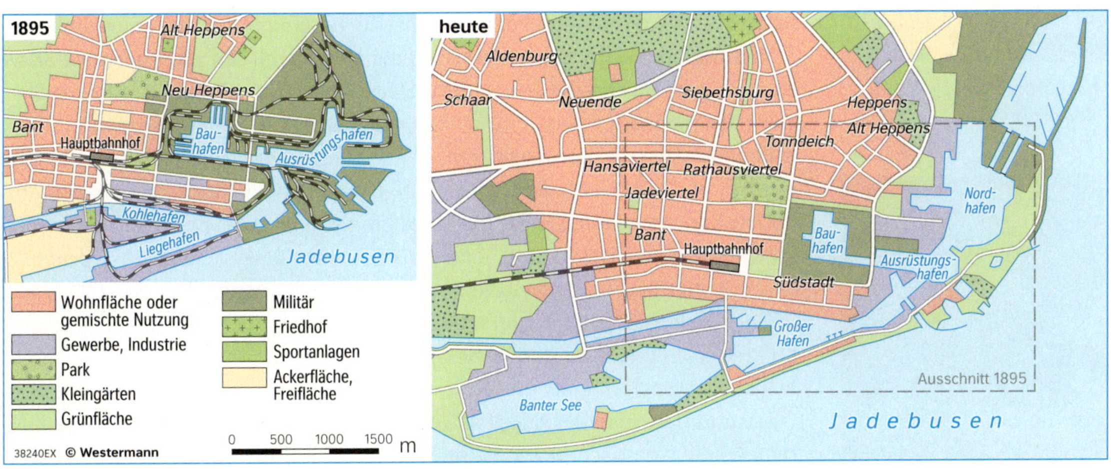

M5: Geplante Militärstadt Wilhelmshaven 1905 und heute

1 **Beschreiben Sie die räumliche Entwicklung der Städte während der Industrialisierung.**
2 **Vergleichen Sie den Aufbau der Städte in England und Deutschland während der Industrialisierung.**
3 **Vergleichen Sie die historischen und heutigen Stadtstrukturen von Köln, Mannheim und Wilhelmshaven.**
4 **Fassen Sie die idealtypischen Merkmale der einzelnen Stadtgründungsepochen zusammen.**

2.3 Kulturraumspezifische Stadttypen

Das kulturelle Leben sowie politische und religiöse Leitbilder haben seit jeher das Erscheinungsbild von Siedlungen geprägt. So entstanden in verschiedenen Kulturräumen Städte, die sich auch heute noch in spezifischen Merkmalen unterscheiden. Doch technologischer und sozioökonomischer Wandel sowie das meist ungesteuerte Bevölkerungs- und Flächenwachstum haben die einst kennzeichnenden Merkmale vielfach überprägt.

M1: Quellentext zur Typisierung von Städten
Paul L. Knox, Salie A. Marston: Humangeographie. Heidelberg, Berlin: Spektrum 2001, S. 554

» *Städte unterscheiden sich [...] hinsichtlich ihrer physischen Erscheinungsmerkmale. Dazu zählen die Anlage des Straßennetzes, das Vorhandensein von baulichen Symbolen und Denkmälern sowie die spezifischen Gebäudeformen und Architekturstile. Die hieraus resultierenden Stadtlandschaften spiegeln die Geschichte einer Stadt, ihre physische Umgebung und die sozialen und kulturellen Werte ihrer Bewohner.* «

Wie mitteleuropäische Städte durch ihre wechselhafte Geschichte, ein gemäßigtes Klima, christliche Normen und später die Industrialisierung geprägt wurden (vgl. Kap. 2.2), haben andere Einflussfaktoren und Rahmenbedingungen auch spezifische Spuren in den Städten anderer Weltregionen hinterlassen. So haben in Nordafrika und Vorderasien die arabisch/islamische Kultur, aber auch die hohe Sonneneinstrahlung einen großen Einfluss auf die Gestalt der Städte gehabt. Der zentrale Basar mit der Moschee ist somit genauso typisch wie klimatisch günstige enge Gassen (M2) und nach außen fensterlose Häuser. Neben dem äußeren Erscheinungsbild (Grund- und Aufriss, Architektur, Gebäudeformen) finden die kulturellen Unterschiede auch Ausdruck in der funktionalen und sozialräumlichen Gliederung. Während es in der mitteleuropäischen Stadt eine ausgeprägte sozioökonomische Segregation gab/gibt, findet sich in der traditionellen orientalisch-islamischen Stadt eine Differenzierung der Wohnquartiere nach Herkunft, Sprache und Religion.

M2: Luftbild von Fes (Marokko)

So sind neben kulturellen Merkmalen (durch die Normen, Rituale und Verhaltensweisen der Stadtbevölkerung) bei der Ausprägung von kulturräumlichen Stadtstrukturen auch naturräumliche, politische, rechtliche, ökonomische, soziale oder auch technische Aspekte von Bedeutung. Die Struktur der historischen chinesischen Stadt spiegelt die strikt hierarchische Gesellschaftsordnung wider während die heutige lateinamerikanische Stadt extrem von sozialen Gegensätzen geprägt ist. Die US-amerikanische Stadt, die kaum auf historische Bausubstanz Rücksicht nehmen musste, ist zumindest im Kernstadtbereich mit ihren Wolkenkratzern von der Entwicklung neuer Bautechniken (Stahlskelettbau) geprägt.

M3: Luftbild von Cusco (Peru)

Meist beziehen sich die traditionellen kulturraumspezifischen Stadttypen auf historische Städte. Schon immer beeinflussten die Kontakte mit anderen Kulturkreisen das Stadtbild. Viele außereuropäische Städte wurden durch die Kolonialisierung erstmals massiv überprägt, wie sich auch heute noch in einem Dualismus traditioneller und kolonialer Viertel zeigt. Später wurde in vielen Kulturräumen die historisch gewachsene Stadtstruktur durch den gesellschaftlichen Wandel, internationale Einflüsse (z.B. „Verwestlichung"), die Veränderung der Wirtschaftsstrukturen (z.B. Globalisierung) oder auch in manchen Regionen (Osteuropa, China) eine sozialistische Umgestaltung zum Teil stark verändert. Dies führte vielerorts dazu, dass von den kulturhistorischen Stadtstrukturen nur noch Reste vorhanden sind und es insbesondere in den Stadtzentren zu einer globalen Angleichung mit einer globalisierten Architektur gekommen ist (M4, M5). Zudem kommt es in Großstädten in Entwicklungsländern überall auf der Welt zu

M4: Abu Dhabi (Vereinigte Arabische Emirate)

M5: Shanghai (China)

bestimmten Phänomenen unabhängig von kulturellen Traditionen, zum Beispiel Konzentration von Handel und Gewerbe im Zentrum, Hüttenviertel der armen Bevölkerung in der Peripherie und abgegrenzte Wohnviertel der Oberschicht.

Kulturraumspezifische Stadtmodelle

Die Stadtgeographie versucht die besonderen Eigenschaften der Städte in den verschiedenen Kulturräumen mittels Stadtmodellen in einer vereinfachten und idealisierten Form zu vermitteln. Sie beruhen meist auf den klassischen sozialökologischen Stadtmodellen (vgl. Kap. 1.3), differenziert durch spezifische Ergänzungen. Hiermit können die Stadtstrukturen der heutigen Stadt oder aber auch historischer Stadtentwicklungsepochen abgebildet werden. Zudem eignen sie sich, um bestimmte Stadtentwicklungsprozesse zu verdeutlichen, etwa Überformungen durch eine Kolonialisierung durch externe Mächte oder eine Modernisierung im Zuge der Globalisierung der letzten Jahrzehnte.

Dass bestimmte Kulturräume oder gar „Kulturerdteile" für bestimmte historisch gewachsene Stadtstrukturen und -modelle stehen, wird in der (Stadt-) Geographie aber durchaus auch kritisch gesehen.

Neben den bereits genannten orientalisch-islamischen, chinesischen, lateinamerikanischen und US-amerikanischen Stadtmodellen wurden auch Modelle für die mittel- und westeuropäische, nord- und osteuropäische, russische (-sowjetische), südafrikanische, tropisch-afrikanische, indische, südostasiatische und japanische sowie australisch-neuseeländische Stadt entwickelt.

»

Natürlich ist es nicht der Kulturraum für sich genommen, der die Stadt formt, sondern es sind die dort vorzufindenden politischen und gesellschaftlichen Strukturen sowie die tradierten Verhaltensweisen. Als Ergebnis zeigt sich jedenfalls eine charakteristische Differenzierung der Physiognomie, der Funktionen und des Gefüges der Städte, die eine typologische Unterteilung ermöglichen. Dass diese Annahme nicht unproblematisch ist, muss betont werden. Denn es wird unterstellt, dass es „raumprägende Faktoren" gibt, die homogenisierend wirken und die Ausweisung spezifischer Kulturräume erlauben. Es wird angenommen, dass in einer Region oder sogar in einem Erdteil eine dominante und breit definierte „Kultur" existiert, die Gesellschaft und den Siedlungsraum prägt. Die Homogenität der Kultur in der sozialen und intraregionalen Differenzierung wird angenommen. In der Realität lassen sich die Kulturräume aber weder exakt bestimmen, noch sind sie selbst homogen.

«

M6: Quellentext zur kulturräumlichen Typisierung
Heinz Fassmann: Stadtgeographie I. Das geographische Seminar. Braunschweig: Westermann 2009, S. 68

1 **Fassen Sie die möglichen Rahmenbedingungen in den Bereichen Naturraum, Politik, Gesellschaft, Wirtschaft und Technologie für die Entstehung kulturraumspezifischer Stadttypen zusammen.**
2 **Erörtern Sie die Reduzierung einer Stadt auf einen kulturraumspezifischen Stadttyp.**
3 **Nehmen Sie Stellung zum raumprägenden Faktor „Kultur" (M6).**

2.4 Die orientalisch-islamische Stadt

„Islamische Städte sind ein anschauliches Beispiel dafür, wie sich soziale und kulturelle Prägungen und die Auseinandersetzung mit seiner Umwelt in der Stadtgestalt widerspiegeln können.“
Paul L. Knox, Salie A. Marston

Zu den frühesten bekannten Siedlungen gehören Jericho (Palestina), Hacilar und Çatal Hüyük (südliches Anatolien) sowie Jarmo (Tigrisbereich). Auch eine zweite städtische Entwicklungsphase von 6000 bis 2000 v. Chr. hatte im Zweistromland (z. B. Uruk), Ägypten (Hierankopolis) sowie Kleinasien (Troja) ihren Ursprung (vgl. Kap. 2.1).

Die alten Städte Nordafrikas und Vorderasiens – von Marokko bis in den Iran – wurden zunächst durch die Islamisierung und später durch die europäische Kolonialisierung verändert (überformt). Heute findet man die typischen Merkmale der orientalisch-islamischen Stadt noch in ihrem Grundmuster und mit ihren typischen Gebäuden in etlichen Altstädten (Medinas) der Region. Meist besitzen sie als Gegenpol eine City mit westlichem Charakter.

Der sogenannte Orient verfügt über die ältesten Stadtkulturen der Erde (vgl. Kap. 2.1). Bereits 10000 v. Chr. wurden erste stadtähnliche Siedlungen (Bevölkerungsballung, Ummauerung) gegründet. Später entstanden dann zunächst in Vorderasien Siedlungen mit typischen städtischen Eigenschaften und Funktionen (z. B. soziale Schichtung, Arbeitsteiligkeit, Stadt als religiöses, wirtschaftliches und herrschaftliches Zentrum). Sie wurden durch das traditionelle Wirtschaftssystem des Rentenkapitalismus geprägt: In den Städten wohnten vor allem reiche Familien, die Ländereien, Gebäude und andere Produktionsmittel an abhängige Bauern und Gewerbetreibende verpachteten und die Gewinne (Renten) abschöpften. Mit der Zeit entwickelten sich charakteristische Strukturmerkmale der Städte. Bis heute ist unter Stadtgeographen umstritten, welche dieser Merkmale bereits in der Zeit vor der Islamisierung im 7. Jahrhundert n. Chr. vorhanden waren.
Zu den grundlegenden traditionellen Strukturmerkmalen der orientalisch-islamischen Stadt vor der Kolonialisierung im 19. Jahrhundert gehören:

- ein zweigliedriges Grundrissbild aus a) Hauptstraßen, die Stadtzentrum und Tore sowie einzelne Wohnquartiere miteinander verbinden und b) unregelmäßigen, verwinkelten, engen Sackgassen, die die Wohnviertel erschließen und Privatbesitz ihrer Bewohner sind (M 1);
- eine strenge Segregation der Stadtviertel nach Nationen, Religionen, Konfessionen, eventuell Sippen-, Stammes- und Sprachgemeinschaften, was sich in der Aufgliederung der Stadt in klar getrennten Wohnquartieren zeigt;
- eine Bebauung mit ein- bis zweigeschossigen Innenhofhäusern aus Lehm mit fensterlosen Außenwänden und Flachdächern;
- eine Ummauerung von gesamter Stadt und Herrschaftssitz (Kasbah, Ark, meist in randlicher Lage);
- außerhalb der Mauer gelegene nach Religionszugehörigkeit getrennte Friedhöfe;
- ein (Haupt-)Basar als wirtschaftlicher Mittelpunkt und zentraler Geschäftsbereich, ergänzt mit religiösen (Moschee, Koranschulen) und sozialen Funktionen (Bädern, Kaffeehäusern, Garküchen), aber ohne Wohnfunktion;
- in größeren Städten verschiedene Viertel mit eigenem Basar und eigenem Gotteshaus (Moschee, Kirche, Synagoge).

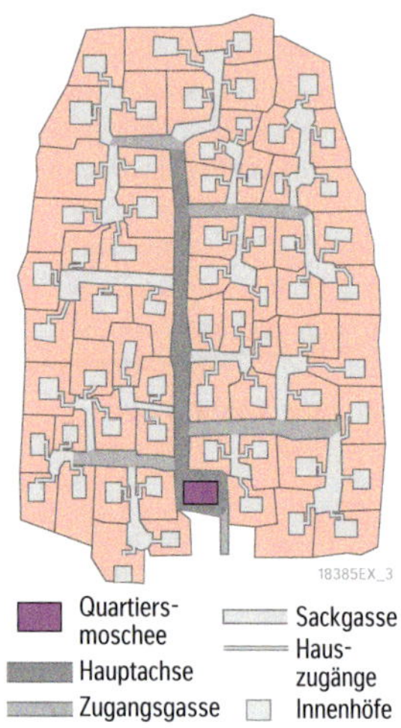

M1: Aufbau eines Wohnviertels in der Medina

Orient
(lat. oriens, „Osten“, Morgenland), (überholte) europäische Bezeichnung für Nordafrika und Vorderasien (inklusive Iran) als einheitlicher Kulturraum, der durch die arabische Sprache und Kultur sowie die den Islam geprägt ist.

M2: Yazd (Iran)

»

In dieser Struktur spiegeln sich gesellschaftliche, ökonomische, religiöse und politische Verhältnisse, die gemeinsam die orientalische Kultur ausmachen. Die permanente Bedrohung durch Nomaden und Fremdgläubige und die Militanz der eigenen oder jeweils spezifischen Religion führen zu Mauer, Sackgasse, Innenhof und Flachdach, die Herrschaftsverhältnisse zur Ummauerung der Burg und zur Absonderung in Quartier und Atriumhaus, der Fernhandel spiegelt sich in Karawanserei und Basar, der Rentenkapitalismus in der strengen Trennung zwischen Stadt und Land, die Zunftordnung mit ethnisch-religiösen Bindungen in der funktionalen Differenzierung des Bazars.

Axel Borsdorf, Oliver Bender: Allgemeine Siedlungsgeographie 2010, S. 340

Privatheit als eine Grundkategorie städtischen Lebens [besagt], *dass das Schwergewicht der sozialen und räumlichen Beziehungen auf dem gesellschaftlichen Nah-Bereich liegt – auf Nachbarschaft, Familie oder Sippe, Sprach-, Herkunfts-, Berufs- oder Glaubensgemeinschaft.*

Eugen Wirth: Die orientalische Stadt im islamischen Vorderasien und Nordafrika Darmstadt: WBG 2000, S. 332f.

Das Ideal des entstehenden Islams [ist] *seinem Wesen nach städtisch. Das hat seinen wesentlichen Grund darin, dass die Grundlage des Islams vor allem das gemeinsame Gebet ist. Das eigentliche Gebet ist das Freitagsgebet der gesamten Gemeinde. [...] Zu seiner Durchführung sind feste, stabile Moscheen erforderlich, sodass sich große Menschenmassen versammeln können. Standort dieser großen Freitagsmoschee ist die Stadt.*

Hartmut Redmer: Die islamisch-orientalische Stadt – Entstehung, Wandel und heutiges Bild. Geographie und Schule 1994, S. 25

Die orientalisch-islamischen Länder liegen größtenteils im durch starke Sonneneinstrahlung und geringe Niederschläge geprägten altweltlichen Trockengürtel. Dieses hat signifikante Auswirkungen auf die Architektur und bauliche Anordnung der traditionellen Städte. Die kompakte und dichte Bauweise führte zu einer optimalen Verschattung, gleichmäßiger Kühlung und Frischluftzufuhr durch die Düsenwirkung, die in den engen Gassen entstand. Unter den klimatischen Bedingungen der trockenheißen Zone sorgt auch das Innenhofkonzept mit angeschlossenen Brunnenanlagen und Bepflanzungen für einen Ausgleich der Temperatur und der Luftfeuchtigkeit zwischen Tag und Nacht. Islamische Häuser verschmelzen baulich zu größeren Siedlungseinheiten. Sie sind nicht funktional gegliedert, sondern vom extremen Klima bestimmt, das selbst den Bewohnern ein vorgegebenes Verhalten auferlegt.

Abdul Hamid Ghanbran: Iranische Basare im Wandel Stuttgart 2004, S. 31 – 32

«

M3: Quellentexte zur orientalischen und islamischen Stadt

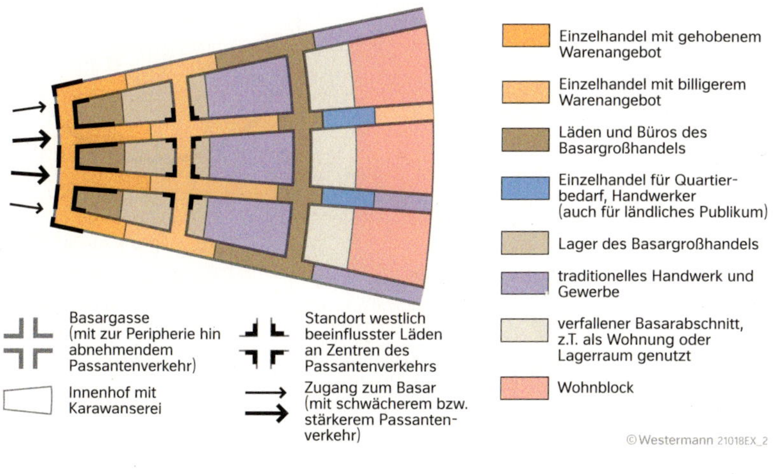

M4: Schematische Darstellung der räumlichen Anordnung eines Basars/Souks

2.4 Die orientalisch-islamische Stadt

M1: Souk in Aleppo (Syrien, vor der Zerstörung der Stadt)

Basar und Souk – wirtschaftliches und soziales Zentrum der Medina

Der meist überdachte Basar (pers.) oder Souk (arab.) ist der zentral gelegene Ort des traditionellen Einzel- und Großhandels und des Handwerks und dient der Versorgung der ganzen Stadt. Der Handel zählt in der islamischen Gesellschaft zu den wichtigsten sozialen Interaktionen. Neben seiner Versorgungsfunktion bietet der Basar als öffentlicher Raum Platz für politische, religiöse und kulturelle Aktivitäten. Der Basar ist nach Branchen und Gewerben gegliedert (M4, S. 33). Zudem liegt oft eine Branchensortierung und eine regelhafte räumliche Anordnung der Standorte entsprechend der Wertschätzung der Waren (Nähe zur Moschee) vor, aber auch aufgrund der Kundenfrequenz sowie der Geruchs- und Lärmbelästigung. In größeren Städten gibt es zudem noch eine Gliederung nach der Herkunft der Händler.

Kolonialisierung und moderne Stadterweiterungen

Seit der im 19. Jahrhundert beginnenden Kolonialisierung hat in den Städten eine zweite Welle der Überformung und des städtischen Wachstums stattgefunden, die schließlich zu einer dualen Stadtstruktur einer Alt- und einer Neustadt geführt hat. In dieser ersten „westlichen" Überformungsphase blieben große Teile der traditionellen Altstädte aber erhalten. Briten und Franzosen bauten ihre „**Cantonments**" und „**Civil Lines**" bzw. ihre „Ville Nouvelle" im Abstand zur bestehenden Stadt.

Heute dominieren moderne Wohnviertel und Großwohnsiedlungen für untere Einkommensklassen, aber auch Hüttenviertel in der Peripherie die Städte. Die Altstädte (Medinas) vor allem der schnell wachsenden Großstädte, die teilweise flächensaniert wurden, nehmen nur noch sehr kleine Flächen ein (z. B. Teheran: 4 %, Istanbul 2 %). Die wohlhabende Bevölkerung hat mit der Zeit die enge Altstadt verlassen und bevorzugt die großräumig geplante und sich erweiternde Neustadt. Die neuen Wohnviertel weichen vom ethnischen, religiösen und sozialen Grundprinzip der Medina ab. Bestimmend für die soziale Gliederung sind hier vergleichbare Einkommen und Konsumgewohnheiten. In die freiwerdenden Wohnungen der Altstadt zogen Migranten als „Neu-Städter" aus dem ländlichen Raum, wodurch es zur sozialen Abwertung von Teilen der Medina kam.

Cantonment / Civil Lines
(Wohn)Kasernen der britischen Garnison/Wohn- und Geschäftsstadt der Zivilbeamten

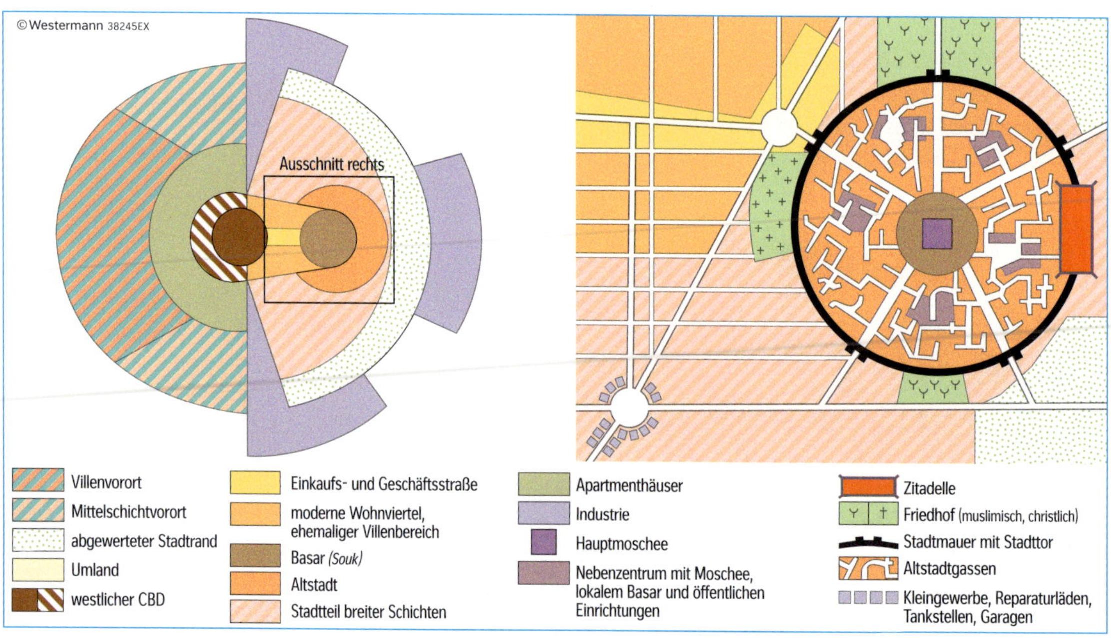

M2: Grundstruktur der orientalisch-islamischen Stadt unter westlich-modernem Einfluß (zweipolige Stadt)

»Der westeuropäische Einfluss äußerte sich vor allem darin, dass sich neben dem traditionellen Basar durch die Entwicklung einer City nach europäisch-nordamerikanischem Muster (CBD) ein zweites Geschäftszentrum ausbildete. [...] Vielfach hat die moderne City inzwischen die Hauptversorgungsfunktion übernommen; sie ist in der Regel auch der Standort der Verwaltungsfunktionen, von Bildungs- und Sozialeinrichtungen, und im Bereich des Einzelhandels siedeln sich hier die internationalen Konzerne an. Der alte Basar gerät gelegentlich bereits in die Gefahr, zur reinen Touristenattraktion zu mutieren. Die **dualistische** Struktur aufgrund moderner „westlicher" Einflüsse bezieht sich auch auf die Wohnfunktion. Um die Altstädte erstreckt sich heute häufig eine Zone mehrgeschossiger Mietshäuser, daneben entstanden, vor allem in landschaftlich attraktiven Umlandbereichen, Villenvororte für die soziale Oberschicht. Die traditionellen Strukturen der innerstädtischen Wohngebiete lösen sich vielfach auf und es kommt in vielen Städten zur Entwicklung von Slums mit Bewohnern der unteren sozialen Schichten. Auch das produzierende Gewerbe ist infolge der Modernisierung und Flächenausweitung dabei, die traditionellen Basar-Standorte zu verlassen.«

M3: Quellentext zu modernen Entwicklungen in „orientalisch-islamischen" Städten
Reinhard Paesler: Stadtgeographie. Darmstadt: WBG 2008, S. 122 – 123

Dualismus
Struktur, die aus zwei unterschiedlichen, voneinander unabhängigen Grundelementen besteht.

M4: Marrakesh (Marokko): Altstadt mit dem zentralen Marktplatz Jemaa El Fna (oben) und die Neustadt Guéliz (unten)

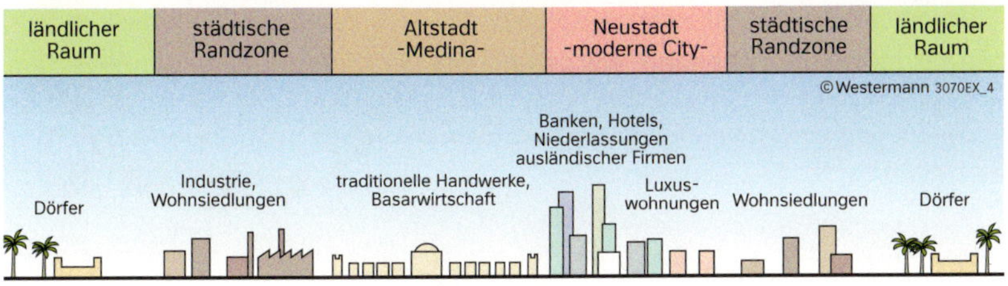

M5: Modellaufriss der modernen orientalisch-islamischen Stadt

1 Erklären Sie die Einflüsse auf die orientalisch-islamische Stadt (M3, S.33).
2 Vergleichen Sie die orientalisch-islamische und die europäische Altstadt.
3 Erläutern Sie die räumliche Struktur eines Basars oder Souks (M4, S.33).
4 Erläutern Sie das Modell der zweipoligen orientalisch-islamischen Stadt (M2).
5 Analysieren Sie den Aufbau von Damaskus und Marrakech mithilfe der Stadtmodelle (Atlas, Internet).

2.5 Die lateinamerikanische Stadt

Die portugiesischen Stadtgründungen unterscheiden sich von den spanischen zum Teil erheblich. Sie sind eher als Handelsstädte an der Küste angelegt und haben eine weniger strenge Struktur.

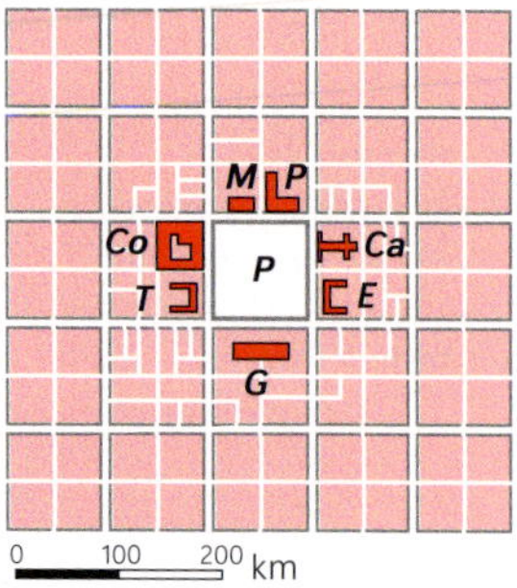

P Plaza (zentraler Platz)
M Municipalidad (Rathaus)
G Gobierno (Regierung, falls Provinzhauptstadt)
T Tribunal (Gericht)
P Policía (Polizei)
Ca Catedral (Kathedrale, Kirche)
Co Convento (Kloster)
E Escuela (Schule)

18377EX_2

M1: Idealplan der spanischen Kolonialstadt in Lateinamerika

Indigene Bevölkerung
(vorm. Ureinwohner) Nachfahren der Erstbesiedler einer Region, die im geschichtlichen Verlauf von anderen Völkern kolonisiert und aus ihrem angestammten Siedlungsgebiet vertrieben wurden.

Ackerbürgerstadt
Stadt, deren wirtschaftliche Grundlage hauptsächlich die Landwirtschaft ist und die keine zentrale innerstädtische Verwaltung aufweist.

Patiohaus
Kolonialspanische Hausform im Barockstil, gekennzeichnet durch einen rechteckigen Hausgrundriss mit um einen Innenhof (Patio) angeordneten Zimmern (vgl. M3, S. 30).

Die planmäßig gegründeten Kolonialstädte in Lateinamerika weisen einen typischen Grundriss auf. Die hieraus hervorgegangenen Großstädte haben sich bis heute jedoch enorm verändert. Ein charakteristisches Merkmal von jeher ist die Trennung in reiche und arme Viertel.

Während viele orientalisch-islamische Städte in ihrer Geschichte kolonial überformt wurden, sind die meisten lateinamerikanischen Städte hingegen koloniale Neugründungen. Oft entstanden sie in der Nähe von vorkolumbianischen Zentren der ehemaligen Hochkulturen, die von den spanischen und portugiesischen Eroberern im 16. Jahrhundert zerstört worden waren, um (auch symbolisch) den Herrschaftsanspruch gegenüber der indigenen Bevölkerung zu demonstrieren. Als Handelsniederlassungen (Häfen), Bergbauorte oder Ackerbürgerstädte dienten sie der Ausweitung und Absicherung der politischen Macht und der wirtschaftlichen Interessen der Kolonialmächte. Die Hafenstädte stellten die Handelsverbindungen zum Mutterland her. Die Ackerbürgerstädte errichtete man in landwirtschaftlichen Gunsträumen mit einer hohen Bevölkerungsdichte der indigenen Bevölkerung. Bergbaustädte entstanden an Rohstoffquellen, mussten aber teilweise durch ihre Lage in unwirtlichen Gegenden (Trockenräume/große Höhen) von den Ackerbürgerstädten versorgt werden.
Die Stadtgründungen hatten eine typische städtebauliche und sozialräumliche Struktur, die man auch heute noch in zahlreichen Klein- und Mittelstädten Lateinamerikas findet (M3, S. 30), M1, M2):

- regelmäßiger Schachbrettgrundriss (Seitenlänge ca. 100 m) mit der repräsentativen Plaza (Major) als Stadtmittelpunkt; keine Ummauerung der Stadt,
- an der Plaza gelegen die wichtigsten öffentlichen Gebäude (Rathaus, Kirche, Gericht, Schule) sowie die Patiohäuser der führenden Familien (Oberschicht),
- Sozialgefälle (Sozialstatus der Bewohner, Größe und Ausstattung der Häuser) vom Stadtkern zum Stadtrand,
- Handel und Gewerbe in der Nähe der randlich gelegenen Märkte,
- Lehmhütten der indigenen Bevölkerung und Sklaven am Stadtrand.

Entwicklungsmodelle verschiedener Verstädterungsphasen

Die Entwicklung der lateinamerikanischen Städte von der kolonialzeitlichen Gründung (**kompakte Stadt**, M4) bis zu heutigen Großstädten wurde durch verschiedene Stadtmodelle veranschaulicht (siehe Atlas Karte 4, S. 223), die die Veränderung der funktionalen und sozialräumlichen Gliederung zeigen und die Ring-, Sektoren- und Mehrkernmodelle aufgreifen (vgl. Kap. 1.3).

In einer ersten Verstädterungsphase, die nach der Unabhängigkeit im frühen 19. Jahrhundert begann, wurden bereits Veränderungen gegenüber dem

M2: Plaza Mayor in Lima (Peru)

kolonialzeitlichen Stadtgefüge sichtbar. Einwanderer aus europäischen Ländern brachten Konzepte des Städtebaus aus Europa mit. Es kam zu Erweiterungen der Oberschichtviertel, die sich in ihrem Verlauf an den neu angelegten Prachtstraßen orientierten. Großhandel, Handwerk und erste Produktionsbetriebe mit den zugehörigen Wohnvierteln der Arbeiter ordneten sich entlang von Eisenbahnlinien an. Ein zunächst lineares, später an Sektoren orientiertes Gliederungsprinzip wird zum Kennzeichen dieser Stadtentwicklungsphase (**sektorale Stadt**, M4).

Während der zweiten Verstädterungsphase ab den 1930er-Jahren kam es zunächst zu einem verstärkten Wachstum der Sektoren, das sich an bestimmten räumlichen Achsen orientierte – zum einen durch die Ansiedlung von größeren Industriebetrieben entlang der Ausfallstraßen, zum anderen durch die Abwanderung der Ober- und Mittelschicht aus der Altstadt. Die traditionelle koloniale Bebauung wurde zum Teil durch Hochhausbauten ersetzt; der Prozess der Citybildung begann. Zugleich führten die Entstehung neuer Arbeitsplätze in den Städten sowie ein wachsender Bevölkerungsdruck auf dem Land zu einer gewaltigen Landflucht. Unterkunft fanden die Zuwanderer in beengten Massenquartieren in den verlassenen zentrumsnahen Wohnbereichen, oft in Form sogenannter Gängeviertel oder in randstädtischen Hüttensiedlungen, die die Städte zellenförmig erweiterten. Diese rasch wachsenden peripheren Marginalviertel waren meist illegal oder semilegal. Hinzu kamen Viertel des sozialen Wohnungsbaus. Die Richtung des bisher von innen nach außen verlaufenden sozialen Gefälles – je weiter außen, desto ärmer – kehrte sich zumindest innerhalb bestimmter Sektoren um. Der Gegensatz von reicher und armer Stadt entsteht. Diese Polarisierung wird in der Folgezeit zum bestimmenden Strukturprinzip (**polarisierte Stadt**).

Seit den 1990er-Jahren durchlaufen Lateinamerikas Städte abermals einen tiefgreifenden Strukturwandel. Ein innerstädtisches Schnellstraßennetz übernimmt dabei die Rolle der Eisenbahn und der Ausfallstraßen – der Wachstumsachsen früherer Phasen. Die Schnellstraßen machen den randstädtischen Raum für die Ober- und Mittelschicht schnell erreichbar. Neben den Hüttensiedlungen entstehen am Stadtrand auf diese Weise neue zellenförmige Strukturen: riesige Shoppingcenter mit Freizeiteinrichtungen, Bürostandorte und vor allem neue Wohngebiete. Sogenannte „Barrios Cerrados“ (portug.) oder „Condominios“ (span., engl. Gated Comunities, vgl. Kap. 5.4.2) bilden abgeschottete, zugangsbeschränkte und sozial homogene „Inseln“ in der Stadt (Hochhäuser mit Luxusapartments) und in landschaftlich schönen und lokalklimatisch günstigen Umlandlagen. Zudem werden viele Marginalsiedlungen legalisiert und saniert sowie ebenfalls mit Zäunen umgeben. Es entstehen sogenannte fragmentierte Strukturen; sie werden zum bestimmenden Prinzip der gegenwärtigen Entwicklung in lateinamerikanischen Städten (**fragmentierte Stadt**).

M3: Buenos Aires (Argentinien): Villa Miseria (arg., Marginalsiedlung) und Hochhaussiedlung

Gängeviertel
Innerstädtische dichte Bebauung entlang schmaler sackgassenähnlicher Gänge, ausgelegt auf hohe Belegung.

Polarisierung
(in der Stadtgeographie) Muster der Verteilung armer und reicher Bevölkerungsgruppen auf die einzelnen Stadtteile, als besonders ausgeprägtes Muster der Segregation (vgl. Kap. 3.4.1).

Fragmentierung
Bisher homogene Teilräume innerhalb der Stadt lösen sich in kleinere funktionale und sozialräumliche Einheiten auf, die oft direkt aneinandergrenzen, aber hermetisch voneinander abgeschottet sind.

	Die kompakte Stadt	Die sektorale Stadt	Die polarisierte Stadt	Die fragmentierte Stadt
Räumliches Strukturprinzip	Zentrum-Peripherie-Gefälle	Linearität	Polarisierung	Fragmentierung
Symbol	Plaza	Boulevard	Villenviertel – Hüttenviertel	Barrios Cerrados, Malls, Business Parks
Städtewachstum	Natürliches Wachstum	(Europäische) Einwanderung	Binnenwanderung, Landflucht	Metropolen: Stagnation, Sekundärstädte: Wachstum
Architektur	Renaissance, Barock	Klassizismus, Historismus	Moderne	Postmoderne
Soziopolitische Entwicklung	Kolonialgesellschaft	Konservatismus → Liberalismus	Populismus, Sozialismus	Redemokratisierung, kapitalistische Orientierung

M4: Merkmale der Verstädterungsphasen (nach Borsdorf, Bähr, Janoschka)

2.5 Die lateinamerikanische Stadt

M1: Favela do Paraisópolis in Sao Paulo (Brasilien)

M2: Barrio Cerrado im Umland Sao Paulos

M3: Quellentext zur Fragmentierung der lateinamerikanischen Stadt
Axel Borsdorf: Lateinamerika: Städtebaulicher Wandel unter Globalisierungsstress. Universität Innbruck 2009

» *Es ist augenfällig, dass die großräumige Bipolarität zwischen einer „reichen" und der „armen Stadt" sich zunehmend auf ein filigranes Muster reicher und armer Zellen im Stadtgebiet verlagert. Dabei bilden sich „Inseln der Reichen" in armen „Wassern" aus, und der Kontrast zwischen arm und reich wird akzentuiert durch hohe Mauern, Zäune und streng bewachte Eingänge zu den einzelnen Vierteln, die, um im Bild zu bleiben, die sicheren Territorien der Reichen vor den Sturmfluten der Armen schützen sollen. Da zugleich auch funktionale Zellen, wie Hypermärkte, Malls, Fachmärkte, aber auch Bürohausquartiere von ihrer bisherigen Orientierung an der „reichen Stadt" ablassen und sich scheinbar regellos über das Stadtgebiet verteilen, ist die Fragmentierung das wichtigste Kennzeichen der neueren Stadtentwicklung.*
Diese Fragmentierung geht mit der zunehmenden Exklusion nicht nur der höheren Sozialschichten einher. Die Tendenz zur Privatisierung öffentlichen Raums, herbeigeführt durch die Abschottung von Wohnvierteln durch Sicherungsinfrastrukturen, hat längst auch die Quartiere der Mittelschicht, der Unterschicht unter Einschluss des sozialen Wohnbaus und selbst der Marginalschicht erreicht. Öffentliche Straßen werden nachträglich abgesperrt, bestehende Viertel umzäunt, neue Wohngebiete dagegen werden fast ausnahmslos nur noch als „Barrios Cerrados" angelegt. [...] In einigen Städten Lateinamerikas sind in den letzten Jahren darüber hinaus geschlossene städtebauliche Komplexe entstanden, die die übliche Größe von Barrios Cerrados bei weitem übersteigen und als ummauerte Städte – Ciudades Valladas – bezeichnet werden können. «

Urbane Barrios Cerrados	• Hochhauskomplexe • Reihenhaussiedlungen • „Blocks" des sozialen Wohnungsbaus • Nachträglich abgeschottete Nachbarschaften / Straßenzüge
Suburbane Barrios Cerrados	• Exklusive Wohnanlagen und Country Clubs (auch im weiteren Umland) • Reihenhaussiedlungen
Ciudades Valladas	• Kleinstadtgroße Wohnkomplexe (z.T. über 50 000 Ew.)

M4: Barrio-Cerrado-Typen

Schon während der Kolonialzeit war Lateinamerika ein städtischer Kontinent. Heute liegt der Verstädterungsgrad mit etwa 80 Prozent genauso hoch wie in Westeuropa. Trotz inzwischen abgeschwächter Land-Stadt-Wanderung führt die Verstädterung insbesondere in den Groß- und Megastädten zu einem fortgesetzten Flächenwachstum und einer Vielzahl stadtökologischer Probleme.

1 **Vergleichen Sie die koloniale Stadt in Lateinamerika und die traditionelle orientalische Stadt.**
2 **Charakterisieren Sie die Entwicklungsphasen der lateinamerikanischen Stadt (M4, S.37, Atlas).**
3 **Erläutern Sie die Bedeutung von Migrationsprozessen für die sozialräumliche Gliederung (Atlas).**
4 **Analysieren Sie die Lage der Marginalviertel und Condominios in Rio de Janeiro (Atlas) und Buenos Aires (M1, S.124).**

Die chinesische Stadt

Die heutige chinesische Stadt vereint Elemente aus vier Entwicklungsphasen: Strukturmerkmale aus der langen Kaiserzeit, Einflüsse aus der europäischen Kolonialherrschaft seit Mitte des 19. Jahrhunderts, massive Umformungen durch den sozialistischen Städtebau ab 1949 sowie Folgen der wirtschaftlichen Öffnung und Globalisierung.

Bereits um 1500 vor Chr. entstanden erste Städte in China. Einige waren schon im Altertum Millionenstädte (Changan: 430 v. Chr. > 1 Mio. Ew.). Von Beginn an wurden sie äußerst planvoll als Verwaltungszentrum und zentraler Ort staatlicher Bürokratie und Macht angelegt. Der symmetrische, rechteckige Grundriss orientierte sich dabei auch an kosmologischen und konfuzianischen Vorstellungen.

»

Jede Stadtgründung begann mit dem Bau einer Mauer, die eine quadratische, zumindest aber rechteckige Stadtfläche festlegte, welche die Erde repräsentierte. Die war streng nach den Himmelsrichtungen orientiert, die für die vier Jahreszeiten standen und eine ganz unterschiedliche Bewertung erfuhren. Der Osten war die Richtung des Frühlings, der Süden die des Sommers, der Westen die des Herbstes und der Norden die Richtung des Winters. Die Jahreszeiten waren in das duale Kräftepaar „Yang-Yin“ eingebettet. Während Süden und Osten mit „Yang“ assoziiert wurden, der männlich-Aktiven, positiven und hellen Kraft, verkörperten Westen und Norden „Yin“, die weiblich-passive, negative und dunkle Kraft. Die N-S-Achse wurde dadurch zur dominierenden Leitlinie der Stadt. An ihr ordneten sich die wichtigsten Gebäude an, die sich allesamt zum Licht hin, öffneten.

«

M5: Quellentext zum kosmischen Prinzip der Stadtgestaltung
Jürgen Bähr, Ulrich Jürgens: Stadtgeographie II. Braunschweig: Westermann 2009, S.79

Daneben lassen sich für die traditionelle chinesische Stadt einige weitere typische Strukturmerkmale nennen:

- Palast des Fürsten oder Kaisers im Zentrum;
- Ummauerung der Stadt aber auch der Wohnviertel (Nachbarschaften);
- innere Gliederung der Stadt, die den hierarchischen Aufbau der Gesellschaft widerspiegelt (zentral-peripheres Sozialgefälle);
- maximal zweigeschossige Wohnbebauung (nicht höher als der Fürstenpalast);
- verschiedene an das Straßenraster angepasste Typen von Hofhäusern (vor allem in Nordchina, M2, S.40)

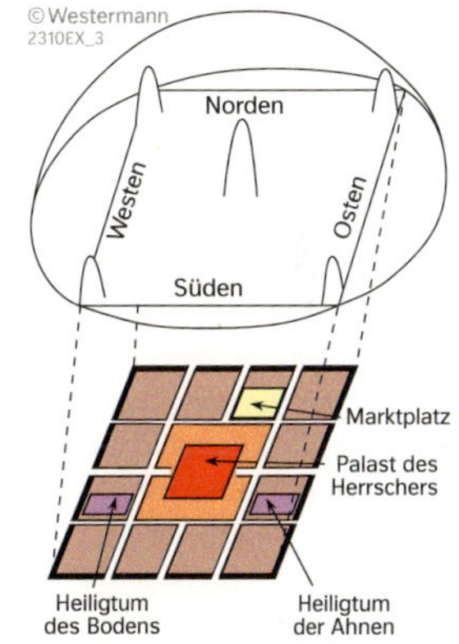

M6: Idealgrundriss der traditionellen chinesischen Stadt

M7: Kaiserpalast in Peking

2.6 Die chinesische Stadt

M1: Quellentext zu chinesischen Hofhäusern
Ingrid Lübke: Von Hofhäusern und Hutongs zu Hochhäusern und Stadtautobahnen. Universität Kassel 2004, S. 5–7

» *Der Beijinger Hofhaustyp ist rechteckig und besteht aus vier Bauten oder Baugruppen, deren Fenster und Türen auf den geschlossenen Innenhof gerichtet sind. [...] Das größte nach Süden weisende Haus war das Haus der Eltern, die Söhne und Töchter wohnten getrennt in den Häusern an der westlichen und östlichen Seite. [...] Der Hofhaustyp entsprach dem Familienideal und der klaren Ordnung zwischen Jüngeren und Älteren. [...] Mit der Zunahme der Bevölkerung [...] kam es zu einer Verdichtung in den Höfen, die vielfach von mehreren Familien bewohnt wurden. [...] Die vielfältigen Einbauten in die traditionelle Hofstruktur gingen vor allem auf Kosten [...] der Nutzbarkeit des Innenhofes [...].*
Die bestehende Stadtstruktur mit ihren Wegenetzen und Hofhäuserstrukturen war zwar eine jahrhundertelang erprobte gute Lebens- und Wohnstruktur, die in dem durch kalte Winter und subtropische Sommer gekennzeichneten Klima für sehr gute Lebensbedingungen sorgte. Aber sie war wegen ihrer kollektiven sanitären Einrichtungen in den Gassen, der baulichen Verdichtungen und Überbelegungen hoffnungslos überbelastet. «

M2: Modell eines Hofhauses

Europäische Einflüsse und sozialistische Transformation

Vertragshäfen
Hafenstädte (z.B. Nanking, Kanton, Shanghai), die sich seit Mitte des 19. Jahrhunderts kraft besonderer Vereinbarungen („Ungleiche Verträge") mit europäoischen Kolonialmächten ausländischen Niederlassungen und Handel zwangsöffnen mussten (exterritoriale Niederlassungen).

Koloniale, europäische Einflüsse betrafen vor allem die Küsten- und Flussstädte im Osten Chinas. In den sogenannten **Vertragshäfen** entstanden im 19. Jahrhundert europäisch gestaltete Viertel. Auch die Japaner hinterließen in den von ihnen besetzten Gebieten städtebauliche Spuren (1931 – 1945).

Weitreichendere Überformungen und Erweiterungen der chinesischen Städte fanden aber erst nach der Machtübernahme der Kommunistischen Partei 1949 statt. So entstanden an den Stadträndern großflächige Industrieanlagen mit dazugehörigen weitgehend autarken „Arbeitsdörfern" und später regelrechte Satellitenstädte. Die Erweiterung der Stadtgebiete vollzog sich weniger axial als mehr ringförmig. Die alten innerstädtischen Wohnquartiere mussten Platz machen für schnell und billig errichtete mehrgeschossige Plattenbauten. Zudem wichen immer mehr der alten Wohnhöfe und engen Gassen (Hutongs) repräsentativen, monumentalen Bauten und Plätzen sowie mehrspurigen Ringstraßen. Während es in den alten Nachbarschaften weiterhin eine enge Mischung von Wohnen und Arbeiten gab, kam es in den erweiterten Städten zu einer stärkeren Funktionstrennung. Eine sozialräumliche Trennung wie in vielen westlichen und Dritte-Welt-Großstädten gab es jedoch lange Zeit in chinesischen Städten nur in Ansätzen (etwa Ausländer- oder Villenviertel für die kommunistische Parteielite).

M3: Verdichtete Hofhäuser in Peking

M4: Moderne Wohnbebauung in Shanghai

- Umwandlung von parasitären „Konsumentenstädten" in „Produzentenstädte" (nach kommunistischer Ideologie),
- Bau neuer Industrieanlagen und Arbeitersiedlungen am Rande der Stadt (später Großwohnanlagen, Industriezonen),
- Wohnungsbau in standardisierter Plattenbauweise,
- Flächensanierung der innerstädtischen Altbauviertel,
- Bau von Monumental- und Repräsentationsbauten sowie breiten Straßenachsen und Plätzen im Stadtzentrum,
- Regierungsgebäude, Hochschulen, Kaufhäuser, Bahnhöfe, etc. als vertikale Akzente in der Masse eingeschossiger Bauten,
- Abbruch von Stadtmauern zugunsten der Anlage von Ringstraßensystemen,
- Ausbau der traditionell durch Mauern abgegrenzten Einheiten zu „städtischen Arbeitseinheiten" (Danweis) mit Fabrik, Schule und Versorgungseinrichtungen,
- Errichtung von Satellitenstädten zur Entlastung der Kernstädte.

M5: Merkmale der sozialistischen Überformung

- Starkes Außen- und Innenwachstum der Städte,
- intensive bauliche Verdichtung und „Manhattisierung" der Metropolen,
- neue Multifunktionalität der Städte durch die wachsende Bedeutung von Konsum und Dienstleistungen und die damit einhergehende Ausprägung innerstädtischer Central Business Districts (CBD),
- flächenhafte Sanierung (= Abriss und Neubebauung) von Altstadtvierteln und Bau von Wohnhochhäusern in Plattenbauweise,
- Prozesse der nachholenden Suburbanisierung in Verbindung mit gigantischen Stadtplanungsvorhaben für den Bau neuer Städte,
- Entstehung sozialräumlicher und funktionaler Inseln („Urban Villages") einschließlich sogenannter Migrantendörfer und „Gated Communities",
- Modernisierung der Verkehrsinfrastruktur (z. B. U-Bahn-, Ringstraßenbau)

M6: Stadtentwicklung seit Beginn der Öffnungspolitik

Verstädterung nach wirtschaftlicher Öffnung

Erst in Folge der Reform- und Öffnungspolitik seit Beginn der 1980er-Jahre lassen sich Segregationsprozesse ausmachen. Es entstanden Central Business Districts, in denen sich internationale Finanz- und Handelsunternehmen ansiedelten, Wohnviertel für die Besserverdienenden und Gated Communities. Zudem wurde die Verkehrsinfrastruktur modernisiert und autogerechter gemacht. Als Folge der Lockerung des **Hukou-Systems** kam es zu einer extremen Verstädterung und Wachstumsprozessen durch Land-Stadt-Wanderungen.

Hukou-System
Chinesisches System der staatlichen Haushaltsregistrierung zur Einteilung in ländliche und städtische Bevölkerung, dadurch Kontrolle der Mobilität und Verhinderung von Landflucht.

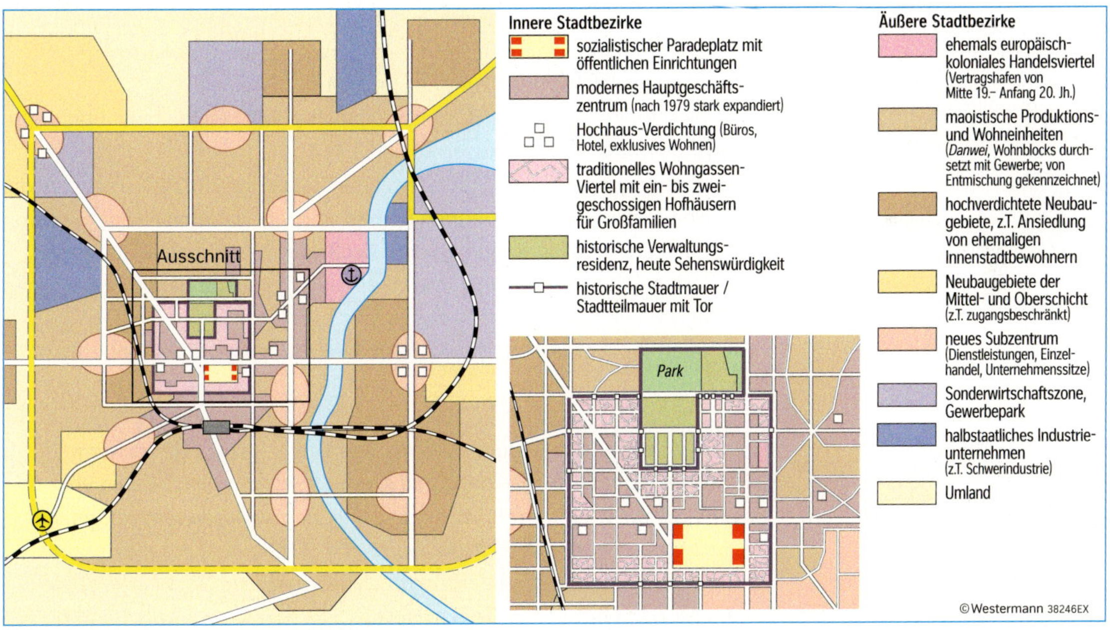

M7: Modell der heutigen chinesischen Stadt

1 Beschreiben Sie den Aufbau der traditionellen chinesischen Stadt am Beispiel Peking (Atlas).

2 Erläutern Sie die Elemente des traditionellen, sozialistischen und globalisierten Stadtentwicklung im Modell der heutigen chinesischen Stadt (M7).

2.7 Die US-amerikanische Stadt

M1: Empire State Building in New York

Trotz verschiedener europäisch-kolonialer Einflüsse hat sich in Angloamerika ein spezifischer Städtetyp entwickelt, der heute wiederum viele andere Städte auf der Welt maßgeblich beeinflusst.

Bis auf wenige Ausnahmen blicken viele Städte in Angloamerika (USA, Kanada) nur auf eine kurze Vergangenheit zurück. Die Stadtgründungen in der vorindustriellen Zeit nahmen noch stark die Einflüsse der europäischen Einwanderer auf (Montreal, Baton Rouge: französischer Einfluss; San Diego, El Paso: spanischer Einfluss; New York, Boston: britischer Einfluss), die sich bis heute in einigen „europäischen" Vierteln widerspiegeln. Als die Eisenbahn ab Mitte des 19. Jahrhunderts zur schnellen Raumerschließung gen Westen ihren Siegeszug antrat, entwickelten sich an den Linien und besonders den Knotenpunkten im Mittleren Westen Städte, die aufgrund der Industrialisierung rasch zu Großstädten heranwuchsen (z. B. Chicago). Viele Städte des Südens und Westens sind Neugründungen, die teils erst im 20. Jahrhundert entstanden und ebenfalls rasant wuchsen (z.B. Los Angeles, Dallas). Heute zählen die USA zu den am meisten verstädterten Ländern der Welt (Verstädterungsgrad: 82,3 %).

Trotz individueller Eigenheiten der Städte spricht man von der „nordamerikanischen Stadt" (besser die US- oder angloamerikanischen Stadt). Solch eine Verallgemeinerung funktioniert für die USA besser als in anderen Weltregionen, da bestimmte Strukturmerkmale in vielen US-Städten wiederzufinden sind. Seit den Stadtstrukturmodellen der Chicagoer Schule (vgl. Kap. 1.3) wurde immer wieder versucht, die US-amerikanische Stadt modellhaft darzustellen (M7, Atlas). Typisch für sie sind unter anderem

- das Fehlen historischer Elemente (Stadtmauern, Altstadt, zentraler Markt),
- eine Gliederung in einen zentralen City-Bereich (Central Business District, CBD), in dem sich Handel, Dienstleistungen, Verwaltung und Verkehr konzentrieren, eine Übergangszone, in der sich kommerzielle und Wohnnutzung durchmischen und einem Umland mit überwiegender Wohnnutzung,
- der oft schachbrettartige Grundriss (M2, M3),
- die Überhöhung des Central Business Districts (CBD) innerhalb der Stadtmitte (Downtown) durch Hochhäuser (M1, M3, M4),
- die Bebauung der äußeren Stadtviertel durch niedrige Einfamilienhäuser, die sich weit in die Fläche ausdehnen (Urban Sprawl), dadurch Entstehung von metropolitanen Ballungsräumen (z.B. Großraum Los Angeles, BosWash),
- das Vorherrschen des Individualverkehrs (und das weitgehende Fehlen eines öffentlichen Personennahverkehrs),
- ein radial-konzentrisches Straßennetz: Ausfallstraßen, Ringautobahnen.

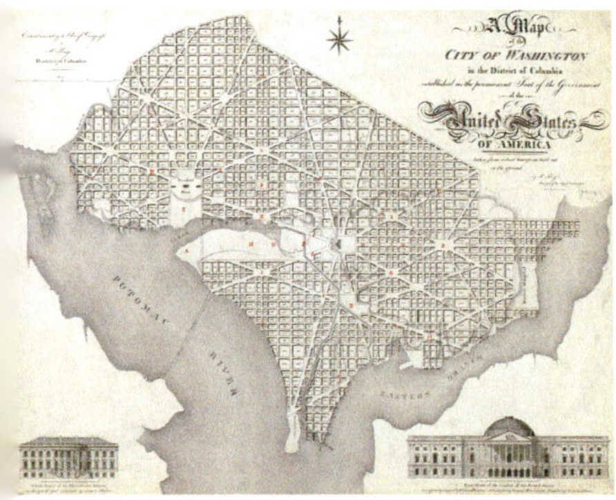

M2: Historische Karte von Washington D.C von 1818

M3: Quellentext zur US-amerikanischen Stadt
Jürgen Bähr, Ulrich Jürgens: Stadtgeographie II. Braunschweig: Westermann 2009, S. 171 – 172

Das Schachbrettmuster beruht auf dem Renaissance-klassizistischen Stil der Kolonialmächte und dem 1785 eingeführten quadratischen Landvermessungssystem.

»

Die Überhöhung von Gebäuden in die Vertikale [...] sollte der nordamerikanischen Stadt eine völlig neue und für andere Stadttypen bislang unbekannte Silhouette schaffen. Voraussetzung hierfür waren technologische Neuerungen wie Stahlskelett-Bauweise, die „Erfindung" des elektrischen Stroms, der Fahrstuhl sowie Lüftungstechniken, weil ein Öffnen der Fenster in großer Höhe nicht ohne Gefahren war. [...]
Eingepasst sind die Gebäude in eine für US-amerikanische Städte typische, nach den Himmelsrichtungen orientierte Straßenführung in Form eines Schachbrettmusters (Gridiron Pattern). [...] In den Städten existieren typischerweise Straßenblöcke von 100 m x 100 m, die ihnen einerseits eine gewisse Monotonie, andererseits große verkehrliche Übersichtlichkeit verleihen.

«

M4: Chicago

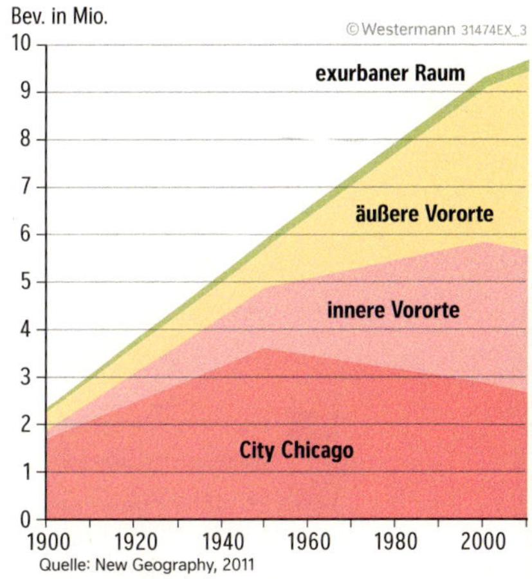

M5: Bevölkerungsentwicklung in der Metropolregion Chicago 1900 – 2010

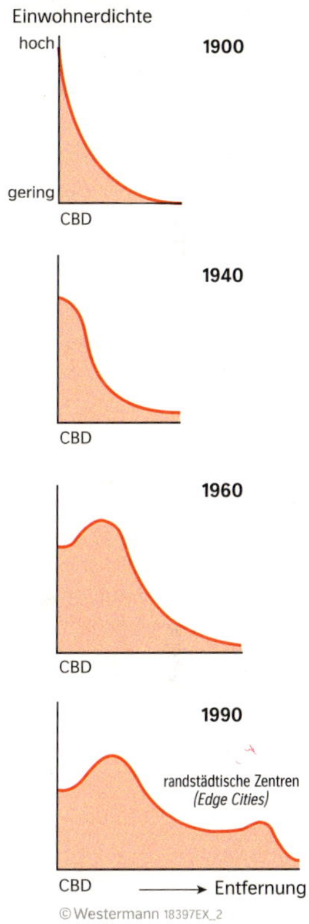

M6: Veränderung des Dichtegradienten in US-amerikanischen Städten

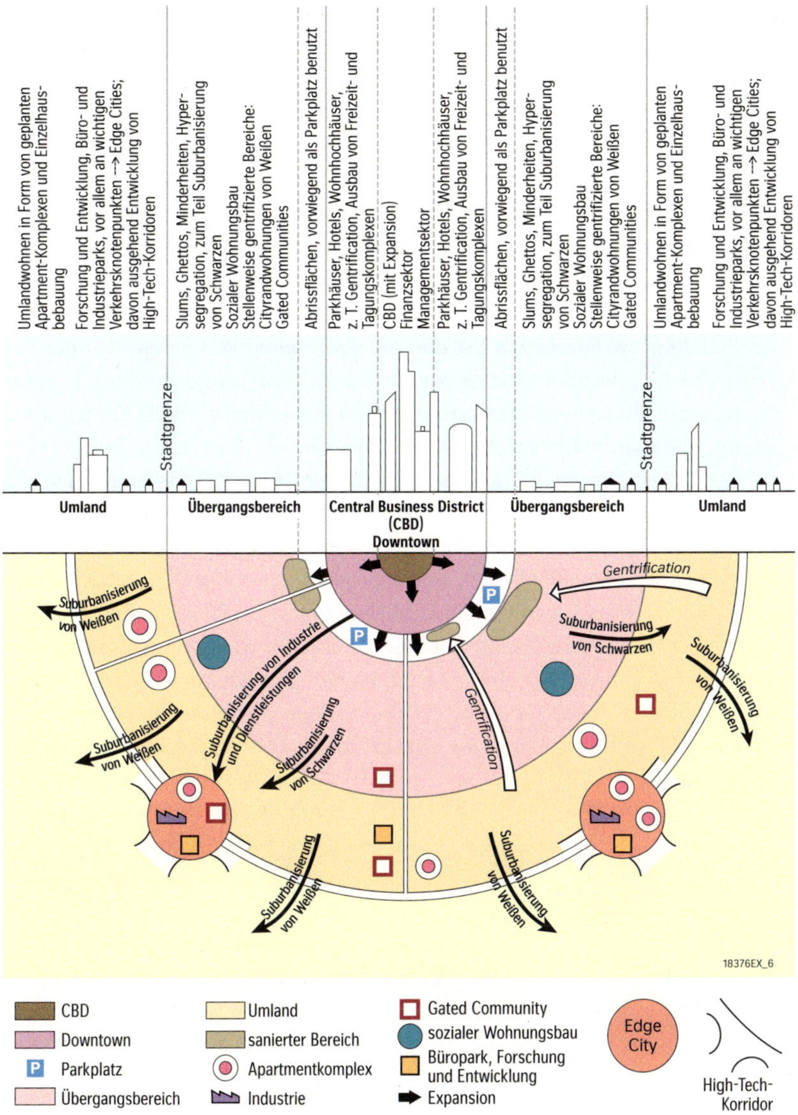

M7: Modell der US-amerikanischen Stadt

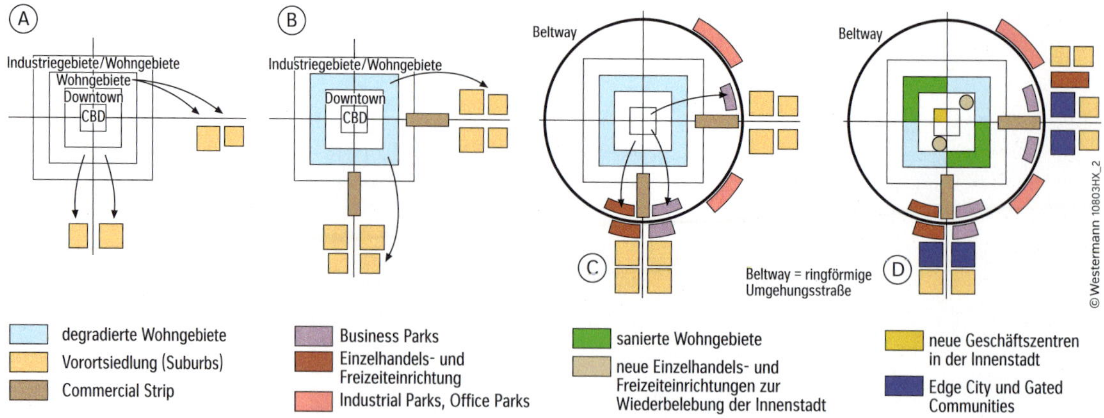

M1: Entwicklung der US-amerikanischen Stadt

„Die nordamerikanische Stadt gilt als Prototyp moderner und postmoderner städtischer Entwicklungen. Als Synonym für Blüte und Niedergang stehen einerseits die Wolkenkratzer in den Cities, wo sich das Geschäftsleben vertikal bündelt, andererseits Gettos des Verfalls und die suburbane Peripherie von Eigenheimen, in denen sich die sozialen Kontraste der Stadt manifestieren. Allein die schiere Fläche des Landes hat dabei zu räumlichen Entwicklungen geführt, die als Urban Sprawl, d.h. das bauliche Auseinanderfließen der Stadt in die Fläche, charakterisiert worden sind. Die Wohnadresse wird zum Spiegelbild sozialen und wirtschaftlichen Erfolgs."

Jürgen Bähr, Ulrich Jürgens,
deutsche Stadtgeographen

M2: Zitat

In der jüngeren Stadtgeschichte gab es bedeutende Verlagerungen von Bevölkerungsgruppen und Nutzungen in der Stadtregion (Downtown, Übergangsbereich, Umland), wie es das Stadtmodell von Roland Hahn (M6, S.43) skizziert. Seit den 1940er-Jahren mit der Entwicklung der individuellen Mobilität und dem Bau von Highways zogen vor allem weiße Besserverdienende entlang der Verkehrsachsen ins Umland (Suburbanisierung) und später weiter in den ländlichen Raum (Exurbansierung). Das Einfamilienhaus in den Suburbs (Vororten) wurde die beliebteste Wohnart der USA (M3).

Die im suburbanen Raum anfangs noch fehlenden Dienstleistungen zogen der abgewanderten Bevölkerung hinterher und siedelten sich in den sogenannten Commercial Strips entlang der Ausfallstraßen an. Später entwickelten sich an verkehrsgünstig gelegenen Highways und deren Knotenpunkten Shoppingmalls (Einzelhandelsagglomerationen mit Freizeiteinrichtungen). Beides schwächte den Einzelhandel in der Innenstadt. Die dort frei gewordenen Wohnungen wurden von sozialen und ethnischen Minderheiten bezogen, erste Gettostandorte bildeten sich, was zu einer weiteren Abwertung bis hin zum Verfall des CBD führte (Slum-Bildung), die später nicht selten flächensaniert wurde (Bau von Parkplätzen).

Privatwirtschaftliche Interessen spielen in der US-amerikanischen Stadt eine wesentlich größere Rolle als in Europa. So werden heute ganze Stadtteile, Wohnvororte und Industrie- und Dienstleistungszentren durch private Immobiliengesellschaften geplant und errichtet, eine übergeordnete kommunale Stadtplanung fehlt meistens. Neben den Boden- und Hauspreisen spielen bei der Wahl des Wohnstandorts auch das Image des Viertels und der Wunsch nach sozialer Homogenität (Zusammenleben mit Menschen der gleichen sozialen/ethnischen/demografischen Gruppe) eine entscheidende Rolle. So entstanden nicht nur für die Ober- und Mittelschicht sowie speziell für Rentner abgeschlossene Wohn-

M3: Typisches Einfamilienhaus im Suburb

M4: Shoppingmall in New Port Richey (Florida)

parks (Gated Communites), sondern auch abgegrenzte Wohnviertel (Getto) für Afroamerikaner oder Asiaten sowie Trailer Parks für die weiße Unterschicht.

In den letzten Jahrzehnten waren eine Reihe weiterer Trends in der US-amerikanischen Stadtentwicklung zu beobachten:

- nach Bedeutungsverlust des CBD Versuche der Revitalisierung der Innenstädte (Sanierung, Bau von Stadien und anderen Kultur-/Freizeiteinrichtungen, Gentrifizierung/bauliche, soziale, funktionale Aufwertung; vgl. Kap. 3.4.2);
- die Ausbildung von Edge Cities (verdichtete Arbeitsplatz- und Versorgungszentren im suburbanen Raum: Shoppingcenter, Industrial/Business Parks) an verkehrsgünstigen Orten und Edgeless Cities (einem Stadt-Land-Kontinuum ohne Grenzen und Zentren oder nachweisbare Verdichtungen).

Getto
Wohnviertel für ethnische oder sozioökonomische Minderheiten, die sich freiwillig oder gezwungen von der übrigen Bevölkerung abkapseln.

Trailer Park
Siedlungen mit Wohnwagen (meist dauerhaft umgenutzt) und Mobile Homes (einfache, im Ganzen transportierbare Fertighäuser).

»

So wie der Platz in Spanisch-Amerika, so bietet die Straße in US-amerikanischen Städten einen Schlüssel zum Verständnis. Das dortige Schachbrett ist ebenfalls fixiert, die Leitlinie bildet jedoch die main street, der broadway, die freie Bahn für das Jagen nach Westen. Auch die angloamerikanische Stadt wird nicht durch eine Mauer begrenzt, sie wächst an ihren Straßen stürmisch weiter, sodass in Regionen mit vielen Städten urbane Bänder entstehen. [...] [In den Städten] stellt man bis heute eine erstaunliche Persistenz von Elementen der ländlichen Lebensweise fest. Der Bungalow, eigentlich ein Landhaus, findet sich selbst in kleineren Großstädten noch in unmittelbarer Zentrumsnähe, ihre Hausgärten nehmen die Natur in die Stadt, ihre Briefkästen sind vom selben Typ wie die der Farmen auf dem flachen Land. Bungalowsiedlungen bewirken bis heute die gewaltige Flächenausdehnung und geringe Verdichtung angloamerikanischer Städte. In diesem Flächenverbrauch spiegelt sich bis zu einem gewissen Grad auch der unbekümmerte Umgang mit Ressourcen in einem scheinbar unbegrenzten Raum. [...] Mit wenigen Ausnahmen [...] fehlt nordamerikanischen Städten die Urbanität.

«

M5: Quellentext zu Merkmalen der US-amerikanischen Stadt
Axel Borsdorf, Oliver Bender: Allgemeine Siedlungsgeographie. Wien: Böhlau 2010, S. 335 – 337

Shoppingcenter/Mall
Eine als Einheit geplante, errichtete und verwaltete Agglomeration von Einzelhandels- und Dienstleistungsangeboten unter einem Dach, oft auch mit Unterhaltungsangeboten wie Kinos, Konzerten, Bowling etc.

»

Diese exzessive Suburbanisierung wird nicht selten mit den „typisch amerikanischen" Werten und Idealen der grenzenlosen Freiheit, des Individualismus und der verschwenderischen Mobilität erklärt. Es ist jedoch kaum zu übersehen, dass dieser Prozess gefördert wurde durch die staatliche Wohnungspolitik, die Neubauten gegenüber der Erhaltung des Wohnungsbestandes Priorität einräumte, und durch eine Steuerpolitik, die es ermöglichte, Hypothekenzinsen vom Einkommen abzusetzen. Weitere entscheidende Voraussetzungen waren die universelle private Motorisierung und die Bereitschaft der Steuerzahler, das kostspielige Autobahnnetz in den Verdichtungsräumen zu finanzieren.

Trotz ihres multiethnischen Charakters lebt die Bevölkerung in Los Angeles wohnräumlich weitestgehend voneinander segregiert. Viele der Ethnien haben sich ihre eigenen Wohngebiete geschaffen [...]. Ethnische-soziale Spannungen haben sich in der Vergangenheit bereits häufiger gewalttätig entladen. Diejenigen, die es sich leisten können, entziehen sich der sozialen Probleme durch räumliche und bauliche Abkapselung. [Der Stadtsoziologe] M. Davis spricht vom „Fortress L.A.", in der sich vornehmlich die weiße Bevölkerung in Gated Communities, Shoppingmalls und videoüberwachten Einrichtungen aufhält.

«

M6: Quellentexte zu Los Angeles
Los Angeles – Stadtlandschaft. In Diercke Handbuch. Braunschweig: Westermann, S. 355

Jürgen Bähr, Ulrich Jürgens: Stadtgeographie II. Braunschweig: westermann 2009, S. 196

M1: Ethnische Verteilung der Bevölkerung im Großraum Los Angeles

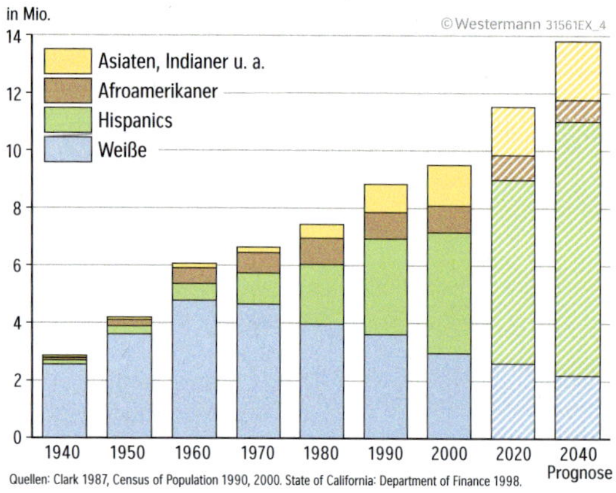

M2: Los Angeles County: demografische Entwicklung und ethnische Differenzierung 1940 – 2040

	Mittleres Haushalts-einkommen	Essens-marken*	ohne Highschool-Abschluss**
Inglewood	44164	10,9	27,8
Los Angeles	46190	8,8	26,4
Pasadena	80509	3,8	10,9
Redondo Beach	106087	1,4	3,2
South Gate	38779	17,2	55,8
Los Angeles County	55909	7,8	23,4
Kalifornien	61094	8,1	18,8
USA	51939	12,4	14,0

*Haushalte, die Essensmarken erhalten ** Personen über 25 ohne High-school-Abschluss, Quelle: US-Census

M3: Sozioökonomische Indikatoren ausgewählter Städte im Los Angeles County, Kaliforniens und der USA 2014

1 Fassen Sie die Entwicklung der US-amerikanischen Stadt zusammen (M1, S. 44).

2 Erläutern Sie die verschiedenen Ursachen für das Phänomen Urban Sprawl.

3 Erklären Sie die Wanderungsprozesse im Modell der US-amerikanischen Stadt von Hahn (M7, S.43).

4 Vergleichen Sie die sozioökonomische Lage der Städte Los Angeles, Inglewood, Redondo Beach, South Gate und Pasadena in der Agglomeration Los Angeles (Los Angeles County, M3).

5 Nehmen Sie Stellung zu folgenden Aussagen:

a) Die US-amerikanische Stadt war nie kulturelles Zentrum, sondern entstand vor allem aufgrund wirtschaftlicher Gegebenheiten (z.B. Grundstückspreisen).

b) US-amerikanischen Städten fehlt die Urbanität.

c) Charakteristisches Merkmal der US-amerikanischen Stadt ist die Straße oder auch der Parkplatz.

Entwicklungsprozesse in städtischen Räumen

3

Eine Stadt steht niemals still. Angetrieben durch einen bisher nicht enden wollenden ökonomischen Fortschritt, neue technologische Entwicklungen und soziale Veränderungen vollziehen städtische Räume die unterschiedlichsten Verwandlungen: Wo vor einhundert Jahren noch die Stadtgrenze war, schieben sich Wohnsiedlungen ins Umland, ein ständig zunehmender Verkehr wuselt sich vom Umland in die Zentren, neben gründerzeitlichen Bauten der Innenstädte werden Glasfassaden von Bürohäusern hochgezogen, Stadtviertel verlieren ihre ursprüngliche Funktion und Bevölkerung, werden völlig überformt und neugestaltet ... und dabei findet ein ständiger Konkurrenzkampf der verschiedenen Nutzungen um die besten Standorte statt.

Stadt-Umland-Wanderungen

Zeitraum	Tägliche Zunahme
1955 - 1960	74 ha
1965 - 1970	111 ha
1975 - 1978	96 ha
1981 - 1984	113 ha
1993 - 1996	120 ha
2010	80 ha
2017	64 ha
Ziel 2030	30 ha minus x

Quelle: Statistisches Bundesamt

M1: Tägliche Zunahme der Siedlungs- und Verkehrsfläche in Deutschland

Jahr	Siedlungsfläche (in 1000 ha)	Verkehrsfläche (in 1000 ha)
1992	2386,4	1644,1
2000	2682,2	1711,8
2008	2934,7	1779,0
2017	3298,6	1804,6
Anstieg 1992 bis 2017	912,2	160,5

Quelle: Statistisches Bundesamt

M2: Entwicklung der Siedlungs- und Verkehrsfläche in Deutschland

Suburbanisierung
Verlagerungsprozess von Bevölkerung und Nutzungen (Industrie, Handel, Dienstleistungen) von der Kernstadt an den Stadtrand und in das Umland sowie die damit verbundene räumliche Ausdehnung des Stadtgebiets.

Städte wachsen seit jeher flächenmäßig von innen nach außen. Hierbei finden in der Fläche immer wieder Funktionsänderungen statt, die die jeweilige Stadt strukturell umgestalten.

Das Städtewachstum hat seit der Industrialisierung Stadtlandschaften entstehen lassen, die von Stadt zu Stadt zwar völlig unterschiedlich aussehen, sich aber dennoch grob in Kernstadt, Randzone und Umland einteilen lassen. Während die Kernstadt durch ihre administrativen Grenzen weitgehend gut definiert ist, ist ihre Randzone (Vorortzone) gegenüber dem Umland kaum klar abgrenzbar (vgl. Kap.1.2.3). Durch das städtische Flächenwachstum ist eine neue Kulturlandschaft entstanden, in der demografische und ökonomische Wanderungsbewegungen stattfinden und so den gesamten Stadtraum immer wieder physiognomisch, funktional und sozioökonomisch neu gestalten.

Auch wenn es schon im Mittelalter außerhalb der Befestigungsanlagen kleine Ansiedlungen gab, fand während der Urbanisierung zu Zeiten der Industrialisierung in Europa ein enormes bevölkerungs- und flächenmäßiges Wachstum in den Städten statt. Die Stadtfläche schob sich zuerst entlang der stadtauswärts gerichteten Straßen und später auch zwischen den Verkehrsachsen in den ländlichen Raum, nachdem die noch freien Kernstadtflächen mit einer Wohnbebauung und Kleingewerbe und -industrie verdichtet wurden. Den Anfang dieses Flächenwachstums machten hierbei die Villenvororte der Oberschicht. Später kamen dann durch Flächenknappheit innerhalb der Kernstadt immer neue Vororte (gründerzeitliche Wohnbebauung, Doppel- bis Vierfachhäuser, Reihenhäuser) für die in die Städte strömenden Arbeitssuchenden hinzu.

Den größten Schub bei der **Suburbanisierung** gab es in den deutschen Städten nach dem zweiten Weltkrieg. Dieser wurde aber nicht nur durch ökonomische, technologische und verkehrstechnische Entwicklungen begünstigt, sondern auch durch Änderungen in gesellschaftlichen und politischen Wertvorstellungen über Wohnen („Häuschen im Grünen") und den daraus folgenden politischen und stadtplanerischen Regulierungen (M7). Die entstandenen (Wohn-)Vororte waren geprägt durch Ein-, Zweifamilien- und Reihenhäuser für die (obere) Mittelschicht (M3) sowie durch den verdichteten Geschosswohnungsbau von Großwohnsiedlungen für die breiten Bevölkerungsschichten (M4). Der so entstandene suburbane Raum unterscheidet sich von der Kernstadt aber nicht nur durch typische Bebauungstrukturen, sondern auch durch eine bestimmte suburbane Lebensweise und Kultur.

M3: Einfamilienhaussiedlung am Stadtrand

M4: Großwohnsiedlung in Mainz-Finthen

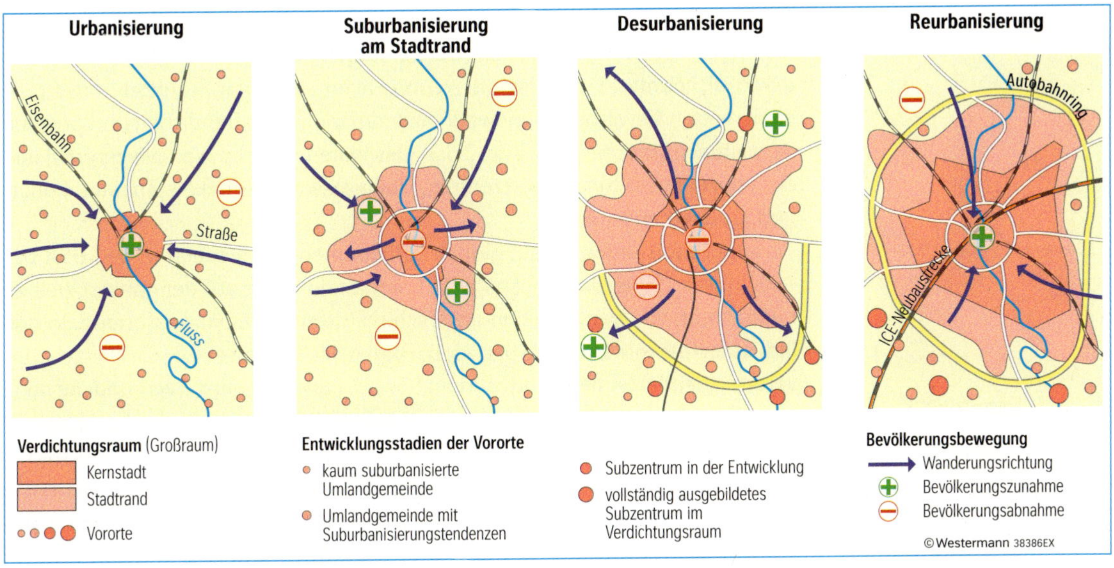

M5: Phasen der Urbanisierung

»

Der Stadtkern nahm alle wichtigen zentralen Funktionen auf (Handel, Dienstleistung), der Citymantel noch einige spezialisierte Aufgaben des Handels und der Industrie, während der Außenring suburbaner Wohnviertel nahezu ausschließlich dem Wohnen gewidmet war. Diese Viertel entleerten sich an jedem Werktag-Vormittag und hinterließen allenfalls die „Grünen Witwen", die dort mit Kochen und Kindererziehung beschäftigt waren. Suburbia hatte in dieser Konzeption die klare Funktion eines als „Schlafstadt" fungierenden Komplementärraums für den Stadtkern, mit dem es durch starke Berufs-, Einkaufs- und Freizeitpendlerströme verbunden war. In den 1960er- und 1970er-Jahren sprach man von den „grünen Witwen", die dort lebten und am Abend auf die heimkehrenden berufstätigen Männer warteten.

«

M6: Quellentext zur Wohnsuburbanisierung in den 1960er- und 1970er-Jahren
Axel Borsdorf: Zwischenstadt – Stadtland oder nur noch Stadt? Zur Entwicklung im Stadt-Land-Verbund. GW-Unterricht Nr. 116/2009, S. 11

Die **Wohnsuburbanisierung** erfolgte in mehreren Wellen von der Kernstadt weg in den suburbanen Raum (M5). Zuerst fand die zentral-periphere Wanderung in die Randzone statt. Hier stiegen im Laufe der Zeit aufgrund der erhöhten Nachfrage und der damit verbundenen Bodenknappheit die Preise, sodass in der Folgeperiode eine Wanderung ins Umland erfolgt. Tritt auch dort eine Baugrundstücks-, Wohnraumverknappung und ein Preisanstieg auf, so zieht die Karawane der „Stadtflüchtlinge" weiter und erfasst in einer erneuten Expansion das Hinterland (**Desurbanisierung**). Selten ist das Wanderungsziel aber der „echte" ländliche Raum. Vielmehr sind es meist Wanderungen in das unmittelbare Stadtumland. Bei diesen Prozessen wird die Grenze der Randzone und des Stadtumlandes immer weiter nach außen geschoben. Gemeinden im Umland verstädtern dabei immer mehr und Kleinstädte gehen im Agglomerationsraum auf. Der Fortzug von Wohnbevölkerung in eindeutig ländliche Regionen wird **Exurbanisierung** genannt.

Der anfänglichen Wohnsuburbanisierung folgte in Deutschland dann in den 1960er- und 1970er-Jahren die **Industrie- und Dienstleistungssuburbanisierung**, sodass Arbeitsplätze im sekundären und tertiären Sektor zuerst in der Randzone, später auch im Umland geschaffen wurden. Dies bedeutete eine wirtschaftliche Aufwertung des Raumes außerhalb der Kernstadt mit Infrastruktureinrichtungen

allgemein
- stark steigender Wohlstand
- Wunsch nach naturnahem Wohnen („Wohnen im Grünen")
- Wunsch nach mehr und größerem Wohnraum
- Verfügbarkeit von billigem Erdöl, Ausweitung des Individualverkehrs

politisch/stadtplanerisch
- Steuervergünstigungen (Förderung des Eigenheimbaus, Pendlerpauschale)
- Ausbau der Ver- und Entsorgung, der Straßen und liniengebundene Verkehrsachsen des ÖPNV außerhalb der Kernstadt
- Leitbilder der aufgelockerten Stadt, der autogerechten Stadt

M7: Rahmenbedingungen für die Suburbanisierung seit den 1950er-Jahren

3.1 Stadt-Umland-Wanderungen

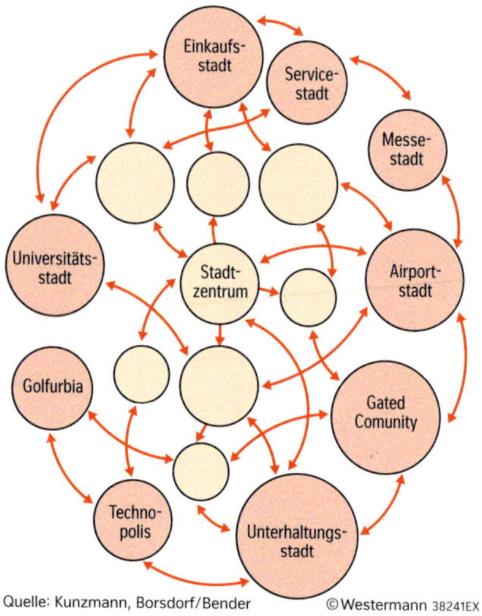

Quelle: Kunzmann, Borsdorf/Bender ©Westermann 38241EX

M1: Rurbanes Archipel

- Konsolidierungsphase von Haushalten (Auszug der Kinder)
- Vielfalt und Dichte von Versorgungs- und Kultureinrichtungen
- Inwertsetzung innerstädtischer Wohnlagen (Gentrifizierung)
- Kreatives Milieu/In-Viertel
- angesagter Lebens-/Wohnstil: Altbauwohnungen, Wohnen an alten Hafenbecken, in ehemaligen Industriebauten (Loft Living)

M2: Mögliche Reurbanisierungsgründe

der Bildung (alle Schulformen bis zur Universität) und der Gesundheit (allgemeine Krankenhäuser bis Spezialklinik), der Versorgung (kurz- bis langfristiger Bedarf) durch Discounter, Einkaufszentren und Fachmärkte, mit Standorten des produzierenden Gewerbes (Handwerk bis Industrie), der öffentlichen und privaten Verwaltung (Bürocities, vgl. Kap. 3.5.3), des Warenvertriebs (Verteilerzentren) und der Freizeitgestaltung (Sportzentren, Golfplätze, Diskotheken, Theater, Kunst- und Konzerthäuser etc.).

Suburbanisierung ist ein globales Phänomen, dass zuerst in den USA bereits in den 1930er-Jahren, später in Europa und heute auf der ganzen Welt zu beobachten ist, wenn auch in unterschiedlichen Erscheinungsformen. In den Industriestaaten werden die negativen Folgen des Prozesses wie die landschaftsverbrauchende Zersiedelung („Urban Sprawl") und das mit ihr verbundene hohe Verkehrsaufkommen kritisiert. Um viele Großstädte bildete sich ein „Speckgürtel". Die umliegenden Gemeinden profitierten vom Zuzug relativ einkommensstarker Menschen, die zur Arbeit in die Kernstadt pendeln. Diese zahlen ihre Steuern in der Wohnsitzgemeinde im Umland, nutzen aber das breite Infrastrukturangebot der Kernstadt, zu dessen Finanzierung sie nicht beitragen.

In letzter Zeit hat der suburbane Raum (**Suburbia**) einen funktionalen Wandel erfahren. Er ist durch die schrittweise Ansiedlung fast aller Daseinsgrundfunktionen nicht mehr funktional abhängig von der Kernstadt, sondern hat sich von ihr emanzipiert. Die angesiedelten neuen Funktionen konzentrieren sich nicht alle an wenigen Punkten, sondern verteilen sich auf die gesamte Stadtregion, die auch als **Postsuburbia** (rurbanes Archipel, M1) bezeichnet wird. Sie ist eine Weiterentwicklung von Suburbia mit funktionalen Knoten (Shoppingcenter, Bürostadt, Airport City etc.) an Verkehrsachsen oder Kreuzungspunkten des regionalen bis internationalen Verkehrs. In Folge haben auch Pendlerströme ihre Richtung gewechselt, weil in der Peripherie immer mehr Arbeitsplätze entstanden sind (M3).

Auch wenn die Sub- und Desuburbanisierung bis heute anhält, ist ein Trend zu beobachten, der diese beiden Wanderungen überlagert, die **Reurbanisierung**, eine Rückwanderung in die Stadt (vgl. Kap. 3.2). Die Aufwertung von innerstädtischen Teilräumen (z.B. zentrumsnahe Altbauquartiere: Gentrifizierung, Verdichtung in Baulücken, Konversion von Industrie-, Gewerbe-, Militär- und Logistikflächen) lässt eine „Renaissance der Innenstädte" erkennen. Die Kernstadt gewinnt auf diese Weise wieder an Attraktivität (M2).

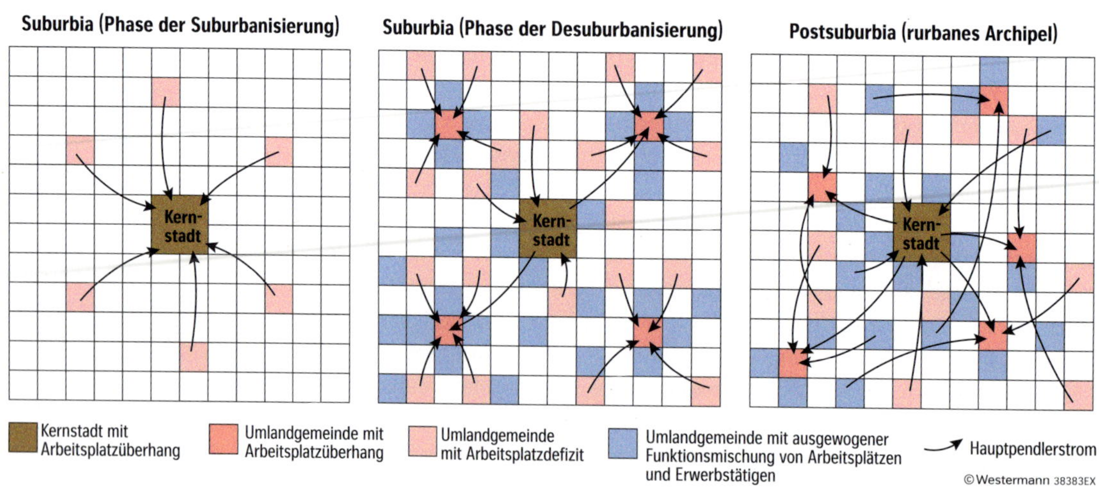

M3: Berufspendlerbewegungen in der (post)suburbanen Raumentwicklung

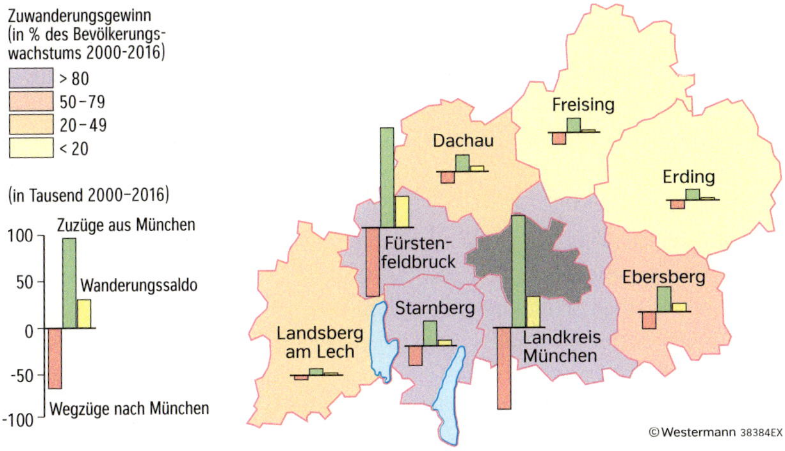

M4: Wanderungssalden der Umlandkreise mit München (2000 – 2016)

	Zuzüge nach München	Wegzüge aus München
Umland-kreise	247 069	340 104
übriges Bayern	279 756	263 349
übriges Deutsch-land	370 145	248 241
Ausland	711 312	377 832

Quelle: Stadt München

M7: Wanderungssaldo von München (2000 – 2016)

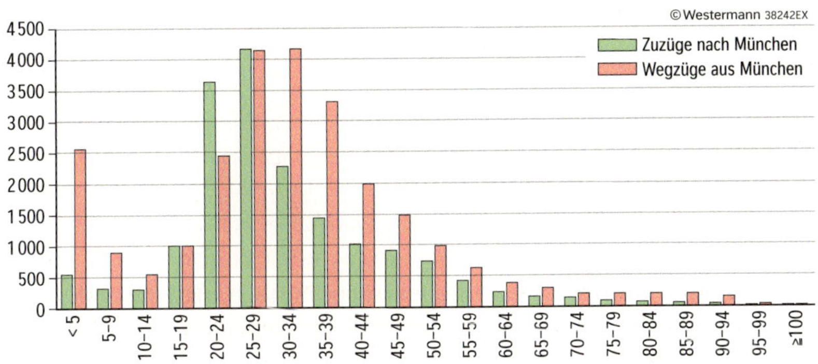

M5: Wanderungssaldo von München mit Umlandkreisen nach Altersklassen (2016)

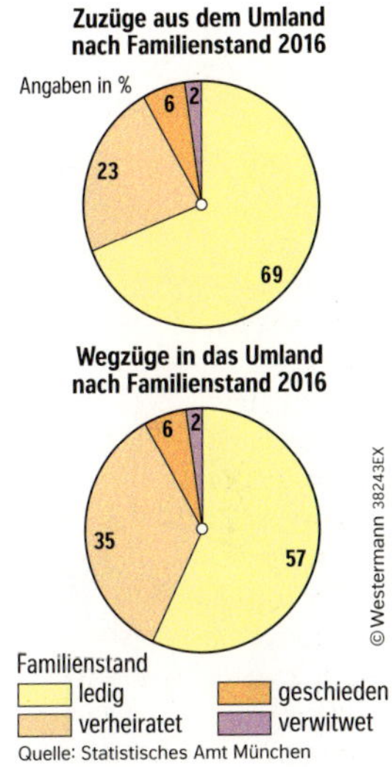

M8: Zuzüge aus dem und Wegzüge in das Münchener Umland nach Familienstand (2016)

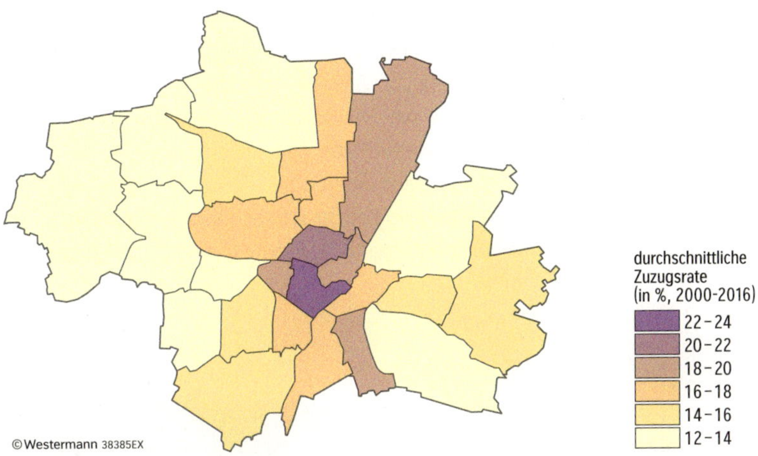

M6: Durchschnittliche Zuzugsrate in München (2000 – 2016)

	2006	2017
Einpendler	ca. 307 000	ca. 380 000
Auspendler	ca. 115 000	ca. 180 000

Quelle: Bundesagentur für Arbeit

M9: Pendleraufkommen in München (2006 und 2017)

1 Erklären Sie die Phasen der Urbanisierung (M5, S. 49).
2 Erläutern Sie die Folgen der Sub- und Desurbanisierung.
3 Charakterisieren die Merkmale der Postsuburbanisierung.
4 Erklären Sie die Veränderungen der Pendlerbewegungen im Zuge der Postsuburbanisierung (M3).
5 Analysieren Sie die Stadt-Umland-Wanderungen im Raum München (M4 – M9).

3.2 Stadterneuerung und Reurbanisierung

Um den Stadtverfall aufzuhalten, bemüht sich die Stadterneuerung, mittels Sanierung, Modernisierung und Umgestaltung ökonomische, bauliche, technische, funktionale oder soziale Strukturen in den Städten zu verbessern. Auch der in letzter Zeit verstärkt auftretende Reurbanisierungstrend ist verbunden mit einer baulichen Aufwertung.

M1: Quellentext zur Erneuerung der physischen und sozialen Struktur von Städten
Heinz Fassmann: Stadtgeographie I. Braunschweig: Westermann, S. 172

» *Städtische Strukturen werden abgenützt und altern, Gebäude werden abbruchreif, funktionsuntüchtig oder bleiben als Brachflächen zurück. Neben den technischen Alterungsprozessen der baulichen Struktur einer Stadt stellt sich auch ein soziales Altern ein. Das soziale Altern der physischen Struktur besteht darin, dass diese nicht mehr den Bedürfnissen der Gegenwartsgesellschaft entspricht und daher, relativ betrachtet, alt geworden ist. Die physische Struktur, besonders in den europäischen Städten, überlebt eben als „Zeuge" einer längst vergangenen Epoche und es stellt sich dabei immer die Frage, wie die neuen gesellschaftlichen Bedürfnisse mit der alten physischen Struktur in Einklang zu bringen sind. Die Stadt ist zu eng für das Auto und die Masse der Wohnungen zu klein und zu dicht für die heutigen Bedürfnisse. Das Synchronisieren der physischen Struktur mit den heutigen gesellschaftlichen Anforderungen und damit eine umfassende Erneuerung der historischen Stadt sind wesentliche Herausforderungen für die Stadtentwicklung.* «

M2: Sanierte Altstadt in Frankfurt am Main

Die sogenannte Stadterneuerung ist eine wichtige Aufgabe, mit der die öffentliche und private Hand versucht, den Stadtverfall zu beseitigen und die Zukunftsfähigkeit des städtischen Lebensraumes zu sichern. Darunter fallen die Erhaltung, Sanierung, Modernisierung und Umgestaltung einzelner Gebäude, Straßenzüge oder auch ganzer Stadtviertel. Dazu können aber auch die Umgestaltung der Verkehrsflächen, die Stärkung der Nahversorgung, die Verlagerung von Betrieben, die Neuordnung von Gewerbeflächen sowie Maßnahmen zur Verbesserung des Stadtklimas und der Energieeffizienz von Gebäuden zählen.

Grundsätzlich kann zwischen einer weichen und harten Stadterneuerung unterschieden werden. Die weiche Variante versucht, bei den Erneuerungsmaßnahmen die bauliche Struktur im vorhandenen Bestand zu erhalten, die bestehende Bewohnerschaft miteinzubeziehen und somit die sozialen Strukturen möglichst unverändert zu lassen. Im Gegensatz dazu akzeptiert die harte Stadterneuerung (Stadtumbau) den

M3: Plattenbaugebiet Kräutersiedlung in Dresden-Gorbitz vor der Stadterneuerung

M4: Rückbau von sechs- zu dreigeschossigen Mehrfamilienhäusern mit neuen Balkonen und Vorgärten

M5: HafenCity in Hamburg

M6: Europaviertel in Frankfurt

Austausch und die Verdrängung der angestammten Bewohner. Zudem werden hierbei auch Mittel wie Abriss und Neubau sowie vollständige Nutzungsänderung verfolgt.

Ein typisches Beispiel für einen wichtigen Stadterneuerungsprozess der letzten Jahrzehnte war der Rück- und Umbau der Plattenbauten vor allem in den ostdeutschen Bundesländern (M3, M4). Dabei wurde versucht, die Großwohnanlagen auch aus demografischen Gründen zu verkleinern und die standardisierten, monotonen Wohnungen und Gebäude individueller, attraktiver und grüner zu gestalten.

Reurbanisierung

Obwohl die flächenhafte Ausdehnung der Städte und die Suburbanisierung bis heute andauern, gibt es seit einiger Zeit einen gegenläufigen Trend, die Reurbanisierung (Bevölkerungszunahme in der Kernstadt). Zentrumsnahe Gebiete gewinnen für breite Bevölkerungskreise wieder an Attraktivität und locken auch wieder zahlungskräftige neue Bewohner in die Stadt. Damit verbunden sind Prozesse wie Verdichtung, Aufwertung und Umwandlung innerstädtischer Gebiete.

Als ein Trend der Reurbanisierung werden in vielen Städten gründerzeitliche Stadtviertel einem Aufwertungsprozess unterzogen (Gentrifizierung; vgl. Kap. 3.4.2). Doch auf der Suche nach „Urbanität" werden aber nicht nur bereits bestehende Wohnflächen, sondern auch Brach- und ehemalige industrielle Flächen zu neuen Wohnvierteln recycelt. Beispiele in Deutschland sind etwa das Europaviertel in Frankfurt und die Bahnstadt in Heidelberg (auf ehemaligen Güterbahnhöfen) sowie Duisburg Innenhafen und die HafenCity in Hamburg. Auch frühere städtische Militärflächen (ausländischer) Streitkräfte (Kasernen) wurden als sogenannte Konversionsflächen genutzt (M7).

Das überproportionale Wachstum von Dienstleistungsarbeitsplätzen hat die Kernstadt als Arbeits- und in Folge auch als Wohnort wieder attraktiv gemacht. Weitere Ursachen für den Reurbanisierungstrend liegen zum einen in Abkehr von der fortgesetzten Flächenausdehnung aus stadtökologischen aber auch demografischen Gründen im Sinne einer nachhaltigen Stadtentwicklung (vgl. Kap. 4.3), zum anderen aber auch in einem Wandel von Lebensstilen, in dem nicht mehr das Häuschen im Grünen, sondern der Loft in der Innenstadt und die Nähe zu Kultureinrichtungen das Ideal sind. Verbunden ist diese Entwicklung mit einem Anstieg der Mieten und Immobilienpreise sowie einer Verdrängung der alten, weniger wohlhabenden Bewohnerschaft.

M7: Umgebaute Mannschaftsunterkünfte in einer aufgebenen Kaserne der Bundeswehr in Stade

Konversion
Umnutzung oder Nutzungsänderung.

1 **Erläutern Sie die unterschiedlichen Folgen weicher und harter Stadterneuerung.**
2 **Beurteilen Sie die Veränderungen der Stadtstruktur durch Reurbanisierungsprozesse.**

Schrumpfende Städte

Aufgrund von demografischen und wirtschaftlichen Ursachen ist in Westdeutschland seit den 1970er-Jahren und in Ostdeutschland seit der Wende (1989) regional das Phänomen schrumpfender Städte zu beobachten.

Städtisches Wachstum konzentriert sich heute in Deutschland vor allem auf die Großstädte und ihre Umlandgemeinden (infolge von Suburbanisierungsprozessen). Etliche Klein- und Mittelstädte – insbesondere im ländlichen Raum – schrumpfen hingegen (M2, M4). Regional zählt vor allem Ostdeutschland zu den Gebieten mit hohem Bevölkerungsrückgang, aber auch das Ruhrgebiet, das Sauerland, Südniedersachsen und Nordhessen. Rund 15 Prozent der deutschen Stadtbevölkerung (rd. 11 Mio. Menschen) leben in schrumpfenden Städten.

M1: Quellentext zur Definition von Schrumpfung
Wachsen und Schrumpfen von Städten und Gemeinden 2010 bis 2015 im bundesweiten Vergleich. BBSR August 2017

» *Für ‚Schrumpfung' werden allgemein zwei Definitionen verwendet: Die erste Definition setzt Schrumpfung mit anhaltenden Bevölkerungsverlusten gleich. [...] Hierzu würde es also ausreichen, die Bevölkerungsentwicklung über eine gegebene Zeitspanne zu beobachten. Wie lang oder kurz das zu betrachtende Zeitintervall ist, entzieht sich der Diskussion und einer klaren Definition.*
Die zweite Definition beschreibt Schrumpfung als einen mehrdimensionalen Prozess mit tiefgreifenden Umstrukturierungen in Wirtschaft, Bevölkerung und Baustruktur. Bevölkerungsverluste allein können auch Ausdruck konjunkturbedingter Migration sein. [...] Erst aus dem Zusammenspiel von Bevölkerungsverlusten mit selektiver Abwanderung von qualifizierten jungen Arbeitskräften, nicht gelingender Integration von Zuwanderern, negativen ökonomischen Entwicklungen, hoher Arbeitslosigkeit, sinkenden kommunalen Finanzspielräumen, Auflösung der Stadtgestalt und Ausdünnung der Versorgung mit Gütern und Dienstleistungen entsteht eine städtische Krise, bei der sich negative Entwicklungen zu einem Teufelskreis verstärken können. «

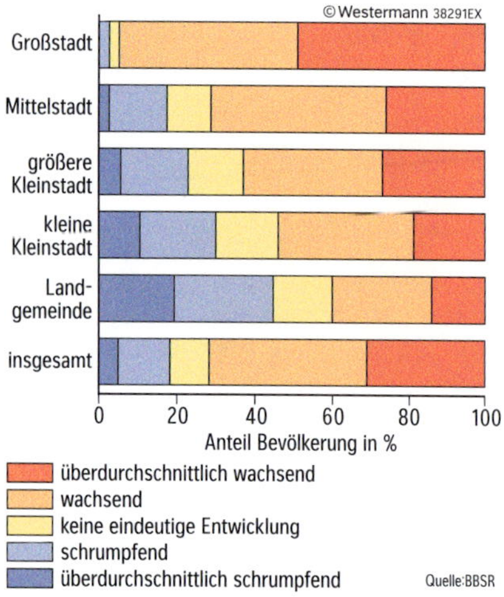

M2: Verteilung schrumpfender und wachsender Städte und Gemeinden in Deutschland nach Gemeindetyp (2010–2015)

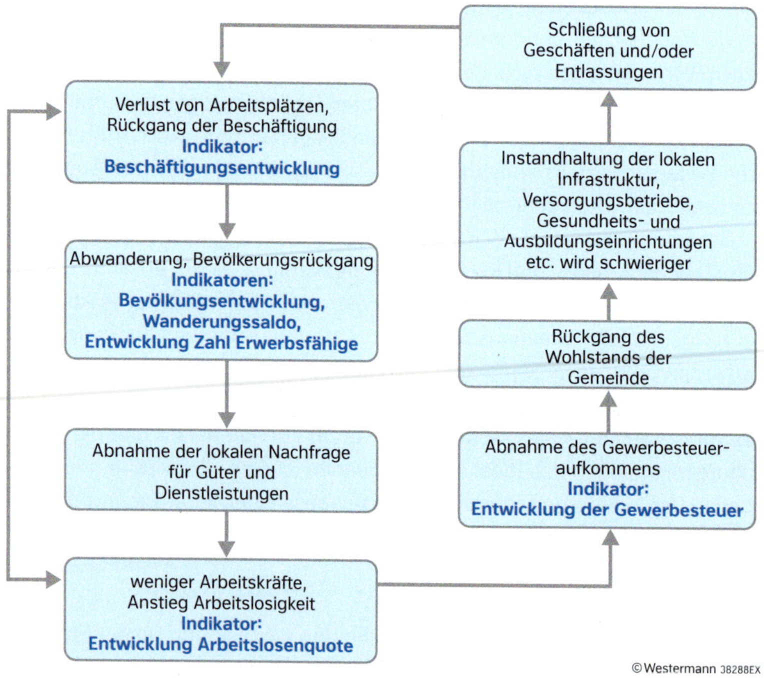

M3: Kausalkette von Schrumpfung (in rot Indikatoren für Schrumpfung und Wachstum, vgl. M4)

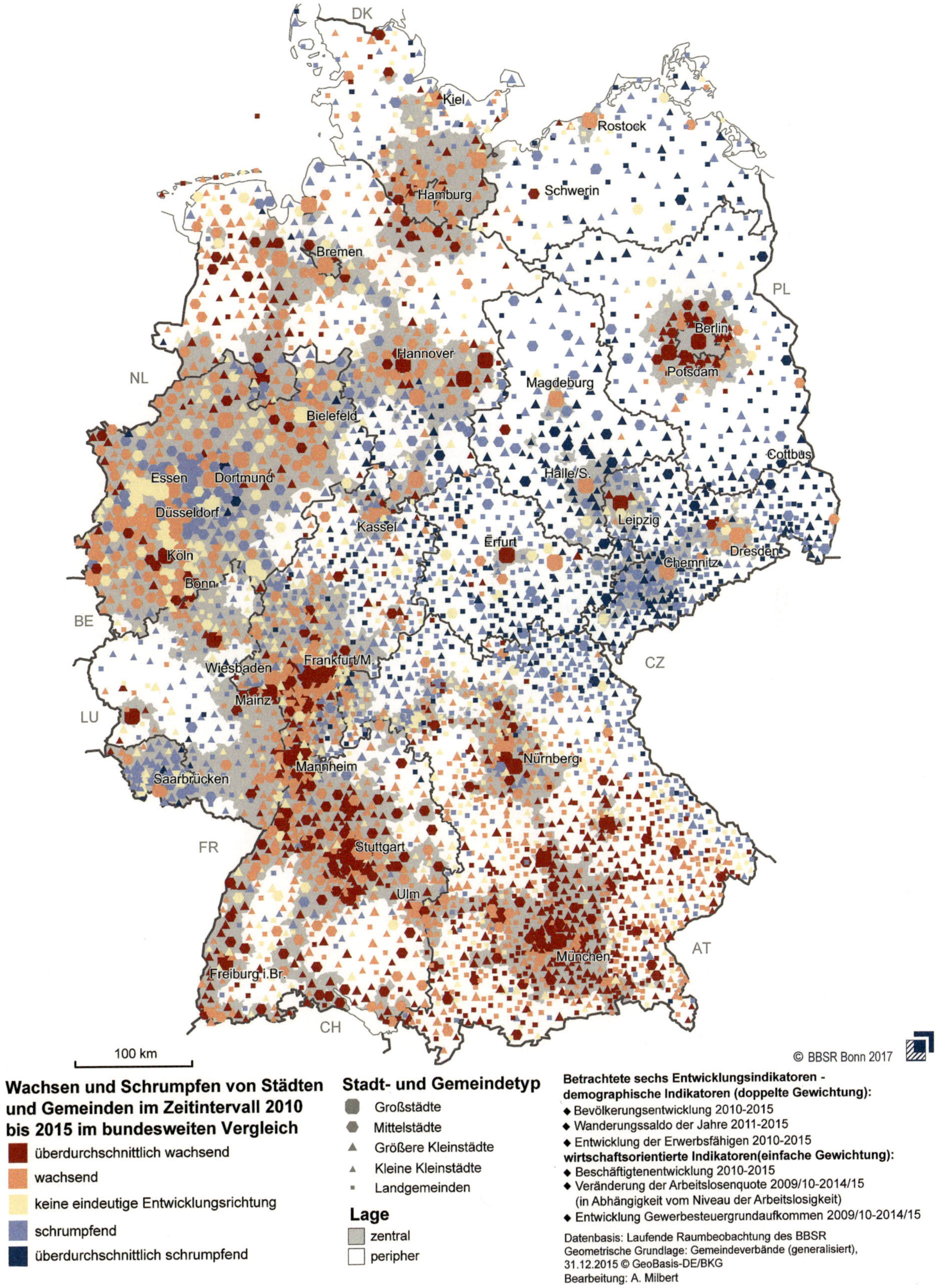

M4: Schrumpfende und wachsende Städte und Gemeinden in Deutschland (2010 – 2015)

3.3 Schrumpfende Städte

M1: Großwohnsiedlung in Halle-Neustadt

M2: Leerstehendes Kaufhaus in Herne

M3: Quellentext zu schrumpfenden Städten in Deutschland
Jörg Pohlan: Wachsende Städte im schrumpfenden Deutschland. www.bpb.de 9.7.2018

» *In Deutschland ist bereits seit einigen Jahren ein gleichzeitiges Nebeneinander von schrumpfenden, stagnierenden und wachsenden Städten und Gemeinden zu beobachten. Diese Parallelität unterschiedlicher bzw. gegensätzlicher Dynamiken wird auch in absehbarer Zeit das Muster der Bevölkerungsentwicklung auf kommunaler Ebene prägen. Bevölkerungswachstum findet fast nur noch auf Grund der Zuwanderung statt. Dabei spielt auch die Umverteilung der Bevölkerung innerhalb Deutschlands eine wesentliche Rolle. Geburtenüberschüsse existieren kaum noch, Sterbeüberschüsse sind dagegen häufig so groß, dass sie durch Wanderungsgewinne kaum noch oder gar nicht mehr ausgeglichen werden können. Insgesamt wird Deutschland nach den offiziellen Bevölkerungsvorausberechnungen in absehbarer Zukunft deutlich Bevölkerung verlieren. Ein Wachstum von Städten ist daher häufig mit Bevölkerungsverlusten in anderen Städten und Gemeinden verbunden.* «

Jahr	Alter	Bev. (in Mio.)	Anteil (in %)
1975	65+	11,7	15
	20-64	44,1	56
	<20	22,6	29
2018	65+	17,9	22
	20-64	49,2	60
	<20	14,4	18
2030	65+	21,8	28
	20-64	43,6	55
	<20	13,8	17

Quelle: Statistisches Bundesamt

M4: Demografische Entwicklung in Deutschland

Die Auswirkungen in schrumpfenden Städten sind mal mehr oder weniger sichtbar: Aufgebebene Geschäfte und Wohnungsleerstand sind erste Indizien. In etlichen Städten folgt dann ein allgemeiner Niedergang mit baulichem Verfall und Verödung, aber auch Verarmung und Vergreisung. Die Jungen und Vermögenden verlassen das sinkende Schiff, die Armen und Alten bleiben zurück. Die Abwanderung erfolgt erst in die aufgewerteten Stadtviertel und den suburbanen Speckgürtel, zugleich aber auch in prosperierende Regionen Deutschlands.

Shrinking Cities sind kein deutsches Phänomen. In entwickelten Ländern sind es vor allem Städte in den altindustriellen Regionen wie zum Beispiel dem „Rust Belt“ in den USA (Detroit) und dem Nordosten Englands (Manchester, Liverpool), aber auch Städte in den Industrieregionen Osteuropas, Russlands und Chinas schrumpfen. Meist gründet sich die Abwanderung vor allem auf die Deindustrialisierung und dem damit verbundenen Beschäftigungsrückgang (vgl. Kap. 3.5). Aber auch die Folgen von Naturkatastrophen (New Orleans nach Hurrikan Katrina) oder Krieg und Bürgerkrieg können zu einem kontinuierlichen Bevölkerungsrückgang führen. In Japan ist Stadtschrumpfung vor allem eine Folge der allgemeinen demografischen Entwicklung.

1 Analysieren Sie die Verteilung der schrumpfenden Städte in Deutschland (M4, S. 55).
2 Erklären Sie Schrumpfung in ost- und westdeutschen Städten.
3 Erläutern Sie die Kausalkette (Bedingungen und Folgen) der Schrumpfung (M3, S. 54).

3.4.1 Segregation

„Studentenviertel", „Klein Istanbul", „Millionärshügel", „Japantown", „Rentnergetto" diese Spitznamen stehen für bestimmte Wohnquartiere in deutschen Städten. Sie geben dem Stadtteil einen sozialräumlichen Stempel.

Seit jeher gibt es in allen Kulturen eine räumliche Ungleichverteilung von Bevölkerungsgruppen in Siedlungen. In mittelalterlichen Städten waren es bestimmte Standes- oder Berufsgruppen, die in gesonderten Straßenzügen wohnten, während der Industrialisierung bewohnten ähnliche soziale Schichten überwiegend ein Quartier. Heute ist die Bevölkerung in vielen Stadtteilen deutscher Städte soziodemografisch (nach Alter, Familienstand, Bildung, Einkommen etc.) weitgehend gemischt. Doch es gibt vielerorts Tendenzen, dass bestimmte demografische (z. B. Familien in Reihenhaussiedlungen), ethnische (z.B. Zuwanderer) und soziale (z. B. Studenten) Gruppen bevorzugt in bestimmte Viertel mit einer homogenen Nachbarschaft ziehen, in denen also schon Menschen mit ähnlichen Merkmalen leben. Diese freiwillige, aber auch unfreiwillig stattfindende Entmischung der Bevölkerung (**Segregation**) kann zu einer möglichen Polarisierung führen, die den Zusammenhalt der städtischen Gesellschaft gefährdet.

Segregation
Vorgang und Zustand der räumlichen Trennung und Abgrenzung von sozialen Gruppen in einer Stadt aufgrund von gemeinsamen Merkmalen, in denen sich diese segregierte Gruppe von der übrigen Bevölkerung unterscheidet.

Segregationsart	Räumliche Differenzierung der Bevölkerung nach
demografisch	Alter, Haushaltstyp, Lebensphase
ethnisch	Nationalität, ethnischer/religiöser Zugehörigkeit
sozial	Einkommen, Bildungsstatus, beruflicher Stellung
kulturell	Lebensstil (Wertvorstellungen, Konsummuster)

M5: Segregationsarten

»

Auch wenn Segregation in den Medien häufig als Problem dargestellt wird, wird Segregation an sich nicht als problematisch erfahren. Wenn die Segregation freiwillig geschieht, das heißt, wenn Personen ähnlichen Lebensstils und ähnlicher Milieus – beispielsweise Künstler, junge Familien oder Migranten – ein Wohngebiet einem anderen vorziehen und dort in großer Zahl als Mieter und Eigentümer wohnen, ist dies kein Problem. Im Gegenteil, es können sich Netzwerke und Unterstützungsstrukturen bilden. Erst wenn sich die Segregation verbindet mit einer deutlichen Ungleichverteilung von Lebenschancen und gesellschaftlichen Privilegien über die in Frage stehenden sozialen Gruppen, wird sie zu Ausgrenzung, Ghettoisierung und Diskriminierung. Diese unfreiwillige Form der Segregation ist nicht Ergebnis einer Wohnstandortwahl, sondern von Zwängen, beispielsweise des Wohnungsmarktes. Die bestehenden sozialen Ungleichheiten werden durch die räumliche Konzentration von sozial und ökonomisch Benachteiligten noch verstärkt.

M6: Quellentext zum Stellenwert von Segregation
Pia Bolz, Herbert Jacobs, Nicole Lubinski: Was ist eigentlich Segregation Difu-Berichte 1/2006, S. 31

Segregationsursachen
- *freiwillige Segregation: Bevorzugung einer sozial gleichartigen Umgebung; gewollte, bewusste räumliche Distanz zu anderen sozialen Gruppen.*
- *unfreiwillige Segregation: Verdrängung durch hohe Mietpreise oder vom Vermieter absichtlich nicht gepflegte Wohn(umfeld)ausstattung (Ziel: Entmietung).*

»

Die Ursachen für Segregationsprozesse können vielfältig sein. Gewünschte soziale Kontakte sowie die Nähe bzw. Erreichbarkeit des Arbeitsplatzes sind beispielsweise Aspekte, die die Wahl des Wohnstandortes bestimmen. Entscheidend kann aber auch die Lebensqualität des Wohnortes sein, wie zum Beispiel die Qualität von Schulen und Grünanlagen, die vorhandene Verkehrsanbindung, die Auswahl des Kulturangebotes und die Frage der Einkaufsmöglichkeiten. Diese Faktoren, die die Attraktivität eines Quartiers ausmachen, spiegeln sich in der Regel im Mietniveau wider. Personen mit hohem Einkommen sind meist in der Lage, sich attraktive Wohnstandorte zu leisten, Personen mit niedrigem Einkommen gelingt das eher selten. Damit begünstigen unterschiedliche Einkommen Segregationsprozesse, die unter Umständen zu negativen Folgeentwicklungen wie Verdrängungs- oder Wegzugsprozessen führen können.

«

M7: Quellentext zu möglichen Ursachen von Segregation
Stadt Frankfurt: Monitoring 2017 – Zur sozialen Segregation und Benachteiligung in Frankfurt am Main Teil 1, S. 94

M1: Frankfurt Riedberg

M2: Frankfurt Westend

M3: Frankfurt Eschersheim

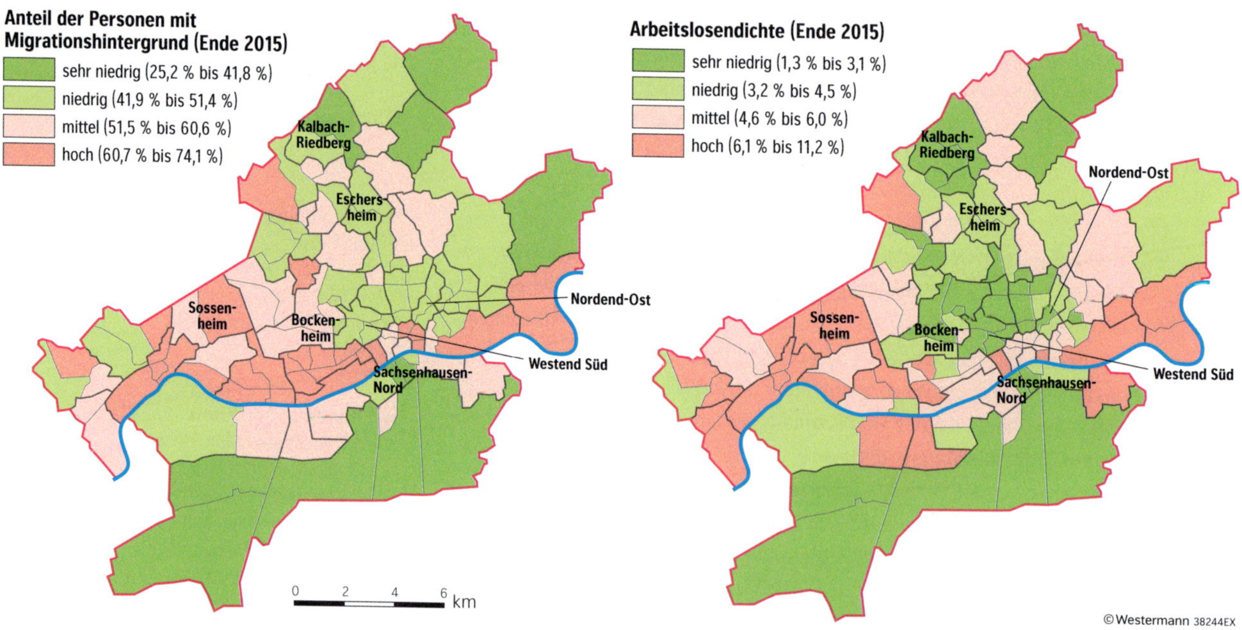

M4: Frankfurt: Anteil der Personen mit Migrationshintergrund und Arbeitslosendichte (2016)

	Frankfurt	Westend-Süd	Nordend-Ost	Bockenheim	Sachsenhausen-Nord	Eschersheim	Sossenheim	Kalbach Riedberg
Einpersonenhaushalte	54,5 %	61,4 %	62,5 %	59,6 %	59,8 %	55,2 %	45,5 %	29,8 %
Kinder bis 13 Jahre	13,4 %	13,6 %	10,9 %	12,4 %	12,8 %	12,8 %	15,5 %	22,3 %
Erwachsene 18 – 29 Jahre	16,4 %	16,2 %	15,5 %	20,4 %	16,1 %	15,9 %	16,4 %	11,8 %
Senioren ab 65 Jahre	15,8 %	14,8 %	13,2 %	11,7 %	13,7 %	18,4 %	16,1 %	9,0 %
Verheiratete	46,1 %	44,4 %	36,3 %	39,5 %	41,5 %	45,8 %	52,9 %	62,5 %
Ausländer	28,8 %	18,2 %	21,7 %	31,2 %	24,8 %	20,3 %	33,5 %	21,7
Binnenwanderungssaldo	-	-189	-272	-50	-697	147	18	991
Median Bruttoarbeitsentgelte	3771 Euro	5895 Euro	4864 Euro	4310 Euro	4714 Euro	3893 Euro	3049 Euro	4958 Euro
Beschäftigtendichte Akademiker	17,8 %	34,0 %	30,2 %	26,8 %	28,2 %	19,4 %	6,4 %	22,6 %
Niederg. Ärzte/ 10000 Ew.	16	29	13	17	39	14	6	5
Wohnungen in Mehrfamilienh.	86,9 %	97,7 %	97,7 %	96,0 %	96,1 %	80,5 %	82,9 %	67,7 %
Wohnungsmiete (in Euro/m²)*	14,85	20,78	17,24	16,43	17,24	13,26	11,31	14,31

Quelle: Bürgeramt, Statistik und Wahlen, Frankfurt am Main, wohnungsboerse.net *2018

M5: Sozioökonomische Daten zu ausgewählten Frankfurter Stadtteilen (2016)

Abbildung A Abbildung B ©Westermann 5510HX_1

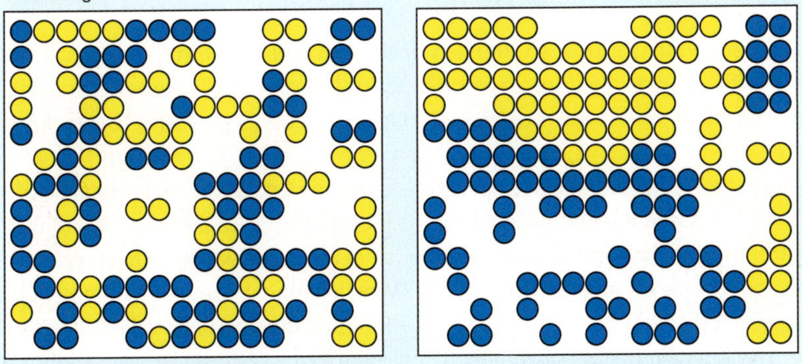

Dynamisches Segregationsmodell

Dieses Modell verwendet ein Schachbrett, um die Dynamik zu untersuchen, die zur Segregation zweier Bevölkerungsgruppen führt. Ausgehend von einer zufälligen Verteilung (Abbildung A) wird individuelles Verhalten simuliert. Es wird angenommen, dass ein Individuum auf ein freies Feld wechselt (also umzieht), wenn mehr als die Hälfte seiner unmittelbaren Nachbarn zur anderen Gruppe gehören. Nach diesem Spiel ist ein starkes Segregationsmuster festzustellen (Abbildung B). Erstaunlicherweise trifft dies auch dann zu, wenn alle Personen für Integration offen sind und lediglich nicht Fremden im Verhältnis 2:1 zahlenmäßig unterlegen sein wollen. Außerdem wird die Segregation stärker, je mehr die Größenunterschiede der Bevölkerungsgruppen zunehmen.

Soziale Folgen des Wohnens in benachteiligten Quartieren:

- *geringe Ressourcenausstattung aufgrund schwacher sozialer Netze sowie fehlender sozialer Infrastruktur (Abgrenzung und Konflikte innerhalb des Quartiers)*
- *Lernen von Handlungsmustern und Normen, die Lebensmöglichkeiten beeinträchtigen (z.B. Schwarzarbeit, Kleinkriminalität)*
- *Stigmatisierung und Diskriminierung (z.B. auf dem Arbeitsmarkt)*

»

Zwei Entwicklungen scheinen heute den Zusammenhalt unserer Gesellschaft zu bedrohen: Zum einen der Umstand, dass die Menschen sich in ihre kleinen Lebenswelten zurückziehen, weil sie dort die Inseln der Verlässlichkeit zu finden glauben, die ihnen Halt in einer komplexen Welt versprechen. Die Familie oder die Lebensgemeinschaft, die Region oder das Quartier, der Verein oder die Clique gelten als Anker einer Verhaltensheimat, die einem ein Gefühl von Resonanz und Resilienz gibt. Da draußen passieren Dinge, gegen die man sich schützen muss, weil sie einen in jeder Hinsicht überfordern. Begriffe wie Migration, Finanzialisierung oder Digitalisierung annoncieren Veränderungen, die einen Bruch zwischen einer Vergangenheit, die man kennt, und einer Zukunft, die man nicht kennt, heraufbeschwören. Da streckt man lieber nicht den Kopf zu weit raus, sondern zieht sich auf das zurück, was überschaubar und beherrschbar ist. Die andere Entwicklung stellt die andere Seite dieser Medaille dar. Der Tourismus, die über Staatsgrenzen verlaufenden Verwertungsketten und die Biennalen mit Kunst aus aller Welt beweisen die weltweite Verflechtung von Aktivitäten, die die Menschen auf eine unaufgeregte und unausweichliche Weise miteinander in Beziehung bringt. […] Aber in dem Maße wie sich unsere Kontaktwelt ausdehnt, ziehen sich anscheinend unsere Lebenswelten zusammen.

«

M6: Quellentext zum Stellenwert von Segregation
Heinz Bude: Der bedrohte soziale Zusammenhalt. In Körber Stiftung: Die super diverse Stadt. 2017, S.3

„Segregation ist städtisch. Es gibt sie in wachsenden und schrumpfenden Städten. Neu ist heute, dass ihre drei Dimensionen zusammentreffen: Wo die meisten Kinder in der Stadt leben, leben die meisten Einwanderer und die meisten Armen."

Carsten Grosse Starmann, Kerstin Schmidt, *Bertelsmann Stiftung*

M7: Zitat

1 Erstellen Sie ein Wirkungsgefüge zur Segregation.
2 Charakterisieren Sie die in M5 aufgeführten Stadtteile Frankfurts (M1 – M5, M3, S.72).
3 Nehmen Sie Stellung zu dem Zitat M7.

3.4.2 Gentrifizierung

In vielen innenstadtnahen Vierteln finden Aufwertungsprozesse einzelner Gebäude, ganzer Straßenzüge oder Viertel statt. Diese „Veredelung" verknüpft mit einem Bevölkerungsaustausch wird „Gentrifizierung" bezeichnet.

Gentrifizierung
(auch Gentrification) Bauliche, soziale und funktionale Aufwertung von innerstädtischen Vierteln mit meist attraktiver Gebäudestruktur durch hinzuziehende Bevölkerung, in deren Folge die Mietpreise ansteigen und die ursprünglichen Bewohner verdrängt werden.

Seit einigen Jahrzehnten gibt es in vielen deutschen Großstädten mit der Gentrifizierung einen Stadtentwicklungsprozess, der letztlich auch zu Segregation führt. Betroffen sind innenstadtnahe Wohnviertel, deren architektonisch ansprechende Wohngebäude oft aus der Gründerzeit (Mietskasernenbebauung) stammen. Im Ausgangsstadium des Prozesses ist die Bausubstanz heruntergekommen und die Wohnungsinfrastruktur veraltet (Ofen- oder einfache Gasheizung, Toilette auf halber Treppe, teilweise ohne Bad, mit Einfachverglasung, mangelhafte Gebäudeisolierung). Als Gewerbe sind kleine Handwerksbetriebe in den Hinterhöfen und verschiedenartige von alteingesessenen Inhabern geführte Geschäfte vorhanden, die den alltäglichen Bedarf der Einwohner des Quartiers befriedigen (z.B. Gemüsehändler, Bäcker, Kiosk, Trinkhalle, Friseursalon, Buchladen etc.). Bei der Bewohnerschaft handelt es sich meist um sozial niedrige Bevölkerungsschichten (Arme, Alte, Arbeitslose, Arbeiter, Ausländer), die aufgrund der günstigen Mieten hier wohnen.

Diese in der Alltagssprache als „Kiez" bezeichneten Viertel werden aufgrund der Mietkosten auch für Studenten und Künstler interessant. Sie sind die typischen Pioniere der ersten Invasionsphase, die mit Clubs, Cafés und alternativen Kulturprojekten das Viertel stadtübergreifend bekannt und attraktiv machen (Szene-Viertel). Mit dem späteren Zuzug von einkommensstärkeren Gruppen in der zweiten Invasionsphase, den Gentrifiern (oder Gentrifizierern), bewohnt erstmals eine finanzkräftigere Bevölkerungsschicht das Quartier. Der Altbaubestand wird renoviert und modernisiert, aber auch schickere Restaurants, Galerien und Infrastruktureinrichtungen (Spielplätze, Parks) entstehen. Neben Privatleuten beginnen auch Immobilienmakler und -investoren sich intensiv um diesen Raum zu kümmern: Häuser und ganze Blocks werden in großem Stil aufwendig saniert, die Mieten steigen und die alte Bewohnerschaft, aber zum Teil auch die Pioniere ziehen zwangsläufig weg. Ebenso findet eine Verdrängung von alteingesessenen Geschäften statt.

M1: Unsaniertes und saniertes Haus in Berlin

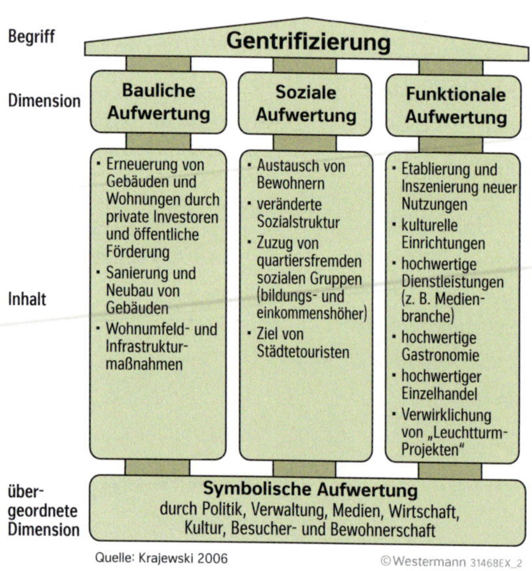

M2: Dimensionen der Gentrifizierung

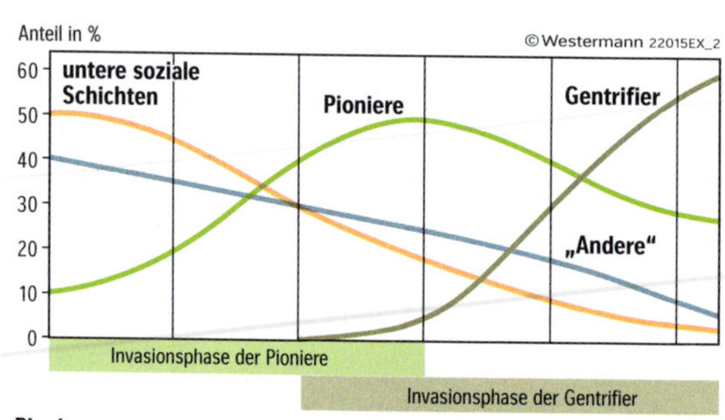

Pioniere
- Kreative, Künstler, Studenten
- jung, geringes Einkommen, hoher Bildungsabschluss, noch kein akademischer Abschluss
- Anteil der Miete am Einkommen ist jedoch hoch
- Singles, noch nicht in der Familiengründungsphase, meist kinderlos, oft in Wohngemeinschaften
- Bezug von aufgelassenen oder freiwerdenden Wohnungen, aber auch Hausbesetzungen

Gentrifier
- i.d.R. älter und höheres Einkommen als die Pioniere, akademischer Bildungsabschluss
- Yuppies (Young urban professionels), Dinks (double income no kids)
- bereit höhere Mieten zu zahlen bzw. sanierte Wohnungen zu kaufen
- ins Quartier zugezogen oder Pioniere mit Berufsabschluss und in der Familiengründungsphase (In-situ-Gentrifier)

M3: Modell der Gentrifizierung

Gentrifizierung – ein weltweit auftretendes Phänomen – lässt sich vielerorts nicht einfach mit dem „doppelten Invasions-Modell“ (M3) abbilden. So können andere Akteure und Zeitverläufe auftreten (M4). Berlin ist ein augenfälliges Beispiel, in dem sich benachbarte Stadtviertel in unterschiedlichen Gentrifizierungsphasen befinden und Pioniere seit den 1980er-Jahren in einer Art „Gentrifizierungskarawane“ von Stadtteil zu Stadtteil weitergezogen sind (M6, S. 63).

»

Auffällig ist, dass sich mit fortschreitender Gentrifizierung die Lebensstile und Eigenschaften der Akteure in den letzten Jahren deutlich gewandelt haben. Waren [früher] noch die „Ökos“ und „Müsliesser“ die typischen Pioniere, die von den Yuppies (Young Urban Professionals) und Dinks (Double Income No Kids) als Gentrifizierer verdrängt wurden, sind es heute vor allem Künstler oder junge Akademiker, die als Pioniere neue, hippe Viertel entdecken. Es lässt sich allerdings beobachten, dass viele von ihnen im Zeitverlauf ihren Lebensstil verändern, häufig in Verbindung mit der einsetzenden Familienphase, und sich im Viertel einrichten, statt – wie frühere Generationen – an den Stadtrand zu ziehen. Dadurch verändert sich der Charakter des Wohnviertels erneut, es kommt zu einer ***Gentrifizierung in situ****. So kann in einigen gentrifizierten Wohnvierteln deutscher Städte (Glockenbachviertel in München, Prenzlauer Berg in Berlin, Belgisches Viertel in Köln) eine „neue Fruchtbarkeit“ beobachtet werden: Kinder bevölkern die innerstädtischen Spielplätze, während die (berufstätigen) Mütter (und Väter) weiterhin das urbane Leben im Stadtteil genießen („Latte-macchiato-Mütter“).*
Zudem formieren sich in manchen Nachbarschaften Widerstände gegen die Aufwertungsprozesse, insbesondere wenn diese von großen Investoren vorangetrieben werden (z. B. im Hamburger Schanzenviertel mit dem angekündigten Abriss der Roten Flora oder in Köln-Ehrenfeld mit einem geplanten Shoppingcenter auf dem sogenannten Heliosgelände). [...] Somit kommt es nicht mehr zu dem zyklenhaften Verlauf der Kurven, wie noch in den Modellen beschrieben. In Deutschland kann der Staat als wichtiger Akteur die ***rent gap*** *wie auch die Rolle der Pioniere aushebeln, indem er etwa Altstadtviertel zu Sanierungsgebieten erklärt und damit praktisch „vom Markt nimmt“. In manchen Gebieten kann schließlich von einer* ***Supergentrifizierung*** *gesprochen werden, wenn nämlich die aufgewerteten Wohnviertel aufgrund des knappen städtischen Wohnungsmarkts derart nachgefragt sind, dass die „neue Mittelklasse“ der Gentrifizierer durch die Klasse der „Superreichen“ verdrängt wird, welche weitere Luxussanierungen vornehmen (z. B. „Prenzlauer Gärten“ in Berlin).*

«

M4: Quellentext zu In-situ-Gentrifizierung und Supergentrifizierung
Ludger Basten, Ulrike Gerhard: Stadt und Urbanität. In Humangeographie kompakt. Berlin: Springer 2016, S. 126–127

Rent-Gap-Theorie
Ökonomisches Erklärungsmodell für die Gentrifizierung, bei der das Interesse von zahlungskräftigen Bevölkerungsschichten und Immobilieninvestoren an „unentdeckten“, heruntergekommenen Objekten und ganzen Stadtvierteln dadurch entsteht, dass es eine Lücke (gap) zwischen den aktuell realisierten Mieteinnahmen eines Grundstücks und den potenziell erzielbaren Mieteinnahmen gibt. Sie erkennen, dass eine Sanierung mit einem erheblichen Wertzuwachs verbunden ist.

Jahr	Berlin	Kollwitzstr. 80
2014	2019	3295
2016	2448	4026
2018	3151	5196

Quelle: Immobilienscout 24

M5: Kaufpreise für Eigentumswohnungen in Berlin und im Prenzlauer Berg (Kollwitzstr. 80, in Euro/m²)

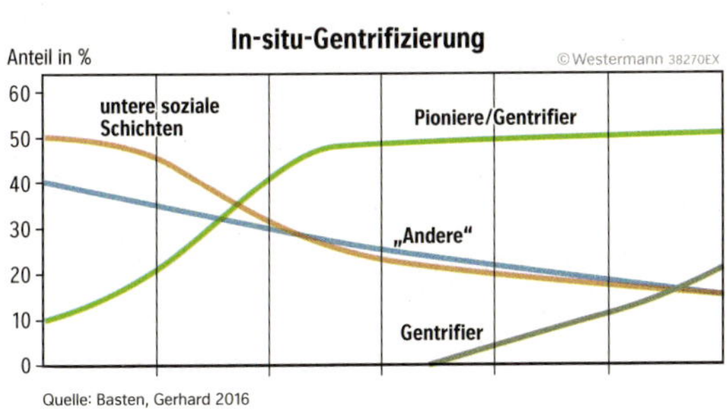

M6: In-situ-Gentrifizierung

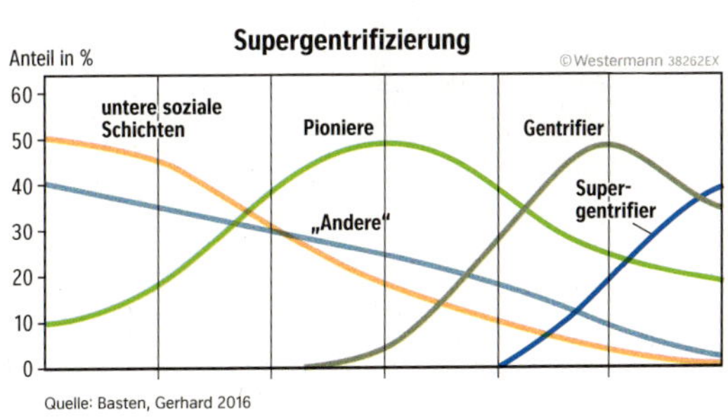

M7: Supergentrifizierung

M1: Originaltext: Gentrifizierung am Prenzlauer Berg
Petra Wilfert-Demirov, Senatsverwaltung für Stadtentwicklung Berlin

Kiez
(nord(ost)deutsch, berlinerisch) Stadtteil mit identitätsstiftendem Zugehörigkeitsgefühl der Bevölkerung

»

*1989/90 herrschte eine optimistische Aufbruchsstimmung im ehemaligen Bezirk Prenzlauer Berg, in dem ich geboren wurde. Auch ich hatte schon lange bessere Wohnbedingungen und auch mehr Mitsprache dabei in meinem Bötzow-**Kiez** erhofft. Zuvor hatten schon viele Nachbarn, Freunde und Kollegen ihre Wohnungen aufgegeben und waren in die Neubaugebiete in den Außenbezirken gezogen. In der DDR waren die Altbauten aus kosten- und eigentumsrechtlichen Gründen deutlich zugunsten der Neubaugebiete an der Peripherie vernachlässigt worden. Viele Wohnungen waren nicht mehr vermietbar und standen leer, hatten noch Ofenheizungen und großenteils Außentoiletten. Die Fassaden waren eintönig grau und abgenutzt und boten einen trostlosen Anblick.*

Familien nutzten nun die neue Chance, in ihr erstes Eigenheim am Stadtrand zu ziehen und andere Bewohner die Aufbruchsstimmung für einen Neuanfang im Westen. Jeden Tag gab es Umzüge. Schulen und Kitas wurden wegen sinkender Kinderzahl verkleinert oder geschlossen.

In die entstandenen Freiräume mit noch niedrigen Mieten drängten jetzt gut informierte Interessenten aus ganz Europa, Studenten und (Lebens-) Künstler. Die staatlich angeordnete Rückübertragung der Häuser an Alteigentümer löste bisherige Strukturen auf und verunsicherte viele Mieter, die aus Angst vor Dauerbaustellen oder Unkenntnis der neuen Mietrechtslage vorzeitig in andere Stadtteile auswichen. Bisherige Einzelhändler (Bäcker, Fleischer, Schneider, Fischläden, Kurzwaren u.a.) mussten aufgeben, neue Lebensmittel- oder andere Filialen bekannter Ketten eroberten das Gebiet.

M2: Unrenoviertes Wohnhaus in Berlin

Seit 1995 flossen in das neu festgesetzte Sanierungsgebiet Bötzowstraße enorme Fördermittel. Zunächst sollte mit der Förderung der Altbausanierung auch der Erhalt der Bewohnerstruktur gesichert werden. Ab dem Jahr 2000 jedoch wurden die Mittel auf die öffentliche Infrastruktur konzentriert und die Wohnungen privater Initiative überlassen. Damit begann eine Welle von Eigentümerwechseln und Umwandlungen in Eigentumswohnungen.

Mein Wohngebiet veränderte sich deutlich. Dort, wo früher Mieter mit viel Improvisationskunst und Heimwerkern ‚ihre' Wohnungen bewohnbar erhalten und modernisiert hatten, wurden durch häufig wechselnde Eigentümer und deren Baumaßnahmen die bisherigen Wohnungs- und Bewohnerstrukturen aufgelöst. Grundrissänderungen der Wohnungen oder Mietsteigerungen durch Modernisierung führten vielfach zum Auszug derer, deren Wohnungen verändert oder zu teuer wurden.

Bei Beendigung der Sanierung 2011 konnte nur noch ein Anteil von 15 Prozent der ehemaligen Bewohner festgestellt werden. Ein rasanter Bevölkerungsaustausch war zugunsten der heute 30- bis 50-Jährigen erfolgt. Viel Gastronomie, vor allem Cafés und Boutiquen haben andere Angebote verdrängt. Spezielle Angebote richten sich vorrangig an gut verdienende Bewohner und deren Nachwuchs.

M3: Straßencafés in Berlin Prenzlauer Berg

Mein Wohnhaus ist eines der wenigen in kommunalem Besitz. Es fühlt sich wie eine Oase der Beständigkeit an, da hier seit 1990 neun von elf Mietparteien „überlebt" haben. Im Kiez ist es reicher und ärmer geworden. Einerseits saniert und attraktiv, fehlt es ihm heute an der Vielfalt und Lebendigkeit unterschiedlicher Altersgruppen und sozialer Herkunft. Nachbarn, Freunde, selbst meine Kinder, haben inzwischen dem fremd gewordenen Prenzlauer Berg den Rücken gekehrt und sich Wohnviertel gesucht, wo es diese Vielfalt noch gibt.

«

M4: Sanierte Straße in Berlin Prenzlauer Berg

M5: Protest gegen Gentrifizierung in Berlin

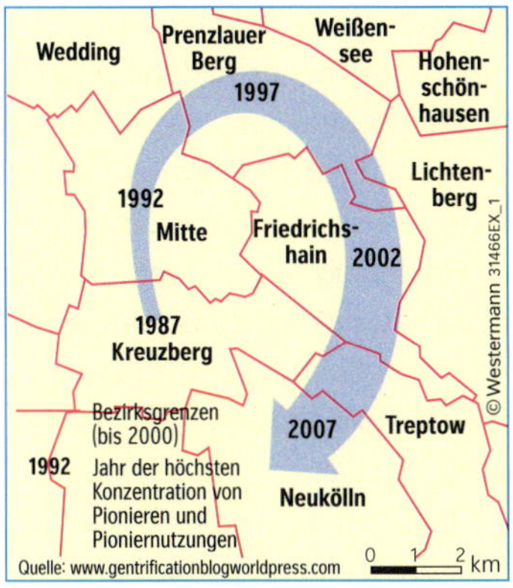

M6: Berliner Aufwertungsspirale

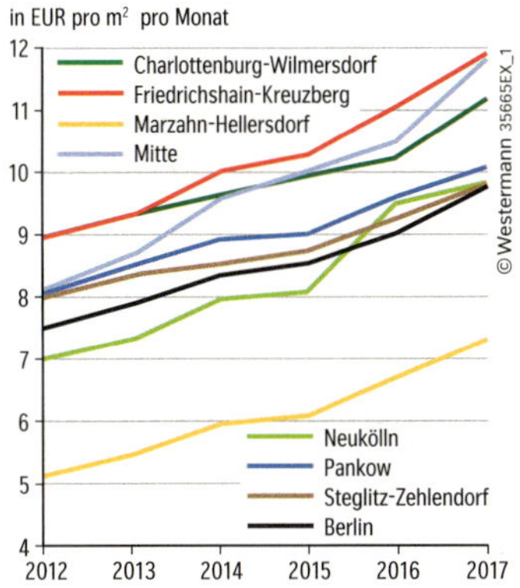

M7: Angebotsmieten ausgewählter Bezirke in Berlin (2012 – 2017)

M8: Neubau eines luxoriösen Apartmenthauses in Berlin

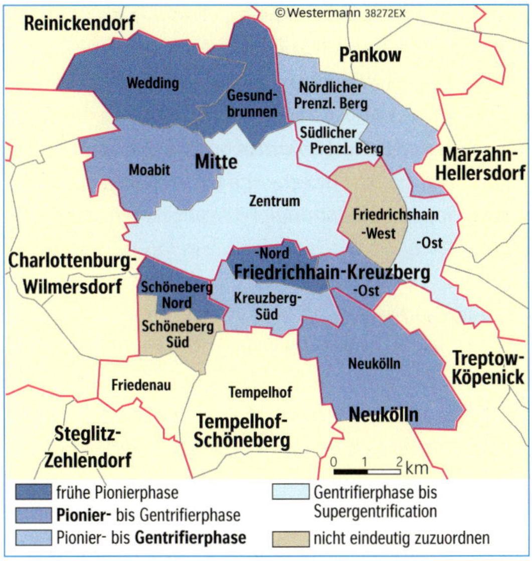

M9: Aufwertungsphasen (2007 – 2011)

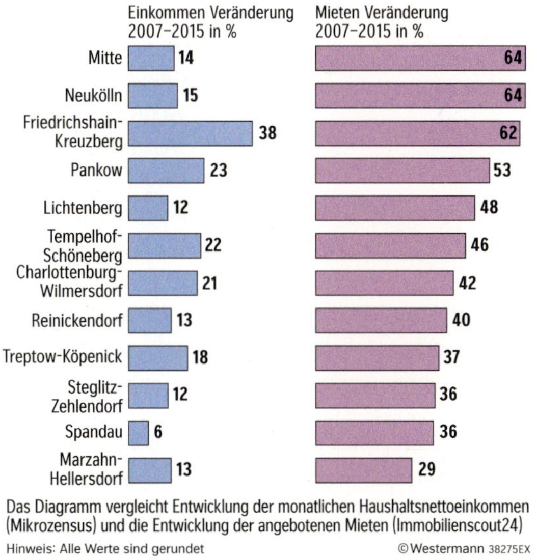

M10: Entwicklung der Haushaltseinkommen und der Mieten in Berlin (2007 – 2015)

1 Charakterisieren Sie den modellhaften Verlauf der Gentrifizierung (M3, S.60, M6, M7, S.61).
2 Erläutern Sie die verschiedenen Aufwertungsprozesse (M2, S.60).
3 Analysieren Sie die Gentrifizierungsprozesse in Berlin (M1 – M10).

3.5.1 Deindustrialisierung und Tertiärisierung in der Stadt

Seit der Industrialisierung waren die europäischen Städte bevorzugte Standorte der Industrie. In den 1960er-Jahren begann dann eine wirtschaftliche Umstrukturierung im städtischen Raum.

Sektoraler Strukturwandel
Übergang von der agraren über eine industrielle in eine Dienstleistungsgesellschaft, bei dem der Schwerpunkt der Wertschöpfung und Beschäftigung vom primären über den sekundären zum tertiären Sektor übergeht.

Tertiärisierung
Zunahme von Beschäftigten im Dienstleistungsbereich bei gleichzeitiger Verringerung der Arbeitsplätze im produzierenden Gewerbe.

Bei der räumlichen, sozioökonomischen und funktionalen Umstrukturierung in mitteleuropäischen Städten spielte neben der demografischen Veränderung die Deindustrialisierung im Zuge des **sektoralen Strukturwandels** eine große Rolle. Ursachen der Deindustrialisierung der Städte waren zum einen die Verlagerung der emittierenden Industriebetriebe in ländlich-periphere Regionen und zum anderen die Schließung beziehungsweise Abwanderung der Industriebetriebe ins Ausland aufgrund fehlender nationaler Wettbewerbsfähigkeit. Hinzu kam eine erhöhte Nachfrage nach Produkten und Dienstleistungen des tertiären Sektors.
Verlierer dieses Prozesses waren Städte, die aufgrund ihrer monostrukturellen Wirtschaft (z.B. Ruhrgebiet: Steinkohlebergbau, Eisen- und Stahlerzeugung; Industrieraum Halle-Leipzig: Braunkohleabbau, chemische Industrie) während der Industrialisierung im 19. und 20. Jahrhundert oder während der DDR-Zeit enorm gewachsen waren und jetzt eine ökonomische und damit verbunden eine demografische Schrumpfung erfahren (vgl. Kap. 3.3). Gewinner waren die Städte, die wirtschaftlich schon immer breit aufgestellt waren (z.B. Hamburg, München, Frankfurt, Köln etc.) und schon lange einen **Tertiärisierungsprozess** in der Wirtschaft durchlaufen haben.

M1: Quellentext zur Tertiärisierung von Wirtschaftsräumen
Wolfgang Brücher: Industriegeographie. Westermann: Braunschweig 1982, S. 166–167

» *Mit wachsender Produktivität und Rationalisierung benötigt die Industrie selbst immer mehr und verfeinerte Dienstleistungen. Zunächst äußert sich dies industrieintern in einer* [Terteriärisierung]*: Immer weniger Menschen sind eigentlich materiell-produktiv tätig, immer mehr arbeiten als Angestellte in Verwaltung, Organisation, Marktforschung, Planung, sozialen Bereichen usw. An den Standorten der Industrie nimmt folglich generell das Gewicht des tertiären Sektors zu. Aus den diffusen Agglomerationen von Wohnsiedlungen und Betrieben formieren sich zentrale Orte mit Cities. Diese werden nun auch für andere Dienstleistungen attraktiv, die die Entwicklungsmöglichkeiten der Industrie fördern: Banken, Marktforschungsbüros, Rechtsberater, Werbeorganisationen, Großhandel, Massenmedien usw.* «

Gliederung nach	Kategorien
Qualität	tertiärer Sektor (klassische arbeitsintensive Dienstleistungen)
	quartärer Sektor (höherwertige Dienstleistungen mit speziellen Kenntnissen der Beschäftigten)
Funktion	unternehmensbezogene Dienstleistungen (Dienstleistungen für Unternehmen)
	personenbezogene Dienstleistungen (Versorgung von Endverbrauchern)
	distributive Dienstleitungen (Großhandel, Verkehr, Transport)
	soziale/öffentliche Dienstleistungen (Bildungs-, Gesundheits-, Verwaltungs- und Sozialdienstleistungen)

M2: Gliederungssysteme von Dienstleistungen

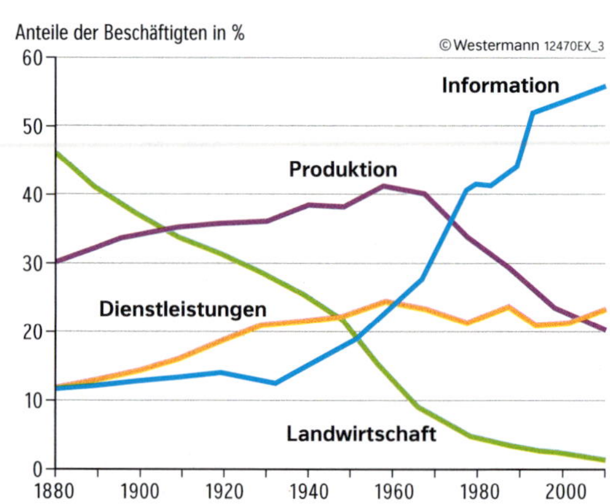

M3: Vier-Sektoren-Modell: Beschäftigte in Deutschland

Das Industrieland Deutschland ist längst wie viele andere europäische und hochentwickelte Staaten der Erde zu einem Dienstleistungsland geworden. Man kann dies an der breiten Berufspalette und den Beschäftigtenzahlen in den Dienstleistungsbranchen ebenso festmachen wie an dem Beitrag der Dienstleistungen zum Bruttoinlandsprodukt. Betrachtet man den tertiären Sektor aber genauer, erkennt man einen weiteren Trend. Es haben nicht etwa die klassischen einfachen und personenbezogenen Dienstleistungen (z.B. Gastronomie, Handel, Verkehr etc.) zugelegt, sondern vor allem die unternehmensorientierten und wissensintensiven Dienstleistungen (M3). In diesem auch quartärer Sektor genannter Wirtschaftsbereich ist der Anteil der hochqualifizierten Beschäftigten überdurchschnittlich hoch. Zu ihm zählen Forschung und Entwicklung, Banken und Versicherungen, Steuer-, Rechts- und Unternehmensberatung sowie die IT-, Kreativ-, Medien-, Werbe- und Gesundheitswirtschaft. Diese Wirtschaftsbereiche sind vor allen in urbanen Räumen anzutreffen (M7).

Die Tertiärisierung der Wirtschaft wirkt sich in den Städten auch räumlich aus. Neu entstandene Dienstleistungsfunktionen siedeln sich verstärkt an zentralen Standorten wie der Innenstadt an, aber auch ehemalige Gewerbe- und Industrieflächen werden in tertiärwirtschaftlich genutzte Areale umgewandelt. Neue Bürostandorte verändern so das Gesicht der Stadt.

M4: Rheinhallen in Köln (Sitz der RTL-Gruppe)

M5: Bankenviertel in Frankfurt am Main

M6: Charité in Berlin

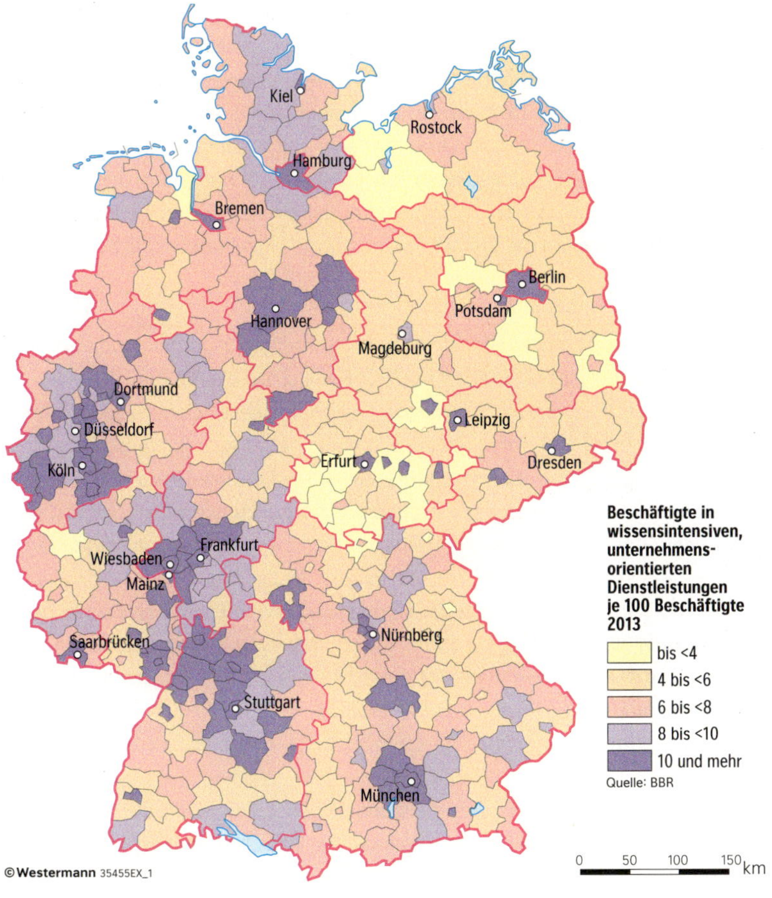

M7: Beschäftigte in wissensintensiven, unternehmensorientierten Dienstleistungen in Deutschland (2013)

1 Entwickeln Sie ein Wirkungsgefüge zu den stadtwirtschaftlichen Folgen der Tertiärisierung.

2 Analysieren Sie die räumliche Verteilung der wissensintensiven Dienstleistungen in Deutschland (M7).

3.5.2 Konkurrenzkampf um den Standort City

Die City ist das Herz jeder Stadt und somit der traditionelle und wichtigste Standort vieler zentraler Einrichtungen der Wirtschaft, der öffentlichen Hand und des Einzelhandels.

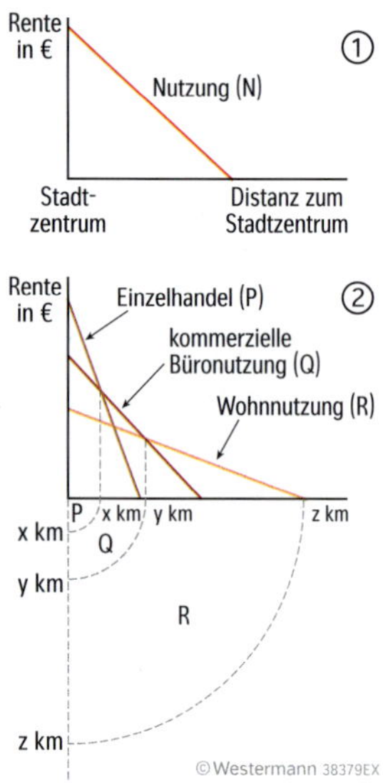

M1: Die Lage bestimmt den Preis – Bodenrentenmodell

Für die City werden im umgangssprachlichen oder stadtgeographischen Sprachgebrauch viele unterschiedliche Begriffe verwendet, zum Beispiel Stadtmitte, Innenstadt, Stadtzentrum, Geschäftszentrum, Stadtkern oder zentraler Versorgungsbereich. Jede dieser Bezeichnungen meint die räumliche Konzentration von Einrichtungen, die zentrale Güter (Waren, Dienstleistungen, Informationen) auf dem Markt anbieten. Dadurch werden in der City viele Funktionen gebündelt, wie der Handel, die Beratung, der Informationsaustausch, die Verwaltung, der gesellschaftliche Kontakt, der kulturelle Austausch etc. Trotz der starken Bevölkerungsabnahme während der Industrialisierung ist die City gleichzeitig aber auch (noch/teilweise wieder) Wohnstandort. Im Kräftespiel dieser Funktionen findet ein ständiges wirtschaftliches Ringen um den knappen zentralen Raum statt, bei dem es immer wieder neue Gewinner und Verlierer gibt. Lange Zeit hatte die City einen Funktionsmix aus sich Versorgen, Arbeiten und Wohnen auf relativ engem Raum. Mit zunehmender Tertiärisierung und Raumnot hat sich diese Mischung in Qualität und Quantität durch die erzielbare Bodenrente (Grundstücks-/Mietpreise) verändert.

Die erzielbaren Spitzenmieten in jeder City werden durch die Grundgesetze der Marktwirtschaft reguliert. Dort, wo das Erscheinungsbild der City und das Angebot im Einzelhandel in Qualität und Quantität sehr gut ist, treten auch die höchsten **Passantenfrequenzen** auf. In diesen Top-Lagen ist der Kampf um die Kundschaft groß. Der Einzelhandel, der sein Warenkapital hier am schnellsten umsetzt, überlebt meist im Preiskampf um die Spitzenmieten für die Einzelhandelsflächen.

M2: Quellentext zur Zirkulationsgeschwindigkeit des Warenkapitals
Lothar Jander, Wolfgang Schramke, Hans-Joochim Wenzel (Hrsg.): Metzler Handbuch für den Geographieunterricht. Stuttgart 1982, S. 37

»

Das Grundprinzip des kapitalistischen Wirtschaftens allgemein und auch so im Einzelhandel ist das Streben nach Gewinn, d.h. die optimale Verwertung des eingesetzten Kapitals. Eine der zur Erreichung dieses Zieles wesentlichen Strategien im Handelssektor ist die Erhöhung der Zirkulationsgeschwindigkeit des eingesetzten Warenkapitals, wie sie durch eine Umsatzerhöhung erreichbar ist. Im Handelssektor besteht das Kapital im Wesentlichen aus dem Warenkapital. Der Händler kauft Waren ein, um sie mit Gewinn zu verkaufen. Seinen Gewinn kann er erhöhen, wenn er a) die Gewinnspanne vergrößert, was jedoch in der Konkurrenz der Handelsunternehmen untereinander nur beschränkt möglich ist, oder b) bei gleichbleibender Gewinnspanne mehr Waren in einem Zeitraum verkauft, d.h. sein Kapital öfter umgeschlagen wird und sich dadurch die Profitmasse vergrößert.

«

Passantenfrequenz
Indikator für die Anziehungskraft eines Standortes; Anzahl von Personen, die in einer bestimmten Zeit einen Einzelhandelsstandort betreten; Standortfaktor für potenzielle Laufkundschaft (Angabe in Personen pro Stunde); Kritik: Einflussgrößen zum Zeitpunkt der Zählung (z.B. Wetter, Wochentag, Tages-/Jahreszeit).

Ähnlich verhält es sich mit dem Dienstleistungsangebot. Kundenorientierte Dienstleistungen (z.B. Zweigstellen von Banken, Sparkassen, Versicherungsagenturen, Fachärzte, Rechtsanwälte, Reisebüros etc.) sind auf einen großen Kundenstrom angewiesen und orientieren sich ebenfalls an hohen Passantenfrequenzen und an der Erreichbarkeit ihres Standortes. Nicht kundenorientierte Dienstleistungen (Verwaltungstätigkeiten von Firmen, Banken und Versicherungen) hingegen könnten ihren Platz an anderen Stellen des städtischen Raumes haben. Der Grundstücks- beziehungsweise Mietpreis bestimmt also die Raumnutzung und ihre Veränderungen (M1), da er einer-

M3: City von München

seits vom Umsatz abhängt und dieser wieder an die Passantenfrequenz gekoppelt ist, andererseits sich auch das Standortimage beziehungsweise die Standortpräsenz im Umsatz auswirkt. Hierbei spielt nicht nur die horizontale, sondern zunehmend auch die vertikale Nutzungsebene eine Rolle (siehe Bankenviertel Frankfurt).

Stadtgestalt der City

- *historisch geprägtes Straßennetz, öffentliche Plätze, Gassen*
- *hohe Bebauungsdichte, großer baulicher Repräsentationsaufwand (bei historischen und modernen Gebäuden)*

(Neuere) funktionale Citymerkmale:

- *cityintegrierte Geschäftspassagen, Einkaufszentren*
- *hohe Schaufensterdichte*
- *hohe Aufenthaltsqualität (Außengastronomie, Veranstaltungen)*

(Citymerkmale siehe Seite 19)

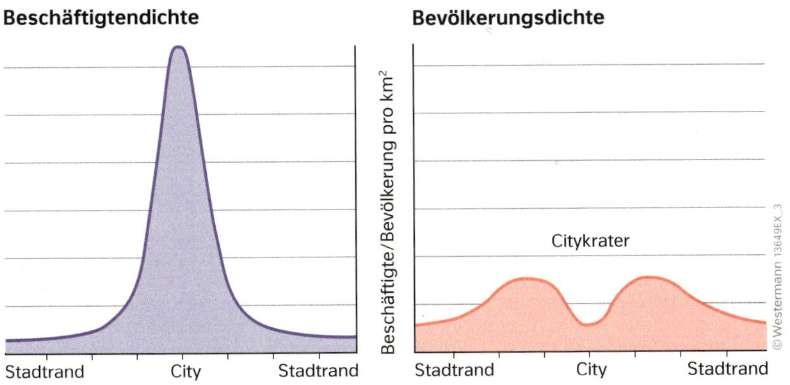

M4: Modell der Beschäftigten und Bevölkerungsdichte einer Großstadt

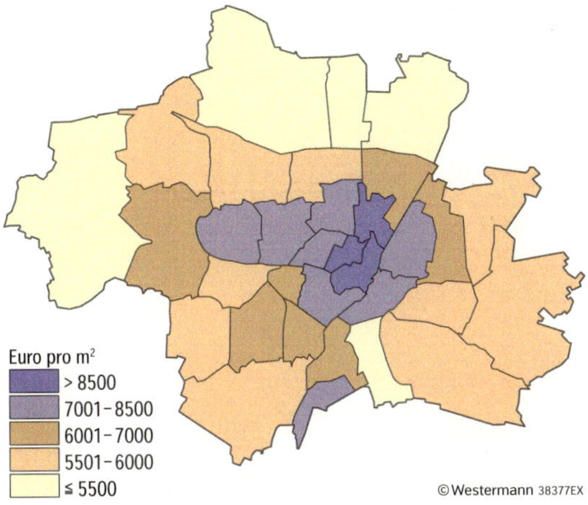

M5: Immobilienpreise in München (2017)

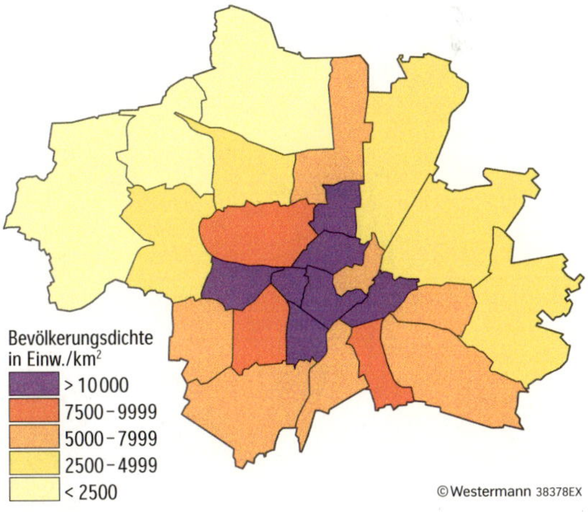

M6: Bevölkerungsdichte in München (2017)

1 Charakterisieren Sie die Nutzungskonkurrenz in der Innenstadt.

2 Übertragen Sie das Modell der Beschäftigten- und Bevölkerungsdichte auf München.

3 Überprüfen Sie die Citymerkmale am Beispiel der Münchener Innenstadt (Atlas, M2–M6).

	Stadt	Einkaufsstraße	Passantenfrequenz
1	Frankfurt	Zeil	14390
2	München	Kaufingerstraße	14155
3	München	Neuhauser Straße	13455
4	Köln	Schildergasse	13040
5	Hannover	Georgstraße	10985
6	Dortmund	Westenhellweg	10180
7	Düsseldorf	Flinger Straße	9670
8	Köln	Hohe Straße	9435
9	Stuttgart	Königstraße	9145
10	Düsseldorf	Schadowstraße	9130
11	Hannover	Bahnhofstraße	8775
12	Hamburg	Mönckebergstraße	8770
13	Nürnberg	Karolinenstraße	8300
14	Bremen	Obernstraße	8110
15	München	Weinstraße	7865

Passantenfrequenz: Pers./h; Zähldatum: Sa. 14.04.2018
Quelle: Jones Lang LaSalle

M1: Frequenzstärkste Einkaufslagen in Deutschland

1a-Lage
beste geographische Lage von Gewerbeimmobilien.

Die City – Einzelhandels- und Passantenhochburg

Kein Teil einer Stadt ist wichtiger als ihr Zentrum. Es ist Treffpunkt von Stadtbewohnern und Besuchern. Neben touristischen Attraktionen, Kultureinrichtungen, der Gastronomie sowie öffentlichen Einrichtungen spielt der Einzelhandel eine herausragende Rolle. Doch Konzentrationsprozesse, Filialisierung, Flächenzuwachs in Nebenzentren (Dezentralisierung) und ein verändertes Einkaufsverhalten in der Branche stellen die Funktionsfähigkeit der Innenstädte immer wieder auf die Probe.

	München	Hamburg	Berlin	Köln	Frankfurt	Düsseldorf
Einzelhandelskaufkraft (Deutschland = 100,0)	129,2	109,9	96,7	108,8	113,8	117,6
Einzelhandelsverkaufsfläche (in 1000 m²)	1809	2690	4800	1595	1150	996,3
Anteil der City anVerkaufsfläche	27,1 %	12,9 %	13,4 %	19,8 %	23,6 %	34,8 %
Flächenproduktivität City (in Euro/m²)	6500	5500	3800	5100	5100	4600
Einzelhandelsumsatz (in Mio. Euro)	10,66	11,02	18,03	7,03	4,24	4,18
Anteil der City am Einzelhandelsumsatz	30,1 %	17,3 %	13,7 %	22,8 %	33,1 %	77,8 %
Einzelhandelszentralität[1] (Deutschland = 100)	114,0	112,2	106,1	121,9	102,4	116,2
Einzugsgebiet (in Mio. Ew.)	3,1	3,4	5,3	2,4	2,3	2,0
Filialisierungsgrad (in 1a-Lagen der City)	63,4 %	68,7 %	64,7 %	71,5 %	71,7 %	79,8 %

[1]Einzelhandelszentralität: Einzelhandelsumsatz/Einzelhandelsrelevante Kaufkraft x 100
Quelle: COMFORT – Research & Consulting, GfK GeoMarketing GmbH, JLL

M3: Einzelhandelseckdaten von Großstädten (Auswahl, 2016)

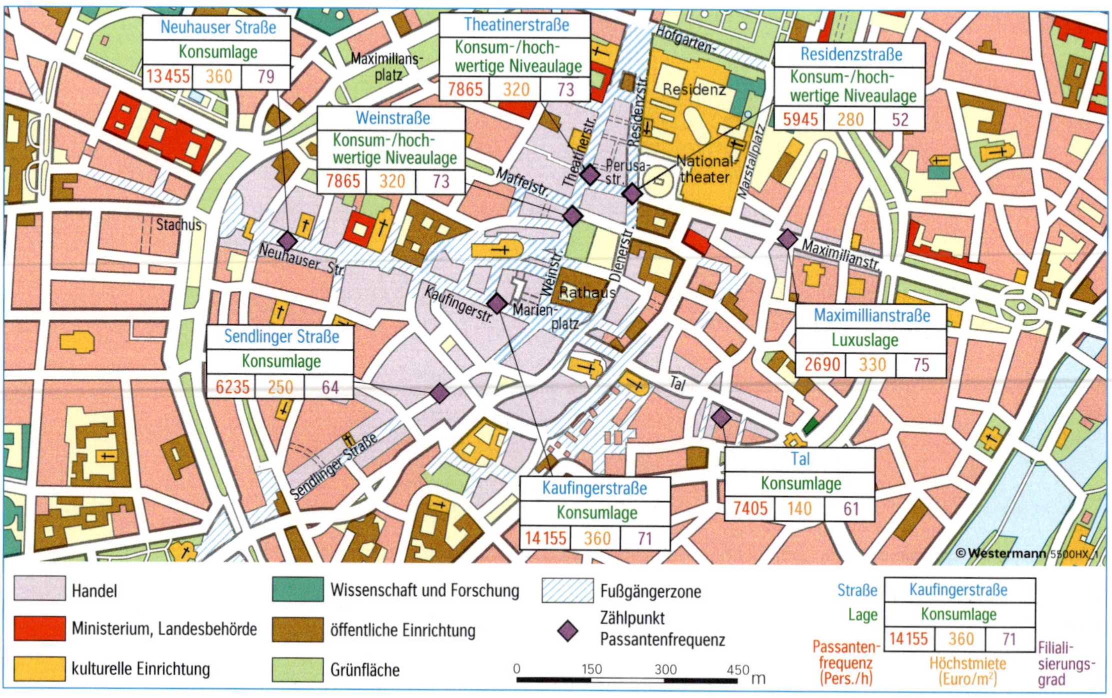

M2: Einzelhandel in der Münchener City: Passantenfrequenz (2018), Spitzenmieten (2016) und Filialisierung (2017)

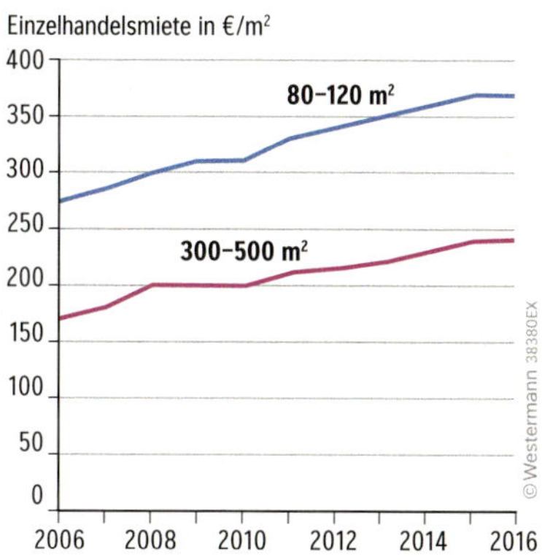

M4: Einzelhandelsmieten in Münchener Top-Innenstadtlagen (2006 – 2016)

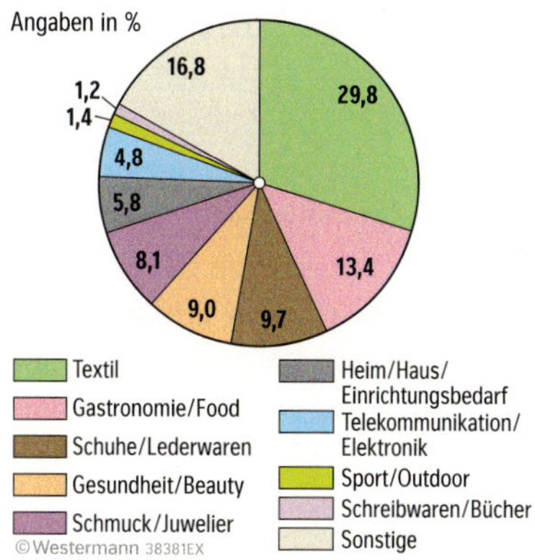

M5: Branchenstruktur in Münchener Top-Innenstadtlagen (2016)

M6: Kaufingerstraße in München

Filialisierungsgrad
Anteil der Filialgeschäfte an allen Einzelhandelsgeschäften.

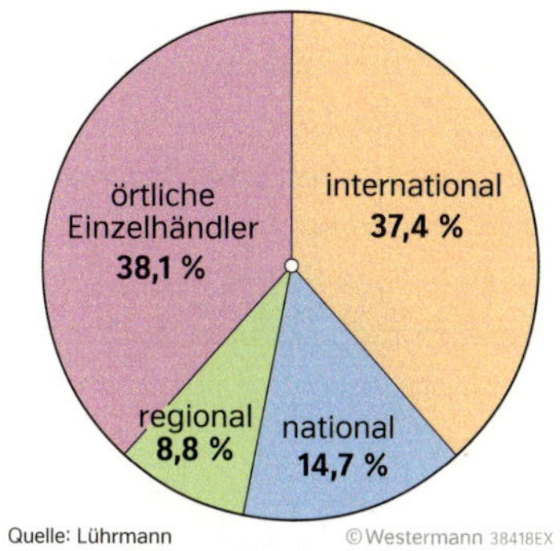

M7: Anteil internationaler, nationaler, regionaler Filialunternehmen in München (2017)

Einkaufstraße	Fluktuation
Sendlinger Straße	72,9 %
Residenzstraße	66,7 %
Weinstraße	61,1 %
Leopoldstraße	59,1 %
Theatinerstraße	57,8 %
Maximilianstraße	55,0 %
Tal	50,9 %
Neuhauser Straße	41,8 %
Marienplatz	31,0 %
Kaufingerstraße	24,1 %

Quelle: IVD

M8: Fluktuationsquote in der Münchener Innenstadt (2006 – 2016)

Obwohl in den Toplagen der Münchener Innenstadt im Gegensatz zu anderen Städten Leerstand im Einzelhandel ein Fremdwort ist, schreitet die Uniformität weiter voran. Einige Traditionshäuser können sich zwar halten, aber aufgrund der hohen Mieten drängen nationale und internationale Filialisten in die Innenstadt (M 7). Die Fluktuationsquote bei den Münchener Geschäften ist enorm (M 8).

Filialisten stehen weniger unter Druck als der inhabergeführte Einzelhandel, denn durch Synergieeffekte (viele Standorte, vertikale Unternehmensstrukturen mit einem Wertschöpfungsprozess vom Entwurf der Waren über die Produktion bis zum Verkauf) können sie anders kalkulieren und damit auch die hohen Mietpreise in den Zentren bezahlen. Durch einen hohen Anteil von Filialgeschäften bekommen die Innenstädte austauschbare Fußgängerzonen. Eine gewisse Eintönigkeit der Einkaufsmeilen ist nicht zu übersehen. Aber auch kleine Einzelhändler sind globalisiert, sodass man in Berlin, Amsterdam und Kopenhagen mittlerweile fast das gleiche Sortiment in den Läden findet wie in Warschau und Tallinn.

1 **Vergleichen Sie das Versorgungsangebot der City mit dem eines Versorgungszentrums eines Wohnquartiers einer Ihnen bekannten Stadt oder ihres Schulstandortes.**
2 **Erklären Sie die hohen Passantenfrequenzen in der City der Großstädte.**
3 **Nehmen Sie Stellung zur Aussage „In den Zentren überwiegen die großen Ketten, was das Bummeln so langweilig macht wie das Sortiment im Supermarkt."**

Innerstädtischer Einzelhandel im Standortwettbewerb

In deutschen Innenstädten steht der Einzelhandel unter zunehmendem Druck. Während Klein- und Mittelstädte schön länger über hohe Leerstandsquoten selbst in 1a-Lagen klagen und Neuvermietungen in Einkaufsstraßen immer schwieriger werden, sind mittlerweile auch 1b-Lagen in Großstädten von dieser Entwicklung betroffen. Die Umsätze des klassischen Fachhandels in der City sind rückläufig, was zum einen auf die Erfolgsgeschichte der Shoppingcenter zurückzuführen ist (M1). Waren es anfangs die dezentralen Standorte „auf der grünen Wiese“, die dem innerstädtischen Einzelhandel Konkurrenz machten, so sind es heute vor allem die cityintegrierten Shoppingcenter (M2). Für sinkenden Umsätze im gesamten stationären Handel sorgt zum anderen der zunehmende Online-Handel (M5).

Während die Befürworter cityintegrierter Shoppingcenter argumentieren, dass diese wie ein Magnet Kunden aus dem ganzen Umland wieder in die Innenstädte ziehen, wovon auch die anderen Einzelhändler profitieren, sprechen Kritiker von einem Staubsaugereffekt: Die Center saugen die Kunden auf und halten sie fest.

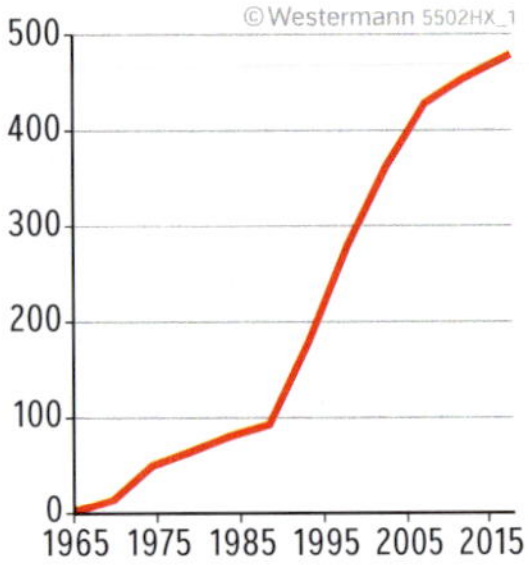

M1: Anzahl der Shoppingcenter in Deutschland

» *Ich denke, die meisten Fälle geben uns sicherlich Recht, dass dadurch zusätzliche Magnetkraft in den Innenstädten erzielt wird. Denn man kann ja viele Sortimente gar nicht mehr so gut in den Innenstädten ansiedeln, wie zum Beispiel große Lebensmittelbetriebe oder Unterhaltungselektroniker. Da sind oft die Flächen gar nicht da in den kleinteiligen Strukturen, die es oft in den Innenstädten gibt. Und natürlich schafft man dadurch auch ein zusätzliches Parkplatzangebot.*

Alexander Otto, *ECE Projektmanagement: Entwicklung, Vermietung, Betrieb von Shoppingcentern*

» *Für die meisten Städte ist der Bau einer Shoppingmall ein schlechtes Geschäft. [...] Über kurz oder lang* [ziehen] *die zugkräftigen Mieter aus der Fußgängerzone in das Shoppingcenter* [...] *und dadurch* [wird] *das Angebot in der Fußgängerzone oder in den Geschäftsstraßen immer schlechter* [...]. *Es* [ist] *mitnichten so, dass zusätzliche Kaufkraft von außen angezogen* [wird]. *Oftmals ist es eben so, dass dann ein interner Umverteilungsprozess stattfindet und eben der Umsatz aus dem bestehenden Einzelhandel sich nur verlagert.*

Monika Walther, *Wirtschaftswissenschaftlerin*

Standort	1964 – 1990	1991 – 1995	1996 – 2000	2001 – 2005	2006 – 2010	2010 – 2017	2018*
Innenstadt	46,6	24,5	44,8	64,2	68,0	79,0	48,2
Stadtteil	45,6	36,0	43,8	30,4	27,0	15,0	36,3
Grüne Wiese	7,8	39,5	11,4	5,4	5,0	6,0	15,5

* Bestand Quelle: EHI Retail Institute

M2: Standorte der neuen Shoppingcenter in Deutschland sowie Verteilung aller Shoppingcenter nach Standort 2018

M3: Ruhr Park Bochum Center

M4: Innerstädtisches Shoppingcenter in Hannover

»

Die Auswirkungen neuer Standortkonkurrenzen im Einzelhandel waren bisher immer räumlich einzuordnen, da eine Handelsansiedlung standortgebunden war und von diesem Standort aus in den sie umgebenden Raum gewirkt hat (Residenzhandel). Dagegen spielte der sogenannte Distanzhandel (Versandhandel) bis zum Aufkommen des E-Commerce Mitte der 1990er-Jahre mit einem Marktanteil von rund 5 % eine eher untergeordnete Rolle. Zurzeit durchlaufen wir aber eine technologische Entwicklung, die diese tradierten Muster nachhaltig verändern wird.

Jedoch gehörten Veränderungen seit jeher zu den Wesenszügen des Einzelhandels. Wer z. B. zu Beginn der Herausbildung unseres Städtesystems handeln oder kommunizieren wollte, musste i. d. R. in die Innenstädte kommen, sodass sich an diesen Plätzen weitere zentrale Funktionen ansiedelten. Erst der technische Fortschritt in der Automobilindustrie ermöglichte Mitte der 1950er-Jahre die Massenmotorisierung und somit die großflächigen Betriebsformen auf der „grünen Wiese“, was die funktionale Trennung beschleunigte. Obschon der technische Fortschritt eine komplett neue Standortkategorie ermöglichte, hatten sich die Einkaufstraditionen nur modifiziert und waren weiterhin auf den Residenzhandel konzentriert (verlängerte Einkaufswege – jedoch immer verbunden mit Kundenverkehr zum Standort der Ware/zum stationären Einzelhandel). Der aktuelle technologische Fortschritt [...] hat eine völlig neue Dimension des Distanzhandels in Form des E-Commerce ermöglicht, sodass die Bevölkerung nicht mehr auf den Residenzhandel angewiesen ist.

Im gleichen Zug verliert der Satz „Die Stadt braucht den Handel – und der Handel die Stadt“ an Bedeutung. So sind diese technischen Innovationen für den heranwachsenden Teil der Bevölkerung, deren Einkaufsverhalten [...] keine neuen Errungenschaften. Diese Generation wächst mit dem Gefühl der permanenten Möglichkeit des jederzeitigen Konsums auf. Das wird die Einkaufstraditionen voraussichtlich nachhaltig verändern. [...] Die Innenstadt muss ihre Attraktivität durch weitere Parameter aufwerten, um somit einen „Mehrwert“ auch für diese Generation zu bieten.

«

M5: Quellentext zu Veränderungen im Einzelhandel
Michael Reink: Aktuelle Entwicklungen und zukünftige Trends im Einzelhandel – und mögliche räumliche Auswirkungen für die Innenstadt. Informationen zur Raumentwicklung 1/2014, S. 4–5

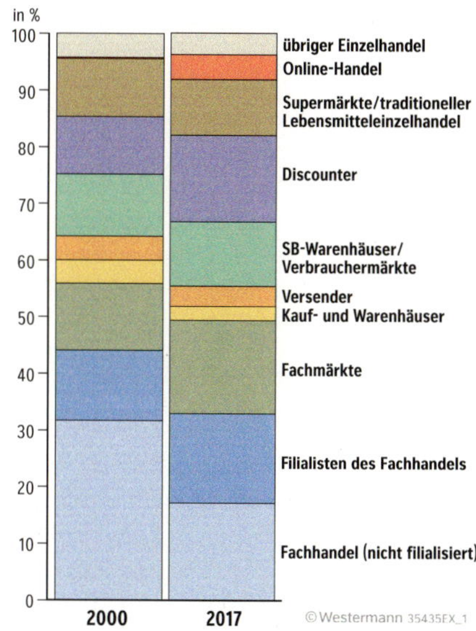

M6: Marktanteile der Betriegsformen im deutschen Einzelhandel (2000 und 2017)

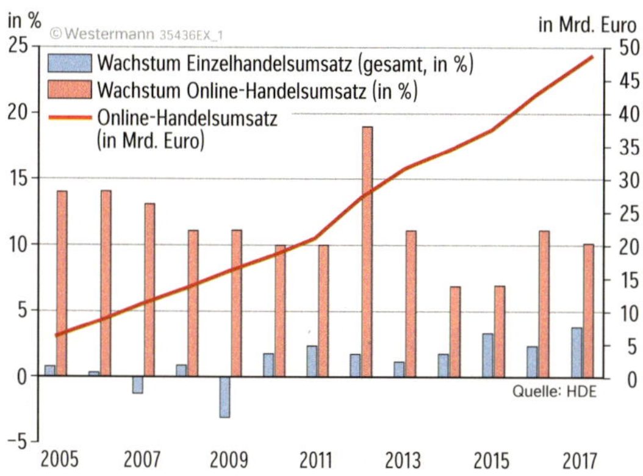

M7: Umsätze im Onlinehandel (2005–2017))

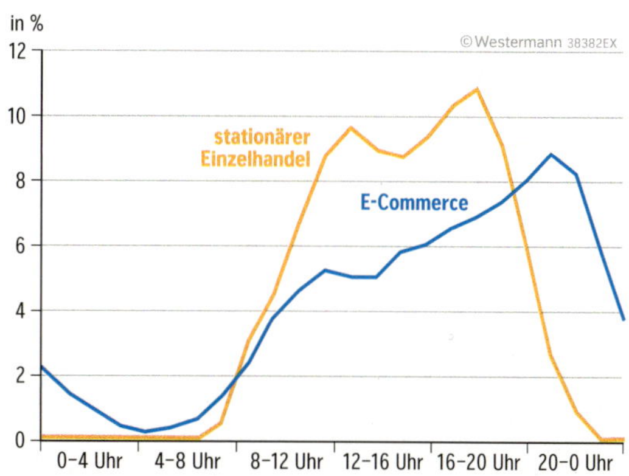

M8: Einkäufe im Online- und stationären Handel

1 Erörtern Sie die Folgen innerstädtischer Shoppingcenter für die City.
2 Vergleichen Sie die Entwicklung sowie Vor- und Nachteile des stationären und Online-Handels (M5–M8).
3 Beurteilen Sie die Auswirkungen des zunehmenden Online-Handels für die City.

3.5.3 Dezentrale Dienstleistungsstandorte

Backoffice
Routinetätigkeiten von Dienstleistern ohne Kundenkontakt (z.B. EDV, Buchhaltung, Personalverwaltung, Rechts- und Wirtschaftsberatung etc.).

Bürocity, Office Park, Business Park
Zusammenballung von Bürogebäuden an Standorten mit guter Erreichbarkeit (an Autobahnkreuzen), meist von einem Investor errichtet und betrieben, der Büros/Gebäude an einzelne Nutzer vermietet.

Da der zur Verfügung stehende Platz in Innenstädten durch Einzelhandel und private Dienstleistungen weitgehend ausgereizt ist, verlagern Firmen Büroarbeitsplätze an nicht kundenorientierte Standorte.

Expandierenden oder neu gegründeten Firmen des tertiären Sektors fehlt in der Innenstadt häufig der Raum für Büroflächen oder die Miet- und Bodenpreise sind zu hoch. Eine Lösung für dieses Problem bieten dezentrale Standorte. Unternehmen oder Unternehmensbereiche (z.B. Backoffice-Tätigkeiten von Banken und Versicherungen), die nicht zwingend auf einen Kundenkontakt angewiesen sind, werden in der Peripherie der Städte, an Ausfallstraßen oder in Nebenzentren angesiedelt. Diese dezentralen Bürocities können im Laufe der Zeit zu eigenen Stadtteilen heranwachsen. Sie sind durch ihre Lage verkehrstechnisch gut zu erreichen, liegen meist in Nähe der suburbanen Wohnbevölkerung oder in stadtklimatisch günstigen Grünzonen der Großstädte.

Im Raum Frankfurt am Main ist beispielsweise ein Dienstleistungsgürtel entstanden, der in seinem Endausbau mehr als 100000 Arbeitsplätze beherbergen

Standort	Mietpreisspanne (in Euro/m²)
Bankenviertel (CBD)	19,00 – 38,50
Westend (CBD)	15,00 – 32,00
Innenstadt (CBD)	12,00 – 29,00
Flughafen	15,00 – 25,00
Bahnhofsviertel (CBD)	10,00 – 22,00
Westhafen (CBD)	9,50 19,50
City-West (CBD)	12,00 – 18,00
Ostend	8,00 – 18,00
Sachsenhausen	11,50 – 17,00
Eschborn	7,50 – 16,50
Bürostadt Niederrad	9,00 – 16,00
Offenbach-Kaiserlei	8,00 – 13,00
Rödelheim	9,00 – 12,00
Mertonviertel	8,50 – 12,00

keine Angaben: Sossenheim, Rebstock, Messe, Europaviertel, Deutschherrnviertel Quelle: JLL

M1: Mietpreisspannen der Bürostandorte 2018

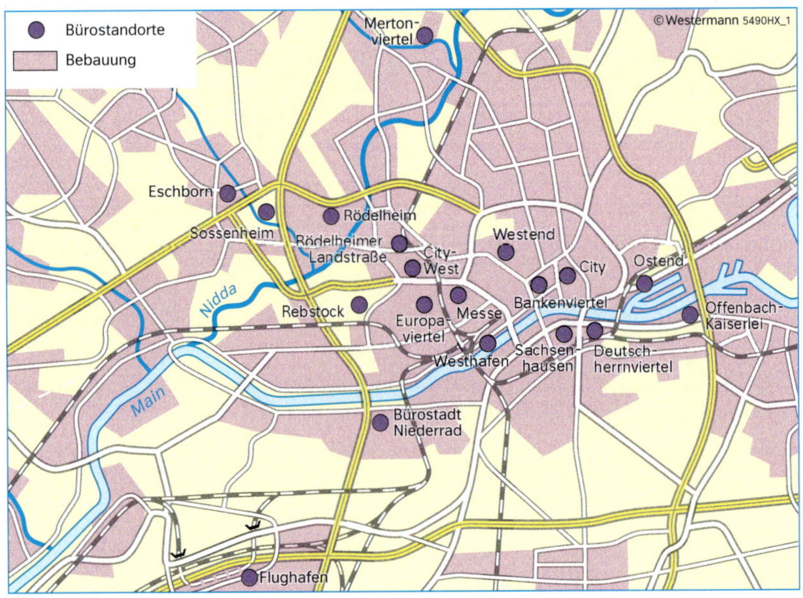

M2: Bürostandorte in Frankfurt

M3: Mertonviertel (im Vordergrund Riedberg)

M4: The Squaire am Frankfurter Flughafen

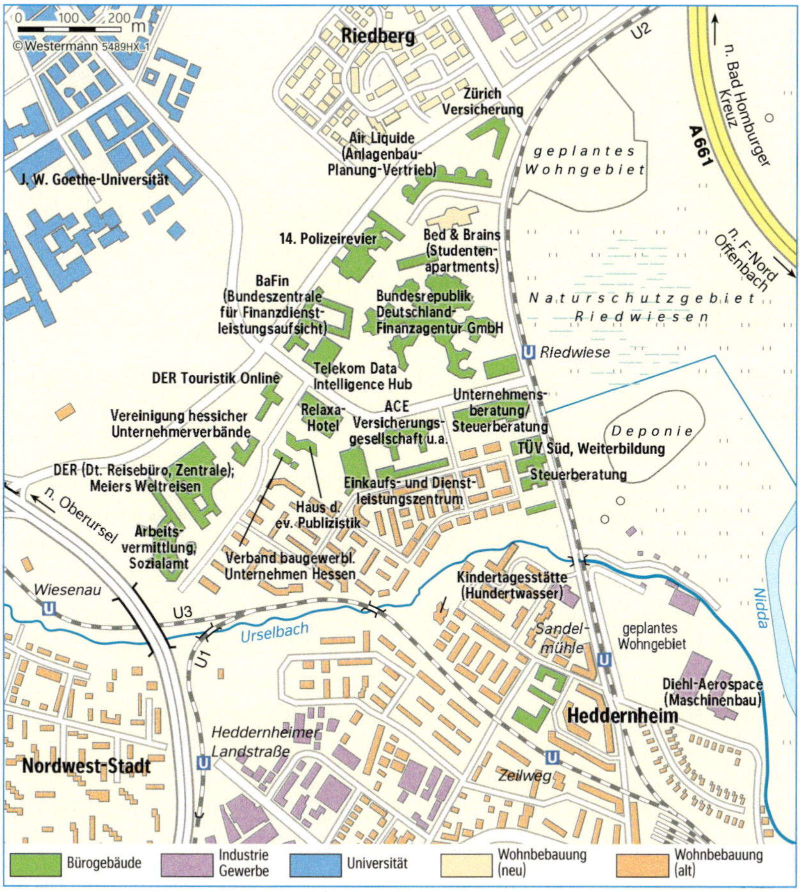

M5: Dezentraler Bürostandort Mertonviertel

Größe	• ca. 60 ha, davon 30 ha Wohnbebauung, 20 Büro- und Gewerbeobjekte mit einer Bruttogeschossgesamtfläche von 380000 m²
Nutzung	• Wohnen: über 1000 Wohneinheiten, ca. 3000 Einwohner, benachbartes Viertel Riedberg für 15000 Einwohner im Bau; • Arbeiten: ca. 150 Unternehmen (ca. 4000 Beschäftigte); • Freizeit: Naherholungsgebiet Nidda-Auen, Gastronomieangebot; • Bildung: Universität, Schulen, Kitas; • Versorgung: Einkaufs- und Dienstleitungszentrum
Verkehrsanschluss	• Autobahn, U-Bahn, Bus (Erreichbarkeit: A661: 1 min, A66/A5: 5 min, A 3: 12 min, Nordwestzentrum: 2 min, • Messe: 7 min, Innenstadt: 10 min, Hauptbahnhof: 12 min, Airport Frankfurt: 18 min
Stadtklima	• gelegen am Frankfurter Grüngürtel (Luftleitbahn), • hier Transport von Kaltluft aus dem Nidda-Tal in den Nachtstunden; Temperaturunterschiede zur Innenstadt im Sommer: teilweise mehr als 5° C

M6: Kurzcharakteristik Mertonviertel

soll (M2). Einer dieser Bürostandorte ist das Anfang der 1990er-Jahre initiierte Mertonviertel (M5, M6). Doch auch solche Bürostandorte „auf der grünen Wiese" müssen sich immer wieder wirtschaftlich und räumlich neu orientieren. Einige Backoffices sind mittlerweile aus dem Mertonviertel an neue Standorte gezogen, zum Beispiel an Schnittstellen des globalen Verkehrs wie in die Airport City am Flughafen. Diese aufgelassenen Büroflächen werden neu vermietet oder bekommen eine neue Nutzung (z.B. Studentenwohnheim: Bed & Brains, M5).

Airport City Frankfurt

Flughäfen in Agglomerationsräumen haben einen tiefgreifenden Funktionswandel erfahren. Von schlichten Flugzeugstart- und Landeplätzen und dem Umschlag von Passagieren und Fracht sind sie zu modernen Dienstleistungs- und Logistikzentren herangewachsen, die als Schnittstellen zwischen Straße, Schiene und Luft über herausragende Standortvorteile für eine maximale Mobilität verfügen (multimodale Knoten). Aber nicht nur aufgrund der guten Erreichbarkeit, sondern auch wegen des hohen Prestige des Standorts und oft hoher Verfügbarkeit von Flächen kam es im Umfeld vieler Flughäfen zum Ausbau des Non-Aviation-Bereichs (aviation = Fluggeschäft) und zur Ansiedlung von Unternehmen aus den Bereichen Einzelhandel, Gastronomie, Tourismus, Kultur, Logistik und diversen anderen Dienstleistungen.

Diese Entwicklung wird heute auch mit dem Marketingbegriff „Airport City" beworben. Wegen des hohen wirtschaftlichen Wachstums setzen aber auch die Städte hohe Erwartungen in die Airport Cities als Triebfeder der regionalen Wirtschaft. Sie

- Flughafen, der über den Luft- und Landweg gut erreichbar ist
- Keine permanente Einwohnerschaft
- Keine soziale, historische und kulturelle Identität
- Keine administrative Gemeindeverwaltung
- Kommerzielle Dienstleistungen (z.B. Restaurants, Bars, Modegeschäfte, Supermärkte)
- Touristische Dienstleistungen (z.B. Hotels, Besucherterrassen)
- Tagungs- und Kongressräume
- Büro- und Logistikeinrichtungen
- Freizeit- und Erholungsmöglichkeiten (z.B. Golfplätze, Fitnesscenter, Spielcenter)
- Kultur- und Unterhaltung (z.B. Museen, Kinos)

M7: Kennzeichen einer Airport City

M1: Gateway Gardens

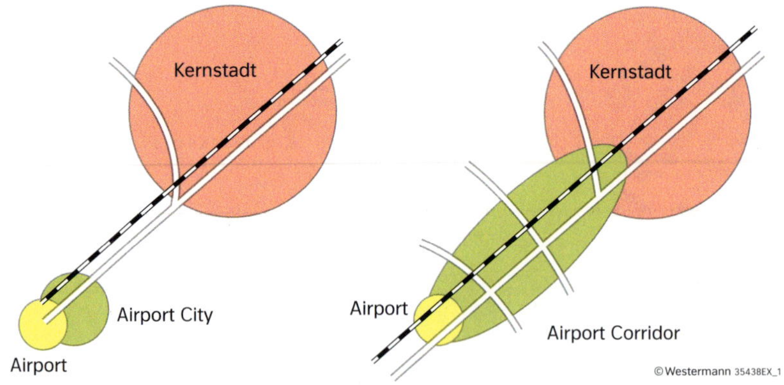

M2: Modell der Airport City und des Airport Corridors

Jahr	Beschäftigte
1980	31 811
1990	53 257
2000	62 500
2010	71 000
2017	81 000 (in ca. 500 Betrieben, Einrichtungen, Behörden)

Quelle: Fraport

M3: Arbeitsplatzentwicklung am Frankfurter Flughafen

schaffen direkte, indirekte und induzierte Arbeitsplätze im Dienstleistungssektor (M4) und haben durch ihren ökonomischen Bedeutungsüberschuss auch eine wirtschaftliche Magnetfunktion. Meist werden sie als Business Parks von den Flughafenbetreibern selbst entwickelt und vermarktet. Kommt es zu einer achsenförmigen Entwicklung zwischen Flughafen und Stadt spricht man von einem Airport Corridor (M2), der in Zusammenarbeit mit der öffentlichen Hand entwickelt wird.

Eine der größten Airport Cities in Deutschland ist am Flughafen Frankfurt am Main entstanden (siehe auch Atlas). The Squaire über dem ICE-Fernbahnhof bildet das Herzstück der Airport City (M4, S. 72). Auf einer Gesamtmietfläche von 140 000 m² (größtes Bürogebäude Deutschlands) versammeln sich Hotels, Gastronomie und Büros (Hauptmieter ist eine internationale Wirtschaftsprüfungsgesellschaft). Ein ähnliches Konzept haben die Gateway Gardens auf einem ehemaligen Militärgelände (M1), wobei es neben Büros und Hotels auch einige Wohneinheiten gibt, während das Mönchhof-Gelände im Westen des Flughafens ein klassisches Gewerbegebiet (Cluster Logistik, Gesundheit, Automation: 110 ha) ist.

Ähnliche Entwicklungen in Richtung Airport City mit hohem Flächenanteil von Gewerbe und Dienstleistern im Terminalumfeld sind in Berlin-Tegel, Berlin-Tempelhof, Bremen, Düsseldorf, Hannover, Nürnberg und Stuttgart festzustellen.

Arbeitsplatzeffekte			
direkt	**indirekt**	**induziert**	**katalytisch**
• Aviation und Abfertigung: Start- und Landebahn, Bereitstellung und Betrieb des Terminals, Flugbetriebsleitung, Fluggast- und Gepäckkontrolle, weitere Sicherheitsdienste • Gaststätten und Einzelhandel im Terminal, The Squaire und Gateway Gardens **= ca. 81 000 Arbeitsplätze**	• Dienstleistungen • Lieferanten • Baubranche • Handwerk **= ca. 36 000 Arbeitsplätze**	• Beschäftigte mit direkten und indirekten Arbeitsplätzen konsumieren in der Region: z.B. Einkauf, Friseur, Restaurant etc., dadurch entstehen weitere Arbeitsplätze **= ca. 58 000 Arbeitsplätze**	• Gute Erreichbarkeit: Verkehrsinfrastruktur (Schienen-, Straßen-, Luftdrehkreuz) • internationale Anbindung des Flughafens • schneller Warenversand (Unternehmen sichern dadurch Arbeitsplätze) **= Arbeitsplätze nicht abschätzbar**

Quelle: Deutsche Lufthansa AG, Fraport AG, Condor Flugdienst GmbH

M4: Jobmotor des Flughafens Frankfurt (Arbeitsplatzzahlen, Stand 2017)

1 Vergleichen Sie die Merkmale von City, Bürocity und Airport City.
2 Vergleichen Sie die Standortfaktoren des Mertonviertels mit denen der Airport City Frankfurt.
3 Erörtern Sie die mögliche Konkurrenz zwischen Airport City und City.

Der Verkehr gilt als dienendes Element, um die in Städten räumlich getrennten Daseinsgrundfunktionen miteinander zu verbinden (M6) und um Städte mit allen nötigen Waren zu versorgen, die sie nicht mehr selbst herstellen.

Verkehr ist eine wesentliche Grundbedingung für die Entwicklung von Städten. Dank der Entwicklung neuer Verkehrsmittel und dem Ausbau der Verkehrsinfrastruktur wuchsen die Städte zuerst entlang der Verkehrsachsen, später auch in der Fläche (M5). Spielte zunächst der Öffentliche Personennahverkehr (ÖPNV) eine wichtige Rolle bei der Stadtentwicklung, so ist seit der Nachkriegszeit der motorisierte Individualverkehr (MIV) das bestimmende Verkehrsmittel geworden.

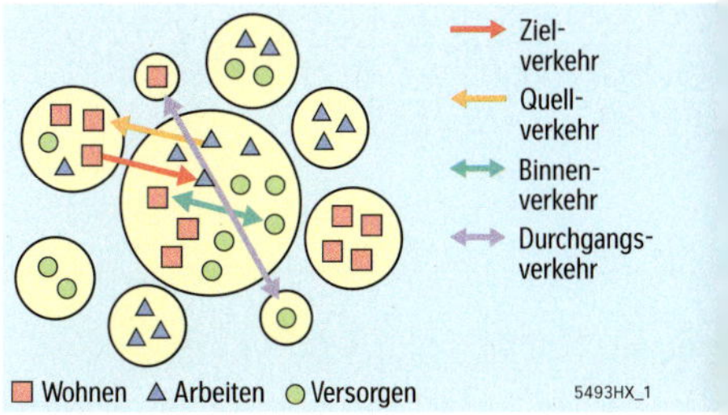

M6: Verkehrsarten und ihr räumlicher Bezug

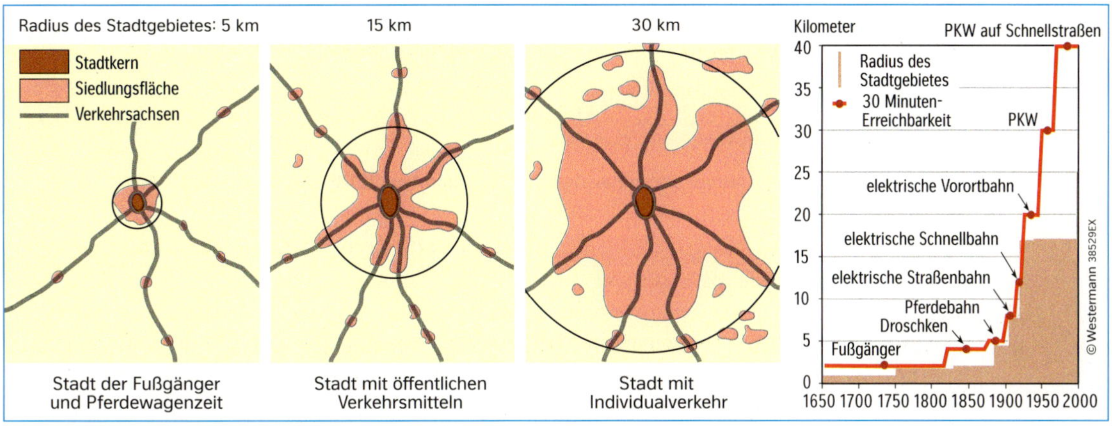

M5: Verkehrstechnologie und Stadtentwicklung

»

*Aus der Stadterweiterungs- und Verkehrspolitik des 20. Jahrhunderts resultierte letztlich ein negativer Zusammenhang zwischen Siedlungsdichte (Kompaktheit), Mobilität, Energieverbrauch und Umweltbelastung. Seit den 1970er-Jahren wurden speziell die negativen Effekte der bisherigen Verkehrsentwicklung immer stärker wahrgenommen, nämlich Verkehrsunfälle mit einer hohen Zahl von Toten und Verletzten, Lärm- und Schadstoffimmissionen, Beeinträchtigungen der Stadt- beziehungsweise Ortsbilder usw. [...] Die städtische Verkehrspolitik zielte seither auf eine Veränderung des **Modal Split** und eine (teilweise) Verlagerung des MIV auf verschiedene andere Verkehrsträger. Dies geschah und geschieht wie folgt:*

- *durch Ausbau und Flexibilisierung des ÖPNV - ein besonderes Augenmerk muss auf dem sogenannten benchmarking, das heißt dem Abgleich von Angebots- und Nachfragestrukturen liegen, da eine Angebotsverbesserung (Netzdichte, Taktfrequenz u.ä.) oftmals zu einer überproportionalen Nachfragesteigerung und somit zur Rentabilitätserhöhung führen kann,*
- *durch Einrichtung von Fußgängerzonen, Parkraummanagement und Verkehrsberuhigung mit Tempo-30-Zonen, Spielstraßen u. ä.; dazu gehören inzwischen auch Park and ride-Systeme und die gleichzeitige Priorisierung des ÖPNV in der Innenstadt sowie seit jüngerer Zeit Umweltzonen und Fahrverbote [...];*
- *Verkehrsverlagerungen etwa durch Förderung des Rad- und Fußgängerverkehrs sowie Verkehrsaufwandsminderungen durch Förderung von car sharing, Mitfahrgemeinschaften usw.*

«

M7: Quellentext zur Verkehrspolitik
Axel Borsdorf, Oliver Bender: Allgemeine Siedlungsgeographie. Köln: Böhlau 2010, S.231–232

Modal Split
Verteilung des Transportaufkommens auf verschiedene Verkehrsmittel (Modi).

Jahr	Pkw (in Tausend)
1990	30685
2000	42840
2010	41738
2018	46475 (0,68 PkW/Ew.)

Quelle: Kraftfahrtbundesamt

M8: PKW-Bestand in Deutschland

3.6 Stadtverkehr

Ein Großstädter in Deutschland ist heute täglich 90 Minuten durchschnittlich unterwegs und legt dabei 37 Kilometer zurück, 38 Prozent davon als Fahrer oder Beifahrer eines Pkw, nur ein Fünftel als Nutzer des Öffentlichen Personennahverkehrs (M6). Trotz umfangreicher Angebote des ÖPNV und vielfältiger anderer verkehrspolitischer Initiativen bleibt der motorisierte Individualverkehr Spitzenreiter im Modal Split. Dabei stellt der Verbrennungsmotor die häufigste Antriebsart dar (2018: Diesel 32,8 %, Benzin 65,5 %). Dies führt gerade in Großstädten und Ballungsräumen zu erheblichen Schadstoff- und Lärmbelastungen (M1, M2).

Stadt	NO_2-Belastung (in µg/m³)
München	78
Stuttgart	73
Köln	62
Reutlingen	60
Hamburg	58

Quelle: Umweltbundesamt

M1: Schadstoffranking deutscher Großstädte (2017)

Stadt	Belastete Fläche*
Hannover	69,4 %
Frankfurt	65,6 %
Nürnberg	61,4 %
Bonn	57,7 %
Köln	55,0 %

* Belastung der städtischen Gesamtfläche mit über 55dB (A) aus allen Lärmarten
Quelle: Fraunhofer Institut für Bauphysik

M2: Lärmranking deutscher Großstädte (2017

	Anteil Wege	Anteil Personenkilometer
Begleitung	8 %	5 %
Freizeit	28 %	34 %
Erledigung	14 %	12 %
Einkauf	16 %	7 %
Ausbildung	7 %	4 %
dienstlich/ geschäftlich	11 %	17 %
zur Arbeit	16 %	21 %

Quelle: infas

M3: Wegezwecke bei Verkehrsaufkommen (2017)

	kein Auto	1 Auto	2 Autos	3 Autos +
Metropole	42 %	48 %	9 %	1 %
Regiopole[1] und Großstadt	31 %	53 %	14 %	2 %
Mittelstädte	15 %	56 %	25 %	4 %
kleinstädtischer, dörflicher Raum	11 %	52 %	31 %	6 %

[1]kleinere Großstadt außerhalb von Metropolregionen, die das Zentrum regionaler Entwicklung einer ländlich geprägten Region ist Quelle: infas

M4: Autobesitz in Haushalten nach Raumtyp (2017)

Kennwert	2002	2017
Wege pro Person und Tag	3,3	3,1
Tagesstrecke pro Person und Tag	37 km	39 km
Verkehrsaufkommen in Stadtregionen (Wege) pro Tag	270 Mio.	260 Mio.
• Metropole	38 Mio.	49 Mio.
• Regiopole und Großstadt	43 Mio.	37 Mio.
• Mittelstädte	76 Mio.	66 Mio.
• kleinstädtischer, dörflicher Raum	20 Mio.	16 Mio

Quelle: infas

M5: Verkehrsaufkommen nach Raumtyp (2002 und 2017)

	Zu Fuß	Fahrrad	MIV-Fahrer	MIV-Mitfahrer	ÖV
Metropole	27 %	15 %	28 %	10 %	20 %
Regiopole und Großstadt	24 %	14 %	37 %	13 %	12 %
Mittelstädte	21 %	10 %	46 %	15 %	8 %
kleinstädtischer, dörfl. Raum	18 %	8 %	52 %	15 %	7 %

MIV = motorisierten Individualverkehr ÖV = öffentlichen Verkehr (Öffentlicher Personennahverkehr, Öffentlicher Fernverkehr, Taxis) Quelle: infas

M6: Nutzung der Hauptverkehrsmittel nach Raumtyp (2017)

	Zu Fuß	Fahrrad	MIV-Fahrer	MIV-Mitfahrer	ÖV
Wege in Mio./Tag (2002)	62	24	119	44	21
Wege in Mio./Tag (2017)	56	29	112	36	27
Pkm* in Mio./Tag (2002)	108	87	1698	657	450
Pkm* in Mio./Tag (2017)	93	112	1747	646	602

* Personenkilometer Quelle: infas

M7: Modal Split: Wege und Personenkilometer nach Hauptverkehrsmittel (2017)

1 Fassen Sie den Status quo der Mobilität in deutschen Stadtregionen zusammen (M3 – M7).
2 Analysieren Sie das Belastungspotenzial des Verkehrs für Stadtregionen.
3 Beurteilen Sie die Erfolge der Verkehrspolitik in Ihrer Stadt (M7, S. 75).

Stadtentwicklung im 20. und 21. Jahrhundert

4

Wie baut man in Zeiten von Klimawandel und Wohnungsnot in den Städten moderne Wohnhäuser, ohne Flächen weiter zu versiegeln oder den urbanen Raum zu zersiedeln? Dies ist eine der zentralen Fragen, die sich Stadtentwicklung im 21. Jahrhundert stellen muss. Eine Antwort ist der Bosco verticale (dt. vertikaler Wald), ein mit Bäumen begrünter Hochhauskomplex in Mailand, der im krassen Gegensatz zu den herkömmlichen „Wolkenkratzern“ aus Beton, Stahl und Glas steht. Schon immer mussten Städte auf die wirtschaftlichen, sozialen, gesellschaftlichen und ökologischen Herausforderungen ihrer Zeit reagieren. Mal spontan und ungeplant, mal indem Straßenzeilen, Viertel und ganze Städte von Herrschern und Politikern sowie Architekten, Verkehrsingenieuren, Stadtplanern und vielen Experten mehr am Zeichentisch oder Computer erdacht wurden. Nicht immer führten die oft idealistischen Konzepte und Leitbilder in der Vergangenheit auch zu dem gewünschten Erfolg. Heute versucht eine nachhaltige Stadtentwicklung in kleinen und großen Projekten die Lebensqualität der Städter auf ökologisch vertretbare Weise zu verbessern.

4.1 Stadtentwicklung und Stadtplanung

Die Entwicklung von Städten wird von demografischen, gesellschaftlichen, wirtschaftlichen und verkehr- und bautechnischen Entwicklungen angetrieben. Zudem nehmen aber auch Politik und Stadtplanung Einfluss darauf, wie sich eine Stadt entwickeln soll.

„Städte sind niemals statisch und dauerhaft, sondern entwickeln sich auf unterschiedlichen Maßstabsebenen und in unterschiedlicher Periodizität weiter. Dahinter stehen aber weder ein großer Plan noch eine zwingende Gesetzmäßigkeit und schon gar kein Entwicklungsziel."

Heinz Fassmann, *deutscher Stadtgeograph*

M1: Zitat

Städte sind in einem permanenten räumlichen und strukturellen Veränderungsprozess. Der damit verbundene Begriff der **Stadtentwicklung** hat allerdings zwei Bedeutungsebenen (M2): Wissenschaftler (Stadtgeographen) analysieren die historische Entwicklung und aktuelle Veränderungen der Stadt, wobei sie versuchen, Regelhaftigkeiten auszumachen, die trotz aller Vielfalt der Städte allgemeingültig sind (z.B. Segregation, Citybildung, Suburbanisierung etc., vgl. Kap. 3). Diese Stadtentwicklung wird von verschiedenen gesellschaftlichen, wirtschaftlichen und technologischen Antriebskräften vorangetrieben (M3).

Wenn die Politik von Stadtentwicklung spricht, meint sie nicht vergangene oder aktuelle Prozesse, sondern einen wünschenswerten Zustand einer Stadt, die sie in Zukunft annehmen soll, und formuliert Pläne, diesen zu erreichen. Hier steht die Stadtentwicklung(splanung) neben einem weiteren Begriff, der **Stadtplanung**. Während die Stadtentwicklung auf die langfristige Steuerung der Gesamtentwicklung einer Stadt abzielt, lenkt die Stadtplanung die baulich-räumliche Entwicklung einer Stadt oder deren Bereiche in einem relativ kurzen Zeithorizont. Die Stadtentwicklung umfasst neben den baulich-räumlichen Entwicklungen auch gesellschaftliche, wirtschaftliche, kulturelle und ökologische Bereiche.

Stadtentwicklung und- planung sind fast so alt wie die städtischen Siedlungen selbst. Schon früh machten sich die Bewohner Gedanken über die Ver- und Entsorgung ihres Siedlungspunktes und über die Organisation ihres Zusammenlebens. Diese Planungsaspekte bezogen sich in erster Linie auf die praktischen Aufgaben der täglichen Lebensbewältigung, auf einige wenige Grundbedürfnisse des Menschen wie Wohnen, Arbeiten und Sichversorgen. Mit den sich vergrößernden städtischen Siedlungen rückte dann die geplante bauliche Ordnung des Raumes immer stärker in den Mittelpunkt. So wie für die sich weiter entwickelnde Gesellschaft Spielregeln des Zusammenlebens aufgestellt wurden, so musste man auch den Raum für dieses

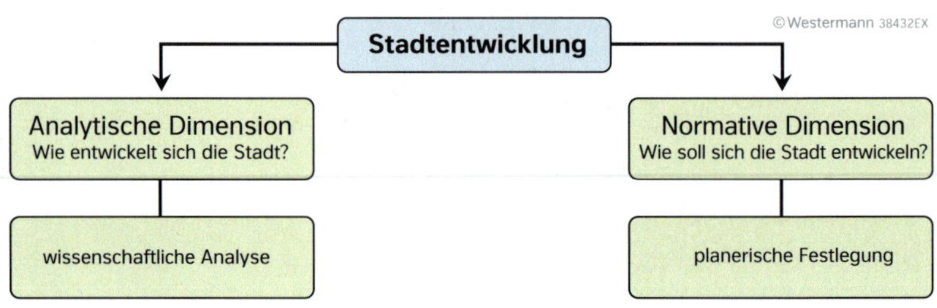

M2: Stadtentwicklung – analytische und normative Begriffsdefinition

Bevölkerung und Gesellschaft	Wirtschaft	Verkehrs- und Bautechnologie	Politik und Planung
• Wachsende (Flächenausdehnung) oder stagnierende Einwohnerzahl (Konzentration auf Stadterneuerung) • Entscheidungen von Haushalten (z.B. Wohnungsnachfrage, Suburbanisierung) • Lebensstile und sozioökonomische Ressourcen (Einkommen)	• Konjunkturelle Zyklen (Boom: Flächenausdehnung; Krise: innerstädtische Brachflächen) • Sektoraler Wandel: Industrialisierung (hoher Flächenverbrauch) • Sektoraler Wandel: Tertiärisierung (z.B. Citybildung, Verlagerung von Dienstleistungen auf die grüne Wiese)	• Entwicklung von Verkehrssystemen (ÖPNV, U-Bahn, Individualverkehr etc.) -> Ausdehnung der Stadt, Verteilung städtischer Funktionen • Entwicklung der Technik des Bauens (Holz, Stein, Beton, Stahlskelettbau) -> Gestaltungsmöglichkeiten von Gebäuden, Kanalnetz, Heizungen	• Steuerungsfunktion der öffentlichen Hand (z.B. Ausbau des ÖPNV, Kultureinrichtungen und andere Großprojekte) • Einsatz städtebaulicher Leitbilder (vgl. Kap 4.2) • Politisch-rechtliches System (z.B. Rahmenbedingungen des Bauens, Regulierung des Wohnungsmarkts, Bodenpreise)

M3: Antriebskräfte der Stadtentwicklung

Zusammenleben möglichst optimal ausnutzen. Um das wild ausufernde Wachstum mancher Städte in den Griff zu bekommen, wurde es zunehmend wichtiger, günstige Standorte für Wohn- und Arbeitsgebiete auszuwählen und Verkehrswege zu planen.

Auf der anderen Seite war Stadtentwicklung nicht immer nur eine Reaktion auf die sich verselbständigende Entwicklung der Städte. Gelegentlich setzten die Herrscher ihre Entwicklungsvorstellungen und Planungsideale am Reißbrett um. Seit der Industrialisierung bis heute wurden aber immer wieder auch neue sogenannte **Leitbilder** als große Entwürfe einer zukünftigen Stadtentwicklung erarbeitet (vgl. Kap. 4.2.1). Die Akzeptanz der Bevölkerung stellt für solche Leitbilder genauso ein Problem dar wie wirtschaftliche, soziale und ökologische Entwicklungen. Heute dominiert in Deutschland das Leitbild der nachhaltigen Stadtentwicklung (vgl. Kap. 4.2.2). Hierbei ist es Ziel der Stadtentwicklung, für die Einwohner ein optimales Lebensumfeld zu gestalten und gleichzeitig darauf zu achten, dass die Stadt zukunftsfähig bleibt. Um die Nachhaltigkeit des städtischen Lebensraums zu gewährleisten, haben Stadtplaner vor allem die zukünftige Nutzung geplanter Bauten und Infrastrukturprojekte zu prüfen. Grundsätzlich gilt es, soziale, wirtschaftliche und umweltschützende Anforderungen miteinander in Einklang zu bringen. Schon aus den Daseinsgrundfunktionen ergeben sich konkurrierende Nutzungsansprüche an den städtischen Raum, die koordiniert werden müssen, um eine bedarfsgerechte Versorgung der Bevölkerung zu sichern.

Die Aufgabe von Politik und Planung ist es nun, den Bedarf an Flächen und Einrichtungen für die möglichen verschiedenen Nutzungen zu ermitteln und die Forderungen der unterschiedlichen Interessengruppen abzuwägen, um Konflikte möglichst zu vermeiden sowie den aktuellen und auch zukünftigen Anforderungen der Einwohner gerecht zu werden.

Während sich hierzulande die Stadtentwicklung am Idealbild des sozialen Wohlfahrtsstaates orientiert, kamen und kommen andere politische Systeme zu ganz anderen Stadtentwicklungs-/-planungsmodellen (M6). Während die sozialistische, plangesteuerte Stadtentwicklung soziale Unterschiede vermeiden wollte (vgl. Kap. 2.5), setzt die liberal-kapitalistische Stadtentwicklung (etwa in den USA) auf die Steuerung der Märkte und nimmt die räumliche Trennung sozialer Schichten in Kauf (vgl. Kap. 2.6). Stadtentwicklung stellt sich in den Ländern des Südens wiederum auf eine weitere Art und Weise dar (vgl. Kap. 5.7).

M4: Modell der HafenCity in Hamburg

„Städtische Strukturen [sind] nicht Ergebnis anonymer, quasi automatischer Prozesse, sondern Resultat menschlicher Handlungen. Intentional handelnde Akteure – Individuen oder Gruppen – verfolgen bestimmte Interessen und gestalten und verändern dadurch die Stadt. Somit kann Stadt auch als Projekt verstanden werden, als ein auf die Zukunft gerichteter Entwicklungsprozess, in dem Normen und Wertvorstellungen in bauliche wie auch soziale Formen überführt werden."

Ludger Basten, Ulrike Gerhard, *deutsche Stadtgeographen*

M5: Zitat

	Wohlfahrtsstaatliche Stadtentwicklung	Sozialistische Stadtentwicklung	Liberal-kapitalistische Stadtentwicklung
Beispiele	• Westeuropäische Staaten	• Ehemalige Ostblockstaaten, China	• USA, Kanada, Australien
Gesellschafts-politisches Modell	• Soziale Unterschiede durch Umverteilung gemildert • Schutz und Ausgleichsfunktion der öffentlichen Hand	• Egalitäres Gesellschaftsmodell • Zuteilung von Standorten und Ressourcen • Wohnungen als Teil des „sozialen Überbaus"	• Soziale Unterschiede als gesellschaftlicher Stimulus • Marktmäßige Zuordnung von Standorten und Ressourcen
Städtebauliche Merkmale	• Dualität von privaten Marktmechanismen und staatlicher Zuteilungspolitik • Erhalt und Pflege der historischen Bausubstanz • Inwertsetzung „abgewohnter Viertel" durch die öffentliche Hand	• Standardisierter Wohnungsbau entlang von Siedlungsachsen • Demonstrationsprinzip des öffentlichen Raumes • Stadterweiterung vor Stadterneuerung	• Differenzierter Wohnungsbau durch private Investoren • „Strip Development" entlang von Achsen • Großflächiger Verfall von Stadtvierteln
Aktuelle Prozesse	• Suburbanisierung • Gentrifizierung • Demografische, ethnische und soziale Segregationsprozesse	• Postsozialistische Transformation mit rascher Suburbanisierung • Anstieg der sozialen Segregation und Inwertsetzung der historischen Innenstadt	• Wachstum des „Urban Sprawl" • Rückkehr einer neuen Citybevölkerung in die Kernstädte • Gentrifizierung, ethnische und soziale Segregationsprozesse

M6: Stadtentwicklung im politischen Systemvergleich (nach Fassmann 2009)

Stadtplanung in Deutschland

M1: Quellentext zur Stadtplanung
Ludger Basten, Ulrike Gerhard: Stadt und Urbanität. IN Humangeographie. Berlin: Springer 2016, S. 134

» *Die Entwicklung der Stadt hängt von einer Vielzahl von Akteuren ab, die ihre jeweiligen Interessen unter Einsatz von Know-how, Geld, politischer Macht usw. durchzusetzen versuchen. Allerdings sind diese Ressourcen höchst ungleich verteilt: Während beispielsweise große Immobilienentwickler gegenüber Bürgerinnen und Bürgern wie auch kommunalen Politikern und Verwaltungen meist deutlich im Vorteil sind, finden insbesondere sozial Benachteiligte in der Stadt häufig kein Gehör. Im Grundsatz sollen Interessenkonflikte in einer Demokratie letztlich formal über Parlamentsbeschlüsse entschieden und über staatliche Regeln und Verwaltungen durchgesetzt werden. Das entsprechende Regulierungssystem im Bereich der städtischen Raumentwicklung wird als Stadtplanung bezeichnet. Es umfasst formale Regelwerke (Gesetze, Satzungen, Ordnungen usw.), Institutionen (Ausschüsse, Ämter usw.) und Instrumente (Pläne, Programme usw.) zur Verhandlung von Interessen und zur staatlich legitimierten Entscheidungsfindung.*
Wie vielerorts ist auch in Deutschland die öffentliche Hand einer der zentralen Akteure der Gestaltung von Stadt, insbesondere aufgrund der verfassungsmäßig verankerten kommunalen Planungshoheit, also dem Recht der Gemeinde, die örtliche Flächennutzung zu planen. «

*„Die **Bauleitpläne** sollen eine nachhaltige städtebauliche Entwicklung, die die sozialen, wirtschaftlichen und umweltschützenden Anforderungen auch in Verantwortung gegenüber künftigen Generationen miteinander in Einklang bringt, und eine dem Wohl der Allgemeinheit dienende sozialgerechte Bodennutzung gewährleisten. Sie sollen dazu beitragen, eine menschenwürdige Umwelt zu sichern und die natürlichen Lebensgrundlagen zu schützen und zu entwickeln, auch in Verantwortung für den allgemeinen Klimaschutz, sowie die städtebauliche Gestalt und das Orts- und Landschaftsbild baukulturell zu erhalten und zu entwickeln."*

M2: Aufgabe der Bauleitpläne (§ 1 Abs. 5 BauGB)

Raumplanung auf der Ebene der Gemeinden und Städte wird in Deutschland als kommunale **Bauleitplanung** bezeichnet und ist im Baugesetzbuch (BauGB) umfassend geregelt. Sie ist ein zweistufiger Prozess: Zunächst wird in der vorbereitenden Bauleitplanung ein Flächennutzungsplan für das gesamte Gemeinde-/Stadtgebiet aufgestellt. In der verbindlichen Bauleitplanung werden dann Bebauungspläne für räumliche Teilbereiche des Gemeindegebiets konkretisiert.

Grundlagen für die Bauleitplanung ist eine Erfassung des Ist-Zustands, also der räumlichen Verteilung von Bevölkerung, Wirtschaft, Verkehrsflächen, Ver- und Entsorgungseinrichtungen, Grünflächen und vielem mehr sowie Prognosen für den zukünftigen Bedarf und die finanziellen Möglichkeiten. Auf dieser Grundlage werden im Flächennutzungsplan – möglichst allgemeinverträglich – zum Beispiel neue Gewerbe- und Neubaugebiete oder Straßen ausgewiesen. Die politisch (etwa durch Stadträte) entwickelten Vorgaben werden dabei von Experten umgesetzt. Dabei muss auch berücksichtigt werden, dass sich die örtliche Bauleitplanung in die überörtliche Regional-, Landes-, bundesweite und gar EU-Raumplanung einfügt.

Zwar ist die öffentliche Hand als Bauherr von Straßen, Schulen und öffentlichen Gebäuden durchaus aktiv, bei den meisten baulichen Entwicklungen sind aber privatwirtschaftliche Akteure (private Bauherren, Immobilienentwickler, Investoren, Architekten, Banken etc.) beteiligt. Hinzu kommen zivilgesellschaftliche Akteure wie etwa Verbände und Bürgerinitiativen. Aufgrund dieses komplexen Geflechts von Beteiligten mit zum Teil gegensätzlichen Interessen ist eine objektive Feststellung eines Allgemeinwohls oft nur schwer zu treffen. Daher ist in den letzten Jahrzehnten die Bedeutung von partizipativen Verfahren in Form von Bürgerbeteiligung gestiegen. Zu verschieden Zeitpunkten der Bauleitplanung können Bürger Meinungen vorbringen, Anregungen geben und sich aktiv in die Planung einbringen, bevor etwa ein Bebauungsplan im Stadtrat beschlossen und damit rechtsverbindlich wird. Zudem ist es inzwischen üblich, Planungsmaßnahmen auf Bürgerversammlungen vorzustellen (M4, S. 79).

Flächennutzungsplan
Instrument der Raumordnung der öffentlichen Verwaltung zur Steuerung der städtebaulichen Entwicklung von Städten und Gemeinden, Darstellung der Art der Flächennutzung (Baugebiete, Flächen für Gemeinbedarf, Versorgungs-, Verkehrs-, Grünflächen sowie Flächen für Forst- und Landwirtschaft) nach voraussichtlichen Bedürfnissen für das gesamte Stadt-/Gemeindegebiet. Auf Grundlage des Flächennutzungsplans werden Bebauungspläne erstellt. Flächennutzungspläne sind behördenverbindlich (d.h. die Behörden sind an die Umsetzung der Planinhalte gebunden, nicht aber die Bürger).

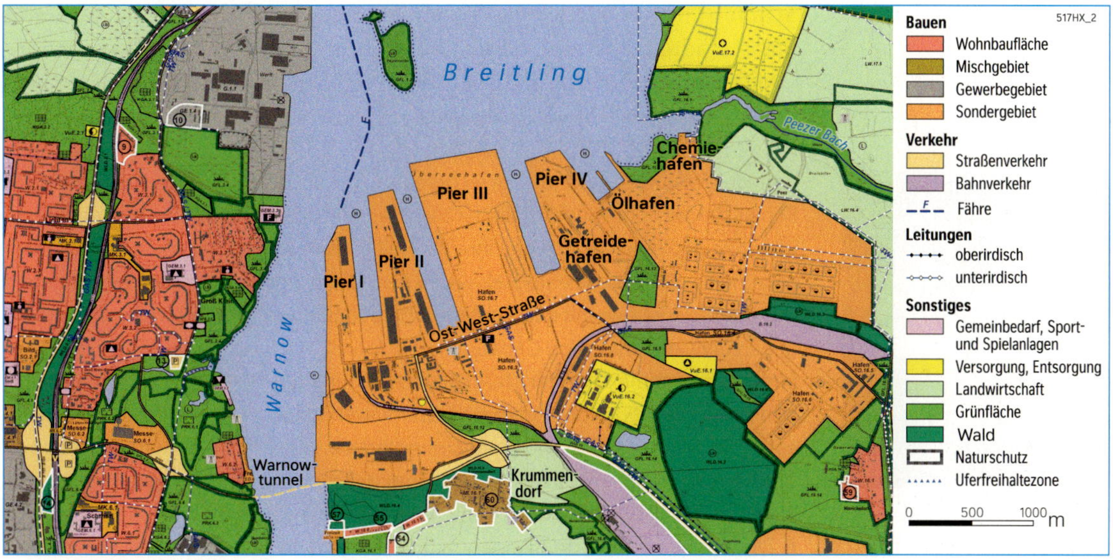

M3: Ausschnitt aus einem Flächennutzungsplan: Überseehafen in Rostock

Neben Bauleitplanung existieren eine Reihe von anderen Planungen, wie zum Beispiel die Sanierungsplanung oder die kommunale Verkehrsplanung. Ein neuer Plantyp ist der regionale Flächennutzungsplan, der Regionalplan und Flächennutzungsplan zusammenfasst und die gemeinsame Raumplanung in einer Agglomeration vereinfacht. Die Stadtentwicklungsplanung schreibt die großen Linien zukünftiger Entwicklung vor. Neben dem Trend zu mehr Beteiligung der Bürger bei der Stadtplanung werden von den Städten in letzter Zeit statt komplexer Planwerke eher weichere Steuerungsinstrumente wie unverbindliche Masterpläne und Leitbilder entwickelt, bei denen beispielhafte „Leuchtturmprojekte" eine wichtige Rolle spielen.

Im Rahmen der Stadtplanung wird heute nicht nur über eine gerechte Flächennutzung entschieden, sondern auch versucht, den dringenden Herausforderungen für die Städte gerecht zu werden. Daher versuchen städtebauliche Entwicklungsmaßnahmen auch Lösungen für folgende Themen zu finden:

- Umgang mit den Folgen des demografischen Wandels (vgl. Kap. 4.4.1),
- soziale Integration von Zuwanderern,
- Bekämpfung der Wohnungsnot und Bereitstellung bezahlbaren Wohnraums (vgl. Kap. 4.4.2),
- Attraktivitätssteigerung der Innenstädte,
- Bewältigung der stadtökologischen Folgen durch den Klimawandel (Hitzebelastung, Extremwetterereignisse) (vgl. Kap. 4.3.2),
- Gestaltung der Energiewende und Ressourcenschonung,
- Flächenverbrauch und Flächenversiegelung (vgl. Kap. 4.3.3),
- Bewältigung der Probleme durch die zunehmende Mobilität (Feinstaub, Stickstoffdioxid) (vgl. Kap. 4.3.4),
- Steigerung der Attraktivität des Standorts im Wettbewerb der Städte (vgl. Kap. 4.5.1).

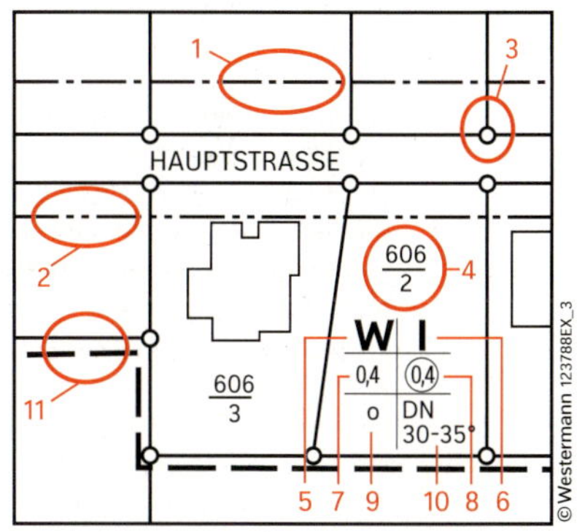

1 Baugrenze
2 Baulinie
3 Grundstücksgrenze
4 Flurstücksnummer
5 Art der baulichen Nutzung
6 Anzahl der Vollgeschosse
7 Grundflächenzahl
8 Geschoßflächenzahl
9 Bauweise
10 Dachneigung
11 Grenze des Bebauungsplans

M4: Auswertung eines Bebauungsplans

Bebauungsplan
Instrument der Raumordnung der öffentlichen Verwaltung zur städtebaulichen Ordnung in einem Teilgebiet (Festlegung der Nutzungsart und des Maßes der baulichen Nutzung von Baugebieten) mit unmittelbarer Rechtswirkung auf Bauwillige und Unternehmer.

1 Erklären Sie anhand von Beispielen die beiden Bedeutungen des Begriffs Stadtentwicklung (M2, S. 78).
2 Vergleichen Sie die Ziele der verschiedenen politischen Stadtentwicklungsmodelle (M6, S. 79).
3 Erläutern Sie die beiden Phasen der Bauleitplanung.
4 Charakterisieren Sie typische Nutzungskonflikte verschiedener städtischer Nutzergruppen.

4.2 Leitbilder der Stadtentwicklung

Schon früh entwickelten Menschen Modelle der idealen Stadt. Während diese städtebaulichen Leitbilder in der Vergangenheit häufig mit einer Utopie verbunden waren, orientieren sich heutige Stadtplaner eher an den bestehenden Stadtstrukturen.

M 1: Palmanova, Idealstadt der italienischen Renaissance

Von der idealen Stadt der griechischen Antike über die Fürstenstädte der Renaissance bis hin zur sozialistischen Stadt in Osteuropa wollten die Mächtigen über den geplanten Städtebau ihre Vorstellungen vom Leben zum Ausdruck bringen. Viele **Leitbilder** des Städtebaus ab dem 20. Jahrhundert entstanden hingegen aus Unzufriedenheit mit den Zuständen in den Städten und hatten den Anspruch, neben der Gestaltung von Gebäuden und Verkehr auch auf soziale Entwicklungen Einfluss zu nehmen. Später stand die Verbreitung des Autos im Zentrum der planerischen Überlegungen. Immer wieder waren neue städtebauliche Ideen auch eine Reaktion auf plötzlich negativ empfundene Prozesse der vorangegangenen Stadtentwicklung (z.B. Suburbanisierung, Flächensanierungen etc.)
Viele der Leitbilder der letzten hundert Jahre wirken bis heute nach (M 2, vgl. Kap. 4.2.1). Vor allem die Erfahrungen mit den negativen Nebeneffekten der idealistischen Vorstellungen lassen Stadtplaner heute pragmatischer, demokratischer und oft kleinräumiger agieren. Prägendes Leitbild seit Ende des 20. Jahrhunderts ist die nachhaltige Stadt (durchmischte Stadt der kurzen Wege, vgl. Kap. 4.2.2).

Leitbild

„Leitbilder sind Konzepte, die auf prägnante Weise eine leitende Zielsetzung für die Stadtentwicklung formulieren und oft bildlich oder modellhaft dargestellt werden können. Sie sollen Orientierung vermitteln, stellen also keine Verbindlichkeit her, sondern umschreiben eine Art Leitlinie für Akteure der Stadtentwicklung und Stadtplanung. Sie sind das Ergebnis fachlicher Diskurse in Wissenschaft, Praxis und Politik, entstehen also immer in einem konkreten zeitlichen und räumlichen Kontext und reflektieren die Problemlagen ihrer jeweiligen Zeit."

Ludger Basten, Ulrike Gerhard, *deutsche Stadtgeographen*

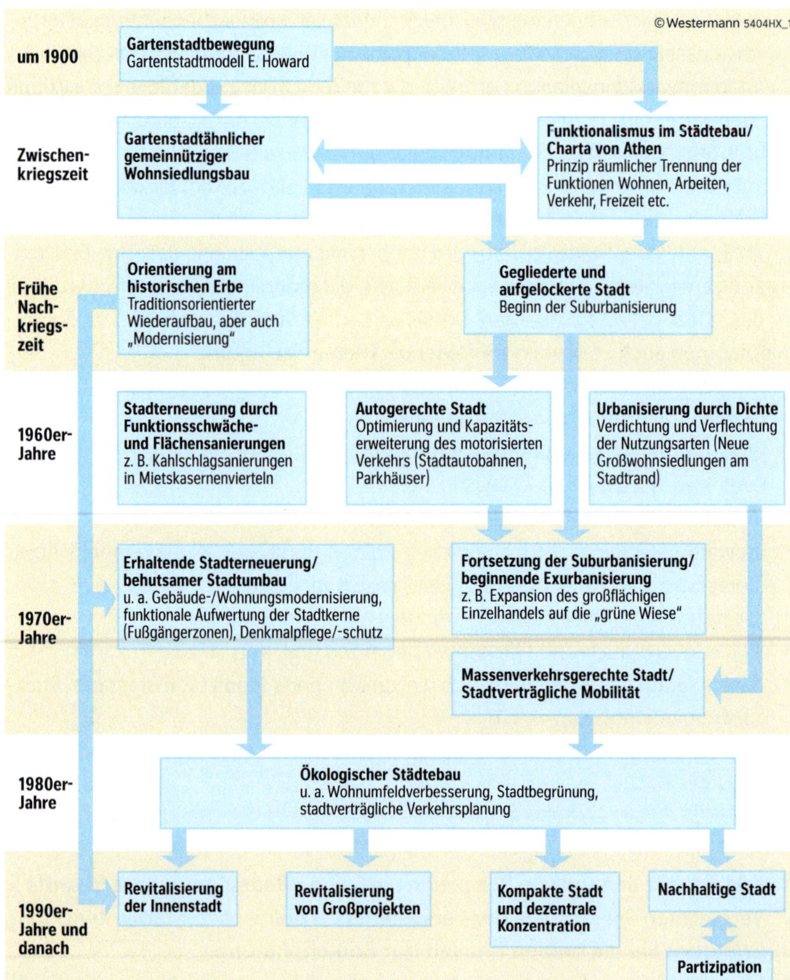

M 2: Leitbilder der Stadtentwicklung in Deutschland (ohne DDR) im 20. Jahrhundert

4.2.1 Entwicklungskonzepte des Industriezeitalters

Als Reaktion auf die mit der Industrialisierung einhergehende ungeplante Verstädterung entstanden seit Ende des 19. Jahrhunderts städteplanerische Modelle, wie man menschenfreundlichere Städte schaffen könnte.

Die Gartenstadt

Ebenezer Howard entwickelte das Gartenstadtmodell (1889) in einer Phase unkontrollierten Städtewachstums in Großbritannien, die von schlechten sozialen und hygienischen Zustände sowie übermäßig steigenden Bodenpreisen in den Städten gekennzeichnet war. Es war das erste Planungsmodell, das die städtischen Lebensbedingungen verbessern wollte, und setzte weltweit Reformimpulse in der Stadt- und in der Raumplanung. Howards Idee sah vor, im Abstand von circa 6,5 km um eine Großstadt (Zentralstadt) weitgehend autarke kleinere Städte mit nicht mehr als 32000 Einwohnern zu errichten (M4). Diese einzelnen Gartenstädte sollten durch einen land- und forstwirtschaftlich geprägten Grüngürtel von der Zentralstadt getrennt gebaut werden. Als Verbindung zwischen den Städten war ein Verkehrsnetz aus Straßen, Kanälen und Eisenbahnlinien geplant (M5). Jede Gartenstadt sollte über die für die Bevölkerung erforderlichen Arbeitsplätze und zentralen Einrichtungen zur Versorgung der Bevölkerung verfügen, sodass keine großen Pendlerwege entständen. Radialstraßen würden die Stadt in Nachbarschaftssegmente gliedern, in denen zweistöckige Doppelhäuser als vorherrschende Wohnform erbaut werden sollten, umgeben von Garten- und Ackerland zur Selbstversorgung. Mit einer Dichte von zwölf Häusern auf 0,4 ha entstände so eine durchgrünte, aufgelockerte Stadt, die den Zuzug in die großen Städte bremsen und vielleicht sogar umkehren könnte.

Howards Modell enthielt auch sozialreformerische Elemente. Der Boden sollte im genossenschaftlichen Gemeinbesitz bleiben und nur in Erbpacht verliehen werden. Es war geplant, die Erträge in die Schaffung und Instandsetzung der Infrastruktur fließen zu lassen und die Mieten gering zu halten. Auch sollten die Bewohner Mitbestimmungsrechte und lebenslanges Mietrecht bekommen.

Während in Großbritannien einige Gartenstädte gebaut wurden, beflügelten Howards Ideen in anderen Ländern eine Gartenstadtbewegung, bei der aber von der eigentlichen Konzeption meist nur die aufgelockerte Bebauung mit Grünflächen blieb, die in Kleinhaus- und Villensiedlungen in den Stadtrandzonen umgesetzt wurde. Auch in Deutschland wurden keine echten Gartenstädte gebaut, dafür aber eine Reihe von Wohnsiedlungen, Werkskolonien, Gartenvorstädte und Erweiterungen von Städten im Sinne der Gartenstadt. In den bereits vor dem Ersten Weltkrieg entstandenen Werkskolonien mit bis zu einigen tausend Einwohnern vermittelten verschiedene Haustypen mit Vorgarten, Fachwerk und kleinen Erkern eine „Landhaus"-Architektur (vgl. Kap. 3.2, S. 28).

M3: Siedlung Margarethenhöhe in Essen (erbaut 1906 bis 1938) mit 935 Gebäuden über 3092 Wohneinheiten

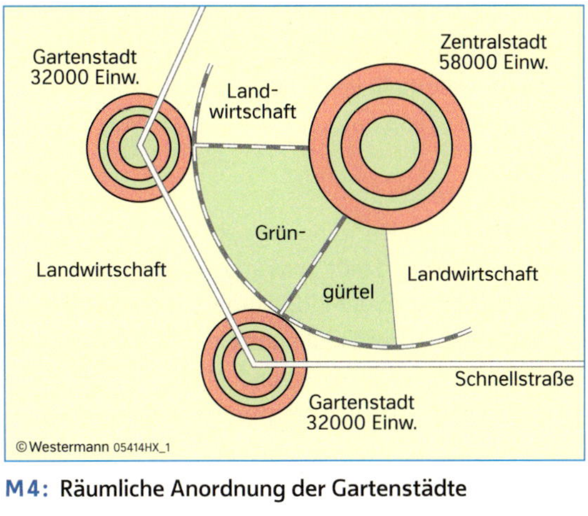

M4: Räumliche Anordnung der Gartenstädte

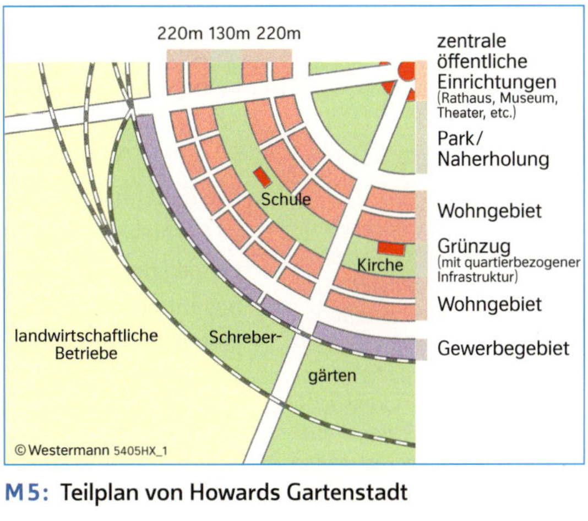

M5: Teilplan von Howards Gartenstadt

4.2 Leitbilder der Stadtentwicklung

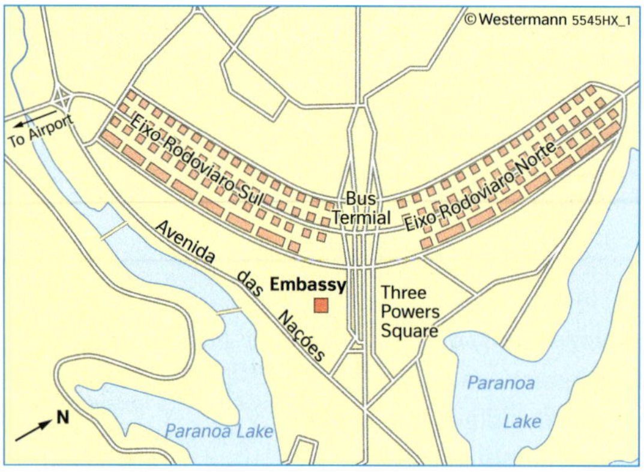

M1: Modell der Stadt Brasilia von Lucio Costa

M2: Südlicher Teil der Nord-Süd-Achse Brasilias

M3: Corbusiershaus in Berlin von 1957

Die funktionelle Stadt – Charta von Athen

Wenige Jahrzehnte nach der Gartenstadtidee wurde 1933 auf dem internationalen Städtebaukongress in Athen ein Manifest mit Leitsätzen zur modernen Großstadtplanung entwickelt und von Le Corbusier 1941 anonym veröffentlicht. Das neue Leitbild der Stadtplanung wurde die systematische Aufgliederung der Großstadt in einzelne Funktionszonen und damit die räumliche Trennung der Hauptfunktionen Wohnen, Arbeiten, Freizeit und Verkehr (funktionale Stadtgliederung). In den klar strukturierten Städten sollte das Zentrum dem öffentlichen Leben mit Handel, Verwaltung und Kultur vorbehalten sein. Um die Innenstadt sollte sich dann ein breiter Ring von räumlich strikt voneinander getrennten Bereichen für Wohnen, Industrie und Gewerbe anschließen. Die am Stadtrand geplanten Satellitenstädte dienten alleinig der Funktion des Wohnens. Der Hochhausbau und die damit verbundene Konzentration von Einwohnern und Arbeitsplätzen auf engem Raum sollten die Ausdehnung der Städte einschränken und mehr Platz für Grünflächen schaffen. Dieses Funktionalismusprinzip konnte erst durch die in dieser Zeit entwickelte Technik verwirklicht werden. Die Entwicklung der schienengebundenen Nahverkehrsmittel und des Individualverkehrs ermöglichten, dass die einzelnen Funktionszonen mit geringem Zeitaufwand erreicht werden konnten. Durch den Einsatz der neuen Baustoffe Stahl und Stahlbeton hatte man zudem die Möglichkeit, in großem Stil in einen dreidimensionalen Städtebau einzusteigen.

Die Idee, bestimmten Flächen starr eine Funktion zuzuordnen, beeinflusste die deutsche Stadtplanung der Nachkriegszeit sehr stark und führte letztlich zu einer Beschleunigung der Verbreitung des motorisierten Individualverkehrs sowie den Großwohnsiedlungen in Ost- und West-Deutschland.

Le Corbusiers funktionelle Hochhausstadt für drei Mio. Einwohner wurde jedoch nie realisiert. Allerdings griff außerhalb von Europa Lucio Costa beim Bau der brasilianischen Hauptstadt Brasilia 1956 das Leitbild auf (M1, M2).

Zeilenbau

Im Gegensatz zur Blockbebauung werden beim Zeilenbau lange, schmale Wohngebäude quer zur Verkehrsstraße errichtet, die mit Fußwegen erschlossen werden. Ziel dieser Bebauung ist: Begrünung der Zwischenräume, optimale Ausrichtung zur Sonne, Durchlüftung, Lärmschutz.

Die gegliederte und die autogerechte Stadt

Le Corbusiers Konzept der strikten funktionalen Trennung gab den Anstoß für das Leitbild der „gegliederten und aufgelockerten Stadt“, das in den 1950er-Jahren zur bestimmenden stadtplanerischen Strömung in der BRD wurde. In den Nachkriegsjahren standen zunächst der Wiederaufbau der Städte und die Unterbringung der zurück in die Städte strömenden Menschen im Vordergrund. Mit dem ersten Wohnungsbaugesetz von 1950 forcierte man den Bau von preiswerten Sozialwohnungen in Form von mehrstöckigen Mietshäusern in Zeilenbauweise, die noch heute ganze Stadtteile bestimmen. Das Leitbild der gegliederten und aufgelockerten Stadt sah

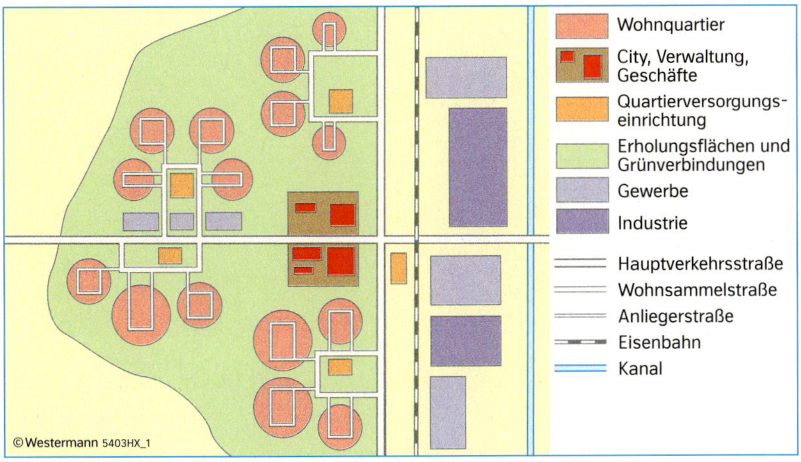

M4: **Struktur der gegliederten und aufgelockerten Stadt**

eine in einzelne Siedlungs- und Nutzungsbereiche gegliederte, durch Grünzüge aufgelockerte und mit Naherholungsflächen verbundene Stadt vor. Erst mit dem zweiten Wohnungsbauförderungsgesetz von 1956 standen der Eigenheimbau und damit die Expansion der Städte in die Fläche im Vordergrund, bei der man sich an den Ideen von Howard und Le Corbusiers orientierte. Bauliches Hauptelement war das Einfamilienhaus als zweigeschossiges Reihenhaus.

Das Auto wurde zum vermittelnden Medium in der gegliederten Stadtlandschaft und die Stadtplanung ab den 1960er-Jahren in erster Linie zur Verkehrsplanung. Die Erschließung von Wohngebieten mit geringer Wohndichte mit einem hochwertigen öffentlichen Personennahverkehr war oft viel zu teuer. In der „autogerechten Stadt" sollten sich alle Planungsmaßnahmen dem ungehinderten Verkehrsfluss des Autos unterordnen. Planziel waren Siedlungsgebilde, deren Verkehrsinfrastruktur, Straßenbau und Grundrissgestaltung optimal auf den privaten Individualverkehr ausgerichtet sein sollten.

Der stetig wachsende Individualverkehr ließ jedoch die immer weiter ausgebaute Straßeninfrastruktur an Kapazitätsgrenzen stoßen und führt in vielen Städten zum alltäglichen Verkehrsinfarkt. So wandte man sich vielerorts vom Leitbild der autogerechten Stadt mit seiner Fixierung auf den Individualverkehr ab. Ein weiteres Problemfeld, das sich aus der in Funktionszonen gegliederten, autogerechten Stadt ergab, war die „flächenfressende" Siedlungsexpansion. Der etwa 1960 einsetzende Suburbanisierungsprozess hatte neben dem hohen Verkehrsaufkommen und den damit verbundenen Umweltbelastungen vor allem eine heute negativ wahrgenommene Zersiedlung der Landschaft zur Folge.

M7: **Hannover: Innenstadtring am Waterlooplatz**

Eines der bekanntesten autogerechten Städtebaukonzepte der Nachkriegszeit war das Regionalstadtmodell von Rudolf Hillebrecht. Der Stadtbaurat realisierte bereits in den 1950er-Jahren in Hannover einen mehrspurigen Innenstadtring als Verteiler für den Innenstadtverkehr, einen äußeren Ring als neue Fernverkehrsschnittstelle und Radialstraßen, die beide Ringe miteinander verbanden. Dieses Konzept konnte nur verwirklicht werden, da die durch die Bombardements im Zweiten Weltkrieg zerstörten Häuser abgerissen und so Platz für Straßen geschaffen wurde.

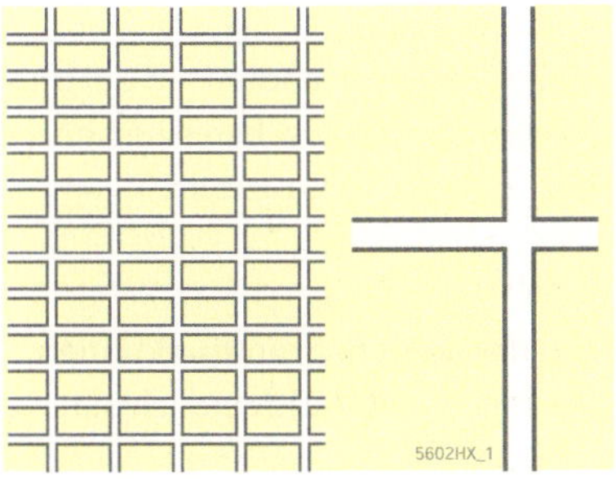

M5: **Rasterförmiges Straßensystem mit Kreuzungen**

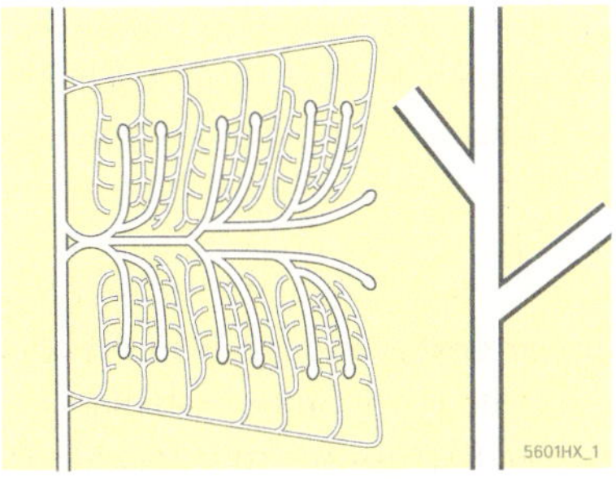

M6: **Autogerechtes Straßenerschließungssystem und Straßeneinmündungen**

Das Erschließungssystem der autogerechten Stadt stellt ein eher biologisch-organisches Muster dar (Blattrippensystem oder Schmetterling). Die starke Verästelung hält die Verkehrsknotenzahl möglichst gering, die Y-Form der Einmündungen erhöht den Verkehrsfluss und das Sackgassensystem verhindert den Durchgangsverkehr.

M1: Hamburg-Steilshoop

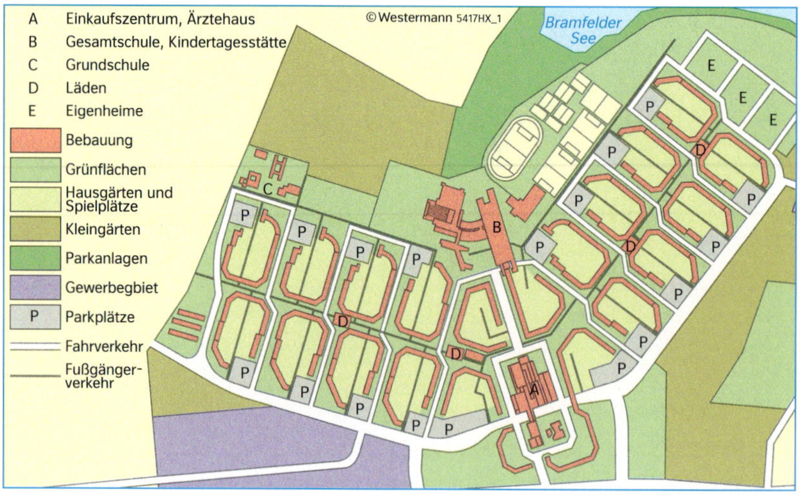

M2: Großwohnsiedlung Hamburg-Steilshoop

Urbanität durch Dichte

Zeitgleich begeisterten sich viele Stadtplaner aber auch für das neue Leitbild „Urbanität durch Dichte", im Zuge dessen Großwohnsiedlungen am Stadtrand entstanden, die oft durch Freizeit- und Versorgungseinrichtungen ergänzt wurden. Durch diese verdichteten Bauformen sollte die in den Innenstädten verloren gegangene Urbanität wiederhergestellt werden. Tatsächlich sorgte der Massenwohnungsbau für die rasche Überwindung der Wohnungsnot und verbesserte die Wohn- und Lebensbedingungen breiter Bevölkerungsschichten. Die Entwicklung der Großwohnsiedlungen im Hochhausbau wurde durch die Industrialisierung im Bauwesen erleichtert, wobei vorgefertigte Betonteile verbaut wurden. Die einzelnen Gebäude konnten somit kostengünstiger hergestellt werden als in der bis dato handwerklich üblichen Stein-auf-Stein-Bauweise. Ebenfalls kostensparend war die Herstellung der Versorgungs- und Entsorgungsinfrastruktur der Großwohnsiedlung, da nicht, wie bei den Eigenheimgebieten, eine große Fläche erschlossen werden musste.

Großwohnsiedlung
Städtebaulicher Gebietstyp von mehr als 1000 Wohnungen, der auf einem einheitlichen Städtebaugesamtkonzept basiert.

In der Bundesrepublik wurden zwischen 1945 und 1989 rund 900000 Wohnungen in Plattenbauweise errichtet, zumeist im Rahmen des sozialen Wohnungsbaus. Die überdimensionierten Wohnkomplexe entsprachen aber nur selten den Wohn- und Lebensvorstellungen ihrer Bewohner und gerieten bereits in den 1980er-Jahren in eine Krise (Leerstände, Mieterfluktuation, Verslumung) und mussten aufwändig saniert werden. Bessere Verkehrsanbindungen, umgestaltete Freiflächen, Mietergärten und mehr Farbe sollten sie attraktiver machen.

In der DDR wurden rund 2,2 Millionen Wohnungen industriell gebaut – ein Drittel des Gesamtbestandes (BRD: 3%). Während der Wiederaufbau der Innenstädte und die Restaurierung von Altbauten weitgehend vernachlässigt wurden, entstanden große Neubausiedlungen in Form von Satellitenstädten auf der grünen Wiese. Diese industriell gefertigten Plattenbauten versprachen eine höhere Wohnqualität als die dem Verfall preisgegebenen Innenstadtquartiere.

Die industrialisierte Wohnungsbauproduktion in der DDR verwendete identische Fertigteile, mit denen eine große Anzahl gleichartiger Gebäude in festgelegten Taktzeiten fertiggestellt werden konnte. Der Bau von Typengebäuden ermöglichte die exakte Bestimmung der Bauzeit, der Arbeitskräfte, der Baumaterialien und der Baumaschinen.

1 **Erläutern Sie den Aufbau des Gartenstadtmodells vor dem Hintergrund der Daseinsgrundfunktionen.**
2 **Beurteilen Sie die Aussage, das Modell der Gartenstadt sei geprägt von einer Großstadtfeindlichkeit.**
3 **Charakterisieren Sie die Leitgedanken zur funktionalen Stadt.**
4 **Erläutern Sie die Vor- und Nachteile der gegliederten Stadt.**
5 **Vergleichen Sie den Aufbau der Großwohnsiedlungen mit dem Leitbild der funktionalen Stadt.**

4.2.2 Nachhaltige Stadtentwicklung

Seit den 1990er-Jahren hat sich in Deutschland das Leitbild der nachhaltigen Stadtentwicklung durchgesetzt, das ökologische, soziale und ökonomische Planungsaspekte in Einklang zu bringen versucht. Zu den Zielsetzungen gehören Kompaktheit, kurze Wege und Funktionsmischung.

Auf Probleme wie die Zersiedlung der Landschaft durch die Suburbanisierung, die Zunahme des Individualverkehrs, die monotone Architektur der Großwohnsiedlungen, die Flächensanierung der Innenstädte und die zunehmende Stadtflucht reagierten die Stadtplaner Ende des 20. Jahrhunderts mit neuen Ideen (M 2, S. 82). So setzte das Leitbild des „behutsamen Stadtumbaus" in den 1970er-Jahren auf die Restaurierung der historischen Bausubstanz. Auch die sich zuspitzende Umweltdiskussion hielt Einzug in die Stadtplanung. Der „ökologische Städtebau" wollte ökologische Fragestellungen stärker in die Stadtplanung mit einbeziehen. Dazu gehörten vor allem eine Reduzierung des individuellen Personennahverkehrs und eine Aufwertung der städtischen Freiräume.
Aus diesem ökologischen Ansatz entstand in den 1990er-Jahren im Verlauf der Diskussion um die nachhaltige Entwicklung (Brundtland-Kommission, Agenda 21) das Leitbild der „nachhaltigen Stadtentwicklung". Viele Städte haben lokale Agenden erarbeitet, um sich ökologisch aber auch sozial und wirtschaftlich nachhaltig zu entwickeln. Angestrebt wird nun nicht mehr die gegliederte und aufgelockerte Stadt, sondern die kompakte und durchmischte Stadt der kurzen Wege. 2007 wurde von den EU-Bauministern die **Leipzig Charta** unterzeichnet, in der die Idee einer nachhaltigen europäischen Stadt formuliert wird. Hiermit verband zum ersten Mal ein länderübergreifendes Leitbild die europäische Stadtentwicklung.

„Die Leipzig Charta macht die Stadtentwicklung zu einem Thema mit europäischer Dimension. Sie konkretisiert das Modell der europäischen Stadt am Anfang des 21. Jahrhunderts, indem sie die mit diesem Modell verbundenen Werte (Mit- und Selbstbestimmung der Bürger, Nutzungsmischung, soziale Integration, öffentlicher Raum) anerkennt. [...] Die Leipzig Charta macht deutlich, dass die Mitgliedsstaaten jetzt handeln müssen, um den demografischen Wandel, den Klimawandel und die Auswirkungen des globalen ökonomischen Strukturwandels in den Städten bewältigen zu können."

M 3: Erklärung zur Leipzig Charta 24.5.2007

»

Als räumliche Ordnungsprinzipien der nachhaltigen Stadtentwicklung [...] werden seit den 1990er-Jahren u.a. drei Punkte diskutiert:
*(1) **Dichte im Städtebau**, d.h. die Schaffung kompakterer und dennoch hochwertiger baulicher Strukturen, die ein Ausufern der Siedlungen in die Fläche verhindern sollen. Dies sollte sicherlich nicht durch die Wiederbelebung neuer Großwohnsiedlungen im Stil der 1960/70er-Jahre geschehen, sondern durch bessere Ausschöpfung und Erweiterung von Nutzungspotenzialen im bereits bebauten Bereich der städtischen Innenentwicklung.*
*(2) **Nutzungsmischung**, d.h. Ziel der nachhaltigen Stadtentwicklung ist u.a. die funktionale Mischung innerhalb von Stadtquartieren durch Verflechtungen von Wohnen und Arbeiten, aber auch von Versorgung und Freizeit. Dazu zählt etwa auch die Entwicklung vielfältiger Einzelhandelsfunktionen in Verbindung mit beispielsweise Büro- und Wohnnutzungen in zentraler städtischer Lage und nicht etwa auf der „grünen Wiese". Von Bedeutung sind auch die Förderung sozialer Mischungen nach Einkommensklassen, Haushaltstypen und Lebensstilgruppen sowie die Planung baulicher Mischungen. [...]*
*(3) Als drittes räumliches Ordnungsprinzip wird die sog. **Polyzentralität**, insbesondere in Gestalt der sog. dezentralen Konzentration, angestrebt. Dieses Prinzip ist uns schon seit der Gartenstadtidee Howards bekannt; dadurch können der anhaltende Siedlungsdruck im Umland der Städte auf ausgewählte Siedlungsschwerpunkte gebündelt und etwa auch eine größere Tragfähigkeit des ÖPNV erreicht werden.*

«

M 4: Quellentext zur nachhaltigen Stadtentwicklung
Heinz Heineberg: Stadtgeographie. Paderborn: Schöningh 2017, S. 142–144

Leitbilder der Stadtentwicklung

„Nachhaltige Stadtentwicklung kann nur gelingen, wenn die Dimensionen sozial, wirtschaftlich, ökologisch sowie kulturell und institutionell so zusammenwirken, dass aus dem verantwortlichen Umgang mit den vorhandenen Ressourcen ein fairer Konsens zwischen den Interessen der heutigen und der künftigen Stadtmenschen erwirkt wird."
Bundesinstitut für Bau-, Stadt- und Raumforschung *(BBSR)*

M1: Zitat

Um die Fortsetzung der „flächenfressenden" Expansion des Siedlungsraums einzuschränken, setzt die nachhaltige Stadtentwicklung also auf die Entwicklung des Bestands. Über Renovierung, Instandsetzung und Umwidmung vorhandener Gebäude sowie Flächenrecycling und Verdichtung sollen Gebiete in der Kernstadt genutzt werden. Zudem wird durch die funktionale Mischung von Wohnen, Arbeiten und sich Versorgen sowie einer höheren baulichen Dichte eine Stadt der kurzen Wege propagiert (M3). So soll durch Reduzierung des motorisierten Individualverkehrs und eine stärkere Verlagerung auf umweltverträglichere Verkehrsmittel die Umweltbelastung und der Ressourcenverbrauch verringert werden.

Die Leipzig Charta zur nachhaltigen europäischen Stadt fordert zudem die Stärkung einer integrierten Stadtentwicklungspolitik, unter anderem durch die Herstellung und Sicherung „attraktiver, nutzerorientierter öffentlicher Räume mit hohem baukulturellen Niveau", die Modernisierung der Infrastrukturnetze und einer aktiven Innovations- und Bildungspolitik. Es wird gefordert, dass Klimaschutz für die Städte als wichtiger Verursacher von Treibhausgasemissionen eine zentrale Aufgabe ist. Weiterhin sollen benachteiligte Stadtquartiere im gesamtstädtischen Kontext gefördert werden, zum Beispiel durch städtebauliche Aufwertungsstrategien, Stärkung der lokalen Wirtschaft, aktive Bildungs- und Ausbildungspolitik sowie einen leistungsstarken und preisgünstigen Stadtverkehr („Langfristiges und stabiles Wirtschaftswachstum ist nur möglich, wenn Städte als Ganzes sozial ausgeglichen und stabil bleiben."). Die Leipzig-Charta fordert, dass Stadtplanung ein Ergebnis eines öffentlichen Prozesses ist. In diesem Prozess müssen alle Ansprüche an die Stadtentwicklung gerecht untereinander abgewogen werden.

ökologisch	sozial	wirtschaftlich
• Reduzierung des Flächenverbrauchs und der Bodenversiegelung • Ressourcenschonung im Baubereich • Vermeidung von Schadstoffen im Bau • Verringerung von CO_2-Emissionen, Ausweitung des Anteils erneuerbarer Energien • Erhalt und Vernetzung klimawirksamer Freiflächen • Stärkung von Stoffkreisläufen, Reduzierung des Restmüllaufkommens • Minderung der Luftschadstoffe • Pflege des Grundwassers	• Sicherung bedarfsgerechten Wohnraums nach Alter und Haushaltsgröße • Generationsübergreifende Stadtteile (demografische Mischung) • Soziale Integration (Vermeidung von Gettos) • Vernetzung von Arbeit, Wohnen und Freizeit • Förderung nachbarschaftlicher Selbsthilfe • Gesundes Wohnen	• Minimierung der Kosten von Gebäuden (Erstellung, Betrieb, Rückbau, Recycling etc.) • Relative Verbilligung von Umbau- und Erhaltungsinvestitionen im Vergleich zum Neubau • Verringerung von Subventionen • Sicherung innerstädtischer Wirtschaftsstandorte, Schaffung wohngebietsverträglicher Arbeitsplätze • Erhalt des Einzelhandels in der Innenstadt

M2: Ziele einer nachhaltigen Stadtentwicklung (Beispiele)

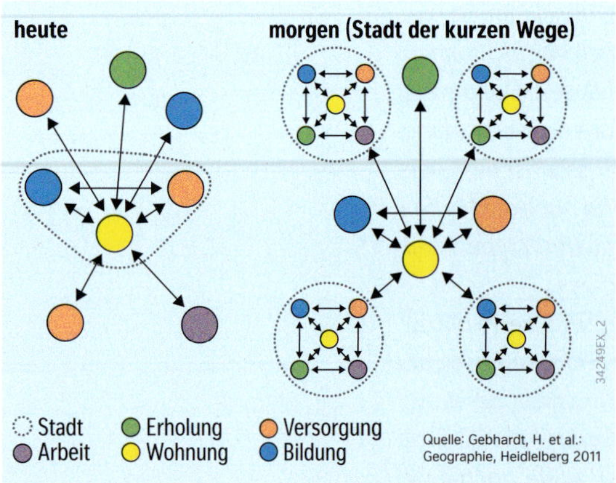

M3: Entwicklung der räumlichen Muster der Daseinsgrundfunktionen zur „Stadt der kurzen Wege"

M4: Mit einem Anteil von 30 Prozent am Verkehrsaufkommen ist Kopenhagen eine der fahrradfreundlichsten Städte.

Neben ambitionierten Einzelprojekten zur nachhaltigen Stadtentwicklung (Vauban in Freiburg, Kronsberg in Hannover) haben mittlerweile zahlreiche Städte umfassende Nachhaltigkeitsstrategien für die gesamte Stadt entwickelt (z.B. Ingolstadt, Münster, Berlin, Heidelberg). Als Stadt mit langer Tradition als Vorreiter nachhaltiger Stadtplanung gilt Kopenhagen.

»

Kopenhagen ist ein Beispiel für reife Städte in Industrieländern, die vor der Herausforderung stehen, nicht nachhaltige Pfadabhängigkeiten zu durchbrechen, ihre Auswirkungen auf den Klimawandel zu begrenzen und sich – wie im Beispiel Kopenhagen als Küstenstadt – an mögliche Folgen des Klimawandels anzupassen. Kopenhagen hat sich dazu ambitionierte Ziele gesetzt, wie das Erreichen von Klimaneutralität bis zum Jahr 2025 als weltweit erste Stadt. In Kopenhagen sind gute Voraussetzungen für eine Transformation zur Nachhaltigkeit erkennbar: So setzt sich die Stadt lokale Ziele (z. B. Forderung nachhaltiger Mobilität, Inklusionsziele, Forderung von Diversität) und Ziele im Sinne eines Beitrags zur globalen Transformation (z. B. CO_2-Reduktionsziele, Engagement in Städtenetzwerken, Abkehr von städtischen Investitionen in fossile Energieträger). [...]
Ziele wie das CO_2-Reduktionsziel bis 2025 schlagen sich in Gesetzgebung, Planung und entsprechenden Instrumenten nieder und werden, z. B. über Informationsbroschüren und Onlineauftritte, nach außen transportiert und damit zu einem Markenzeichen für die Stadt. [...] Hinzu kommt beispielsweise die fahrradfreundliche Verkehrspolitik, die ebenfalls positive Auswirkungen auf die CO_2-Reduktionsziele hat. [...] Neben die ambitionierten Zielsetzungen tritt eine Vorgehensweise, die auf Alltagstauglichkeit für die Kopenhagener Bürger ausgerichtet ist und sich um Akzeptanz bemüht. Pläne, wie der Klimaanpassungsplan („Climate Adaptation Plan"), werden unter öffentlicher Konsultation aufgestellt und sind öffentlich in dänischer und zusammengefasst in englischer Sprache zugänglich. Jeder Bürger oder anderweitig Interessierte hat also jederzeit die Möglichkeit, sich über die Maßnahmen der Stadt, die entsprechenden Ziele oder auch positive Nebeneffekte zu informieren. So wird eine weitreichende Transparenz ermöglicht und den Kopenhagener Bürgern eine Bewusstseinsbildung für die entsprechenden Probleme und mögliche Lösungen eröffnet. Die Stadt versucht sich – neben erprobten Formen der Bürgerbeteiligung – zudem an innovativen Formen öffentlicher Konsultation, indem sie beispielsweise Befragungen in Privathaushalten zur Praktikabilität bestimmter umweltschützender Maßnahmen im Alltag durchführt. [...]
Die Offenheit sowohl der Kopenhagener Stadtverwaltung als auch der Bevölkerung gegenüber Diversität, Experimenten und Innovationen ist zum einen ein Teil der charakteristischen Eigenart Kopenhagens, zum anderen erzeugt sie gleichzeitig „eigenartige" Orte und ein lebendiges Stadtleben. Positiv hervorzuheben ist dabei der partizipative Ansatz, der in Kopenhagen institutionell verankert ist und insbesondere in der Stadtentwicklung und Stadtteilerneuerung für lebenswerte urbane Räume sorgt.

«

M5: Quellentext zur nachhaltigen Stadtentwicklung in Kopenhagen
WBGU – Wissenschaftlicher Beirat der Bundesregierung Globale Umweltveränderungen Der Umzug der Menschheit: Die transformative Kraft der Städte. Berlin: WBGU 2016, S. 249, 263, 264

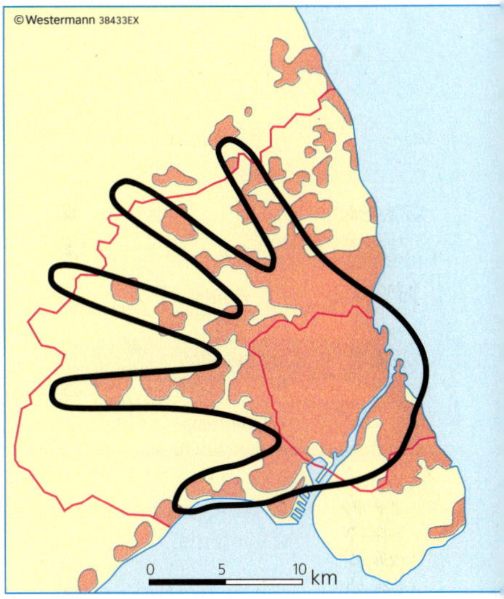

M6: Kopenhagener Fingerplan von 1947

Der Fingerplan ist ein regionaler Entwicklungsplan für den Großraum von Kopenhagen, der bereits 1947 ausgearbeitet wurde. Ziel des Plans ist es, die Ausbreitung des städtischen Raums in alle Richtungen zu vermeiden und stattdessen entlang der fünf Hauptverkehrsachsen (S-Bahnen) zu lenken. Zwischen den Achsen befindet sich eine geschützte, wenig bebaute Landschaft, die als Naherholungsfläche und gärtnerisch-landwirtschaftlich genutzt wird.

1 Charakterisieren Sie die zentralen Forderungen der nachhaltigen Stadtentwicklung.
2 Beurteilen Sie die Einbindung der Bürger Kopenhagens bei der Umsetzung einer nachhaltigen Stadtentwicklung (M5).

4.3.1 Stadtökosystem

Die Stadt ist ein von Menschen stark verändertes Ökosystem. Dieses „künstliche System" bildet einen Raum, in dem die wirtschaftlichen und sozialen Aktivitäten der Stadtbewohner die natürlichen Geofaktoren (Relief, Klima, Gestein, Boden, Wasserhaushalt, Vegetation) dominieren.

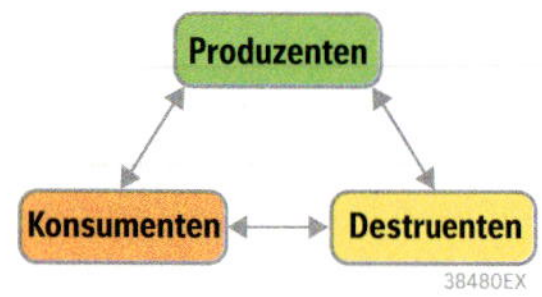

M1: Geschlossener Stoffkreislauf in einem natürlichen Ökosystem

In den Geowissenschaften versteht man unter einem Ökosystem ein sich selbst regulierendes Beziehungsgefüge zwischen Lebewesen und ihrer unbelebten Umwelt in einer bestimmten Raumeinheit. Die Funktion des Ökosystems besteht in der Aufrechterhaltung der Stoffkreisläufe und dem damit verbundenen Energiefluss. Zwar gibt es in der Stadt noch Reste natürlicher Ökosysteme (Stadtwald, Park, Kleingärten, Sportanlagen), aber der Mensch hat durch die Bebauung (Häuser, Verkehrseinrichtungen, Industrieanlagen) und die Versiegelung der Böden dem eng besiedelten Raum massiv seinen Stempel aufgedrückt. Die Stadt kann aber auch als Ganzes als ein komplexes Stadtökosystem betrachtet werden, das aber einige Besonderheiten aufweist. Es kann nur durch einen intensiven Stoff- und Energieeintrag sowie -austausch mit dem Umland existieren (M3). Im Gegensatz zum natürlichen Ökosystem finden in der Stadt fast keine geschlossenen, sich selbst regulierenden Stoff- und Energiekreisläufe statt. Um den städtischen Lebensraum lebenswert zu erhalten, wird die natürliche Regelung des Ökosystems ersetzt durch verschiedene vom Menschen geschaffene wirtschaftliche, politische, planerische und soziale Steuerungs- und Regulationsmechanismen (z.B. Energie-, Trinkwasser- und Frischluftversorgung, Abfall- und Abwasserentsorgung, Beleuchtung, Verkehrs- und Gesundheitssysteme, Nahrungsmittel- und Rohstoffversorgung, Flächen- und Bauplanung). Durch die Umgestaltung des Naturraums beziehungsweise des naturnahen Kulturraums werden die natürlichen Ressourcen (Luft, Wasser, Boden, Biodiversität) extrem beansprucht und durch Versiegelung, Bebauung, wirtschaftliche und soziale Aktivitäten sowie Emissionen so stark verändert, dass ein typisches Stadtklima und eine Stadtfauna und -flora entstehen.

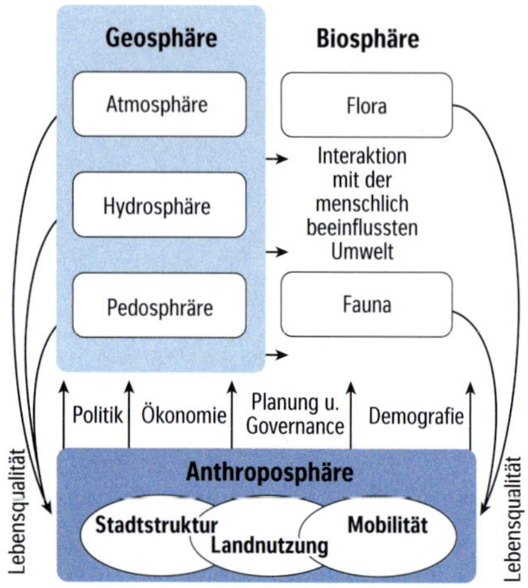

M2: Aufbau des urbanen Ökosystems

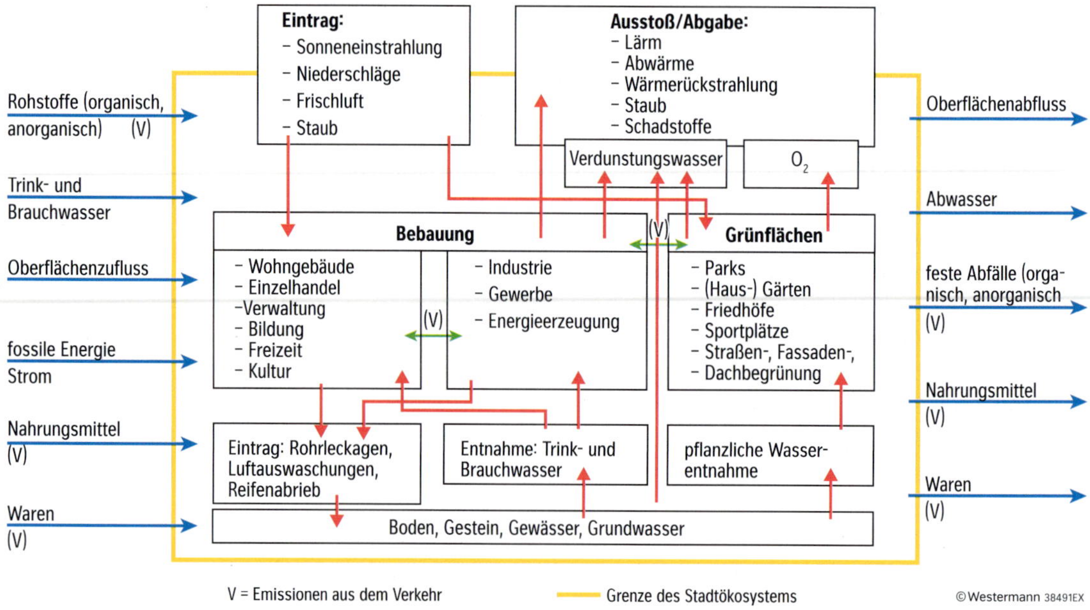

M3: Modell von Material- und Stoffströmen in einem urbanen Stadtökosystem

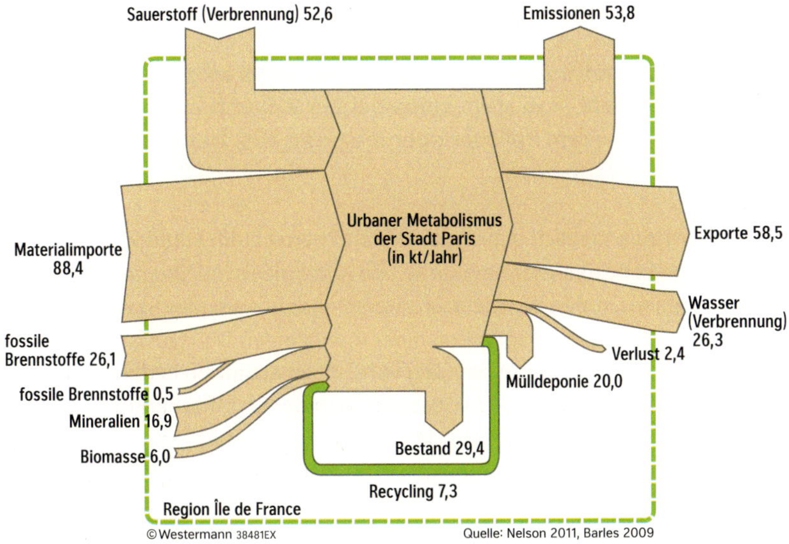

Metabolismus
(aus dem griech.) Umwandlung, Veränderung, hier Stofftransport

M4: Urbaner „Stoffwechsel" von Paris

M5: Quellentext zum urbanen „Stoffwechsel"
WBGU – Wissenschaftlicher Beirat der Bundesregierung Globale Umweltveränderungen Der Umzug der Menschheit: Die transformative Kraft der Städte. Berlin: WBGU 2016, S. 71

»

Die Entwicklung einer Stadt hängt von ihrer internen Dynamik sowie dem Austausch von materiellen und ideellen Gütern mit ihrer Umgebung ab. Der Austausch findet zum Teil mit der unmittelbaren Umgebung statt, reicht aber auch bis in die globale Dimension. Dieser Fußabdruck ist eine charakteristische Eigenschaft des Zustands einer Stadt und ändert sich mit ihrer Entwicklung. Die interne Dynamik einer Stadt und ihre Ver- und Entsorgung lassen sich dabei analog zum Metabolismus – also Stoffwechsel – eines Ökosystems beschreiben, das Energie und Material (Nähr- und Abfallstoffe) mit seiner Umgebung austauscht. [...]
Allerdings unterscheidet sich die Stadt von natürlichen Ökosystemen dadurch, dass die Materialflüsse einem „linearen Metabolismus" folgen, während natürliche Ökosysteme weitestgehend als zyklisch oder geschlossen in Bezug auf ihre Materialflüsse angesehen werden können. Deshalb besteht die Herausforderung für Städte auch darin, sich einem Kreislaufmodell des Metabolismus, in welchem Abfall jeglicher Art wiederverwertet wird und so Materialien wieder nutzbar gemacht werden, so weit wie möglich anzunähern um langfristig nachhaltig in das natürliche Ökosystem eingebettet zu sein. Dies ist von großer Dringlichkeit, da Städte heutzutage für 70–80 % der globalen Ressourcennutzung verantwortlich sind. Eine Kreislaufwirtschaft würde zudem den Rohstoffimport und die damit verbundenen adversen Umweltfernwirkungen vermindern. Bei der Beschreibung des Metabolismus werden die unterschiedlichen Flüsse an Wasser, Materialien oder Nährstoffen als Materialflussrechnungen erfasst. [...] Ein Verständnis der Energie- und Materialflüsse von Städten ist essenziell, um ihre Entwicklung nachhaltig gestalten zu können.

«

M6: Recycling von PET-Flaschen

1 Fassen Sie die Merkmale des urbanen Ökosystems zusammen.
2 Vergleichen Sie das natürliche und das urbane Ökosystem (M1, M2).
3 Erläutern Sie an einem selbst gewählten Beispiel die Folgen menschlicher Eingriffe auf die natürlichen Geofaktoren im urbanen Ökosystem.

4.3.2 Stadtklima

Fährt man aus dem suburbanen Umland morgens an einem Sommertag zur Arbeit, so zieht man spätestens bei der Ankunft am Arbeitsplatz in der Innenstadt seinen Pullover oder die Jacke aus. Der Grund hierfür ist die städtische Wärmeinsel.

Im Vergleich zum ländlich geprägten Umland herrscht im städtischen Lebensraum eine ganz besondere klimatische und lufthygienische Situation (M8). Das liegt zum einen an den Temperaturunterschieden zwischen Stadt und Land (**Wärmeinseleffekt**), zum anderen an der mangelnden Durchlüftung des Siedlungskörpers sowie an der Anhäufung von Luftschadstoffen in der städtischen Atmosphäre (vgl. Kap. 4.3.4). Die Überwärmung der Stadtfläche von bis zu über 10 °C gegenüber dem Umland (M1, M5) ist ein typisches Phänomen des Stadtklimas und tritt durch das Zusammenspiel atmosphärischer Prozesse und sozioökonomischer Aktivitäten auf (M3). Der Wärmeinseleffekt wird von unterschiedlichen Eigenschaften der Stadt bestimmt (M4, M7) und kann auch innerhalb der Stadtlandschaft unterschiedlich ausfallen (M6).

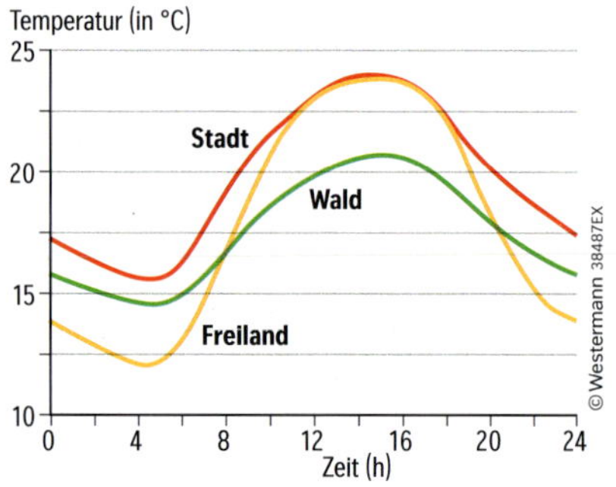

M1: Temperaturverlauf eines Sommertages bei verschiedenen Landnutzungen

Wärmeinsel (UHI = Urban Heat Island)
Lufttemperaturdifferenz zwischen (überwärmter) Innenstadt und (unbeeinflusstem) Umland

- Aufnahme von Sonnenstrahlung durch Baumaterialien mit geringem Reflexionsvermögen (dunkle Flächen: Asphalt, (Dach-) Ziegel etc.)
- Speicherung der absorbierten Sonnenstrahlung als Wärmeenergie in Baustoffen mit hoher Speicherkapazität (tagsüber: Wärmespeicherung, nachts: langsame Wärmeabgabe)
- Verringerung der Wärmeabstrahlung durch die Bebauung (geringe Abstände zu Gebäuden: enge Straßenschluchten und Hinterhöfe)
- geringe Vegetationsbeschattung des Bodens
- Freisetzen von Wärmeenergie: Abwärme aus Industrie, Energiewirtschaft, Kleingewerbe, Verkehr, Haushalte (Heizung, Klimaanlagen), Beleuchtung
- fehlende Abkühlung durch verringerte Verdunstung aufgrund eines hohen Versiegelungsgrades (fast geschlossener Boden, geringe Anzahl an Wasserflächen, fehlende Vegetation, schnelle Ableitung von Niederschlagswasser)
- verringerte Luftströmung (Frisch- und Kaltluft) durch Bebauung; möglicher Wärmestau in Hinterhöfen, Straßenschluchten; verringerter Abtransport der gespeicherten Wärme
- Aufnahme von Sonnenstrahlung durch Luftschadstoffe (z.B. Ozon, Rußpartikel, andere Stäube) und Umwandlung in Wärme; weitere Wärmestrahlung absorbierende Stoffe sind die Treibhausgase CO_2 und Methan

M4: Ursachen des Wärmeinseleffekts

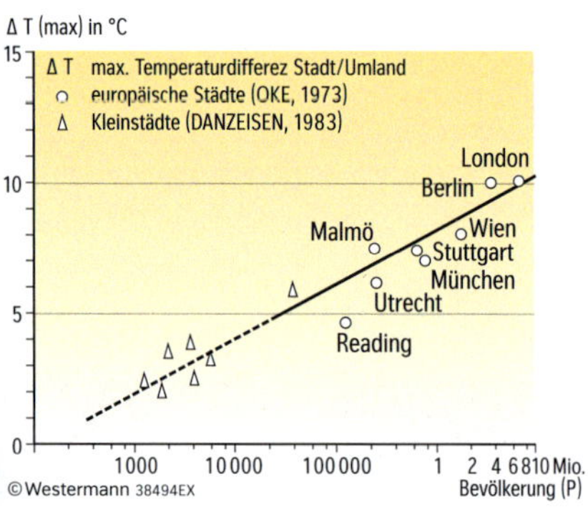

M2: Wärmeinseleffekt in Abhängigkeit von der Stadtgröße

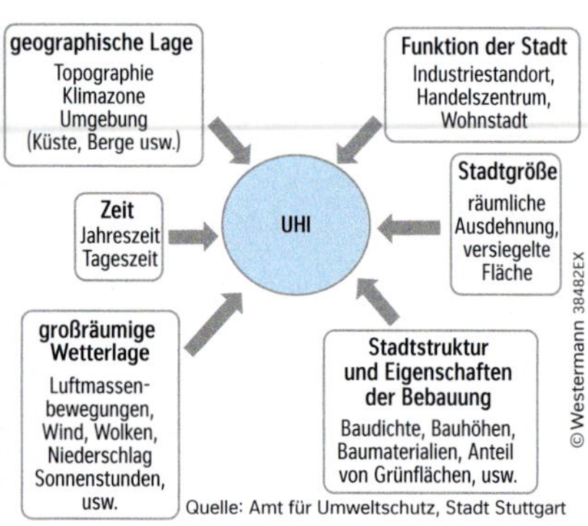

M3: UHI beeinflussende Faktoren

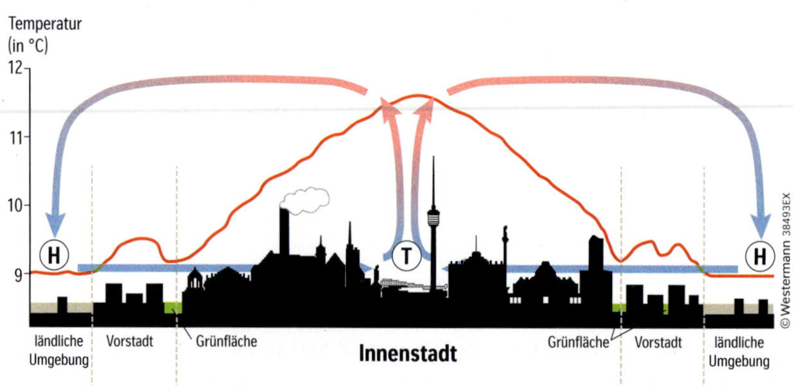

M5: Schema des Wärmeinseleffektes (bodennahe Temperatur) und lokale Zirkulation (Flurwind)

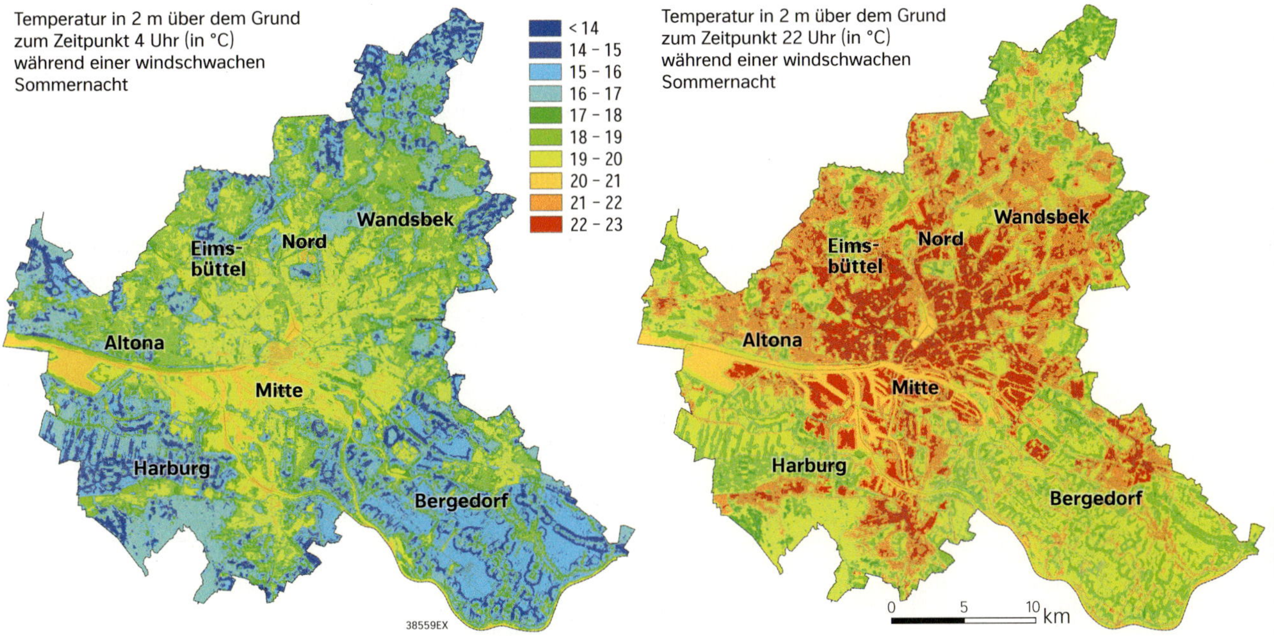

M6: Lufttemperatur in Hamburg morgens (4 Uhr) und abends (22 Uhr) an einem windschwachen Tag

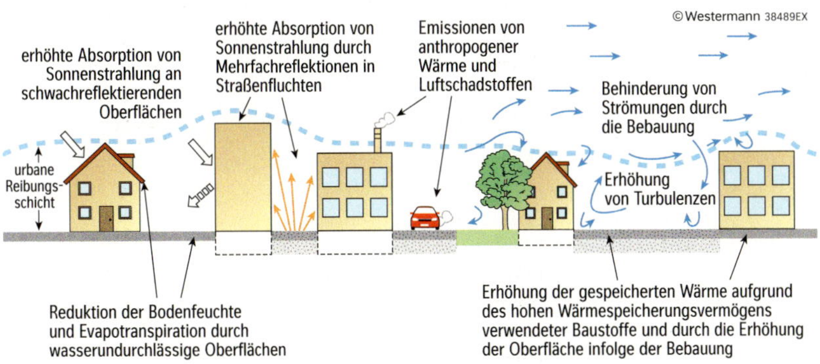

M7: Prozesse, die zur Ausprägung städtischer Wärmeinseln beitragen

Der Wärmeinseleffekt und die Schadstoffkonzentration innerhalb einer Stadtlandschaft können durch Flurwinde (M5) gemildert werden. Es handelt sich hierbei um lokale thermische Winde, die durch Temperatur- und damit Druckdifferenzen zwischen Umland und Stadt entstehen. Diese Winde sind in der Regel auf das Zentrum der Überwärmung ausgerichtet und wehen entlang der radial verlaufenden Achsen. Sie werden aber oft durch starke Überbauung abgebremst (M 7). Gelangen die Flurwinde entlang viel befahrener Verkehrswege als Luftleitbahnen in die Stadt, so können sie trotz ihrer angestrebten lufthygienischen Verbesserung auch negative Auswirkungen haben: sie transportieren nämlich auch die auf ihnen entstehenden Luftschadstoffe bis ins Zentrum.

Einflußgrößen	Veränderungen gegenüber Umland
Vegetationsperiode	bis 10 Tage kürzer
Sonnenscheindauer: im Sommer im Winter	 bis - 8 % bis - 10 %
Globalstrahlung	bis - 10 %
Gegenstrahlung	bis + 10 %
UV-Strahlung: im Sommer im Winter	 bis - 5 % bis - 30 %
Wärmespeicherung im Stadtkörper	bis +40 %
Lufttemperatur: Jahresmittel Winterminima: in Einzelfällen	 ~ +2 °C bis + 10 °C bis + 15 °C
Luftfeuchtigkeit	geringe Unterschiede
Niederschlag: Regen Schnee Tauabsatz	 mehr (leeseitig) weniger weniger
Verdunstung	weniger
Windgeschwindigkeit	bis - 20 %

M8: Klimaunterschiede zwischen Stadt und Umland

1. **Erklären Sie den Wärmeinseleffekt der Stadt (M 3 – M5, M 7).**
2. **Erläutern Sie das Flurwindsystem und dessen Folgen (M 5).**
3. **Fertigen Sie ein Wirkungsschema zu stadtklimatischen Erscheinungen an.**
4. **Fertigen Sie modellhaft ein Netz von Luftleitbahnen für Hamburg an (M 6, Atlas 35.4).**

Städte im Klimawandel

Städte nehmen nur circa drei Prozent der Erdoberfläche ein, verbrauchen aber über siebzig Prozent der verfügbaren Energie und stoßen damit den größten Teil der auf der Erde anfallenden Schadstoffe und Treibhausgase aus. Da die Atmosphäre keine geographischen Grenzen kennt, tragen Städte einen nicht unerheblichen Teil zum globalen Klimawandel bei. Er drückt sich zwar langfristig in einer Temperaturerhöhung aus, was man im täglichen Leben nicht unmittelbar bemerkt. Augenfälliger ist jedoch der Anstieg der extremen Wetterereignisse wie Starkregen, Hitze- und Trockenperioden. Sie machen den Menschen in den Städten am meisten zu schaffen, mindern die Lebensqualität, erhöhen die gesundheitlichen Risiken und führen zu erheblichen wirtschaftlichen Folgen.

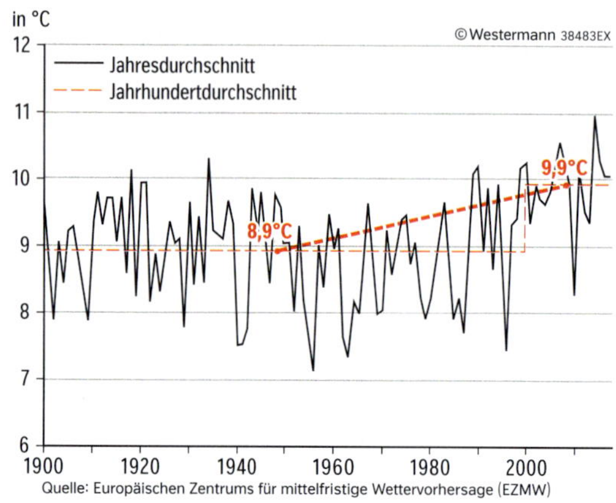

M1: Jahresmitteltemperaturen in Hamburg (1900 – 1999 und 2000 – 2017)

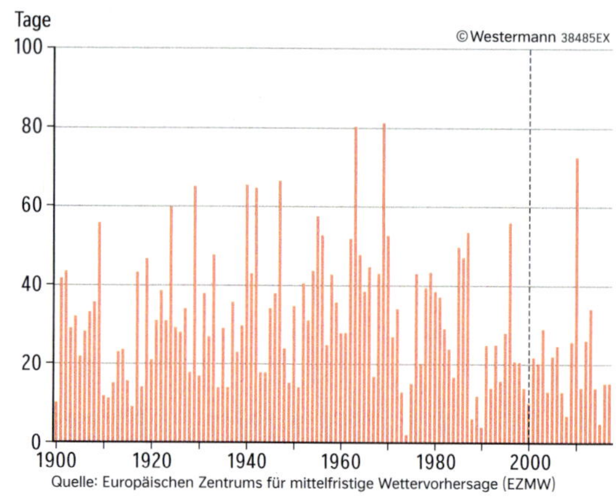

M2: Kühle Tage pro Jahr unter -1,0 °C in und um Hamburg (1900 – 2017)

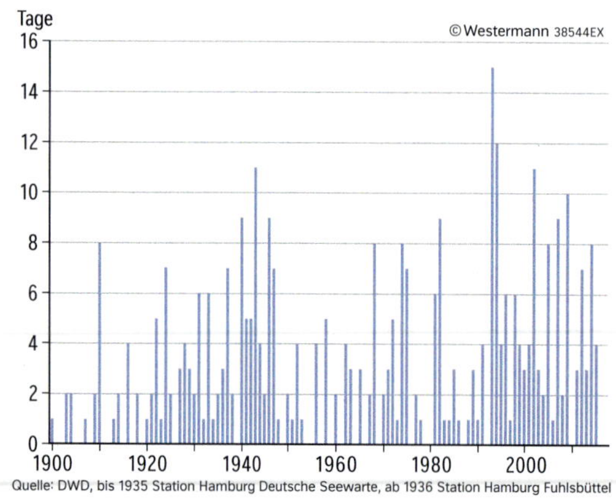

M3: Anzahl der Hitzetage pro Jahr über 30,0 °C in Hamburg (1900 – 2017)

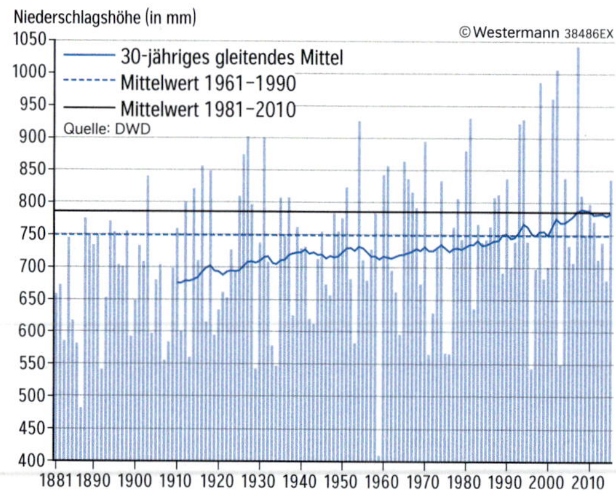

M4: Jahresniederschlagshöhen für Hamburg (1881 – 2015)

Städte als Innovations- und Wachstumszentren sowie Motoren der Wirtschaftsentwicklung sollten eine herausragende Rolle beim Klimaschutz spielen, wenn die Lebensqualität in ihnen erhalten beziehungsweise verbessert werden soll, da sie die Hauptverursacher des Klimawandels sind. Städte völlig abzureißen und neu zu planen ist nicht möglich, so bedarf es im Klimaschutz Anpassungs-, Reparatur-, Milderungs- und Vermeidungsstrategien, um das Stadtklima erträglich zu machen und die städtischen Treibhausgasemissionen zu verringern.

Risiken durch Hitze und längere Trockenperioden in Städten
• **Stadtbewohner**: Gesundheitsgefährdung bei älteren Menschen und Kindern: Hitzeerschöpfung, Kreislaufprobleme, Dehydrierung, Tod • **Städtische Infrastruktur**: Trinkwasser: mögliche Probleme bei der Wasserbeschaffung durch geringere Grundwasserneubildung; mögliche Verkeimung der Leitungen durch erhöhte Bodentemperaturen und Temperaturanstieg in den Leitungen • **Abwasser**: mögliche Ablagerungen, Geruchsbelästigung, möglicher Schädlingsbefall durch eingeschränkte Durchspülung des Netzes • **Stadtgrün**: vertrocknende Vegetation mit eingeschränkter Sauerstoffproduktion, Staubfilterung, Transpirationskühlung, Schallschutzwirkung • **Gebäude**: verlängerte Abgabe der gespeicherten Wärme und dadurch Verlängerung der Wärmebelastung
Risiken durch Extremregenereignisse in Städten
• Erosionsschäden an Gebäuden, Infrastruktur, offener Stadtfläche • Verunreinigung des Grundwassers und der Stadtfläche durch überlaufende Kanalsysteme • Gebäudeschäden durch Vernässung und vollgelaufene Keller und Tiefgaragen • Gefährdung von Menschen
Risiken durch hohe Windgeschwindigkeiten
• Gefährdung von Menschen durch herumfliegende Gegenstände, umstürzende Bäume • Gebäudeschäden durch umstürzende Bäume, Dachabdeckungen etc.

M5: Risiken durch Klimawandel

Anpassungs- und Reparaturstrategien	
Einrichtung von Klimaanlagen	K: Energieaufwand, mehr CO_2-Emissionen
aufwendigere ärztliche Versorgung	K: Bindung finanzieller Ressourcen
Umzug aufs Land	K: Verstädterung, erhöhtes Verkehrsaufkommen, fehlende Agrarflächen
Milderungsstrategien	
mehr Bäume/Grünanlagen	V: Filterung Schadstoffe, nächtliche Kühlung K: Wasserbedarf
mehr Wasserflächen	V: Dämpfung der Temperaturextreme K: Brutstätte für Schadinsekten
Dämmung von Gebäuden	V: Verringerung der Heizenergie, des CO_2-Ausstoßes, der Wärmeabgabe von Gebäuden K: Energieaufwand für Dämmmaterial
grüne Dächer	V: Dämpfung der Temperaturextreme K: Wasserbedarf problematisch, wenn das Klima trockener wird
Vermeidungsstrategien	
Erhöhung der Albedo im Sommer (weiße Dächer)	V: Reduzierung der Aufwärmung der Städte, Verringerung des Energiebedarfs durch Kühlung, Verlangsamung des Alterungsprozesses des Baumaterials
Verringerung der Albedo im Winter (dunkle Wände)	V: Verstärkung der Aufwärmung, Verringerung des Heizbedarfs
Solaranlagen auf Dächern	V: Sinnvolle Nutzung der einkommenden Energie, Dämpfung der Aufwärmung und Auskühlung der Gebäude
enge Gassen (z.B. in Wüstenstädten)	V: Beschattung und verminderte Sonneneinstrahlung K: verkehrstechnisch ungünstig

K= Kritik, V=Vorteile Quelle: nach Emeis

M6: Chancen und Risiken von Strategien zur Verbesserung des Wärmeinseleffektes

	1990-1999	2000-2017
Karlsruhe	9,4	10,5
Köln	9,2	10,2
Berlin	9,0	10,0
Stuttgart	9,0	10,0
Frankfurt	8,9	9,9
Dresden	8,1	9,2
München	7,4	8,3

Quelle: Europäischen Zentrums für mittelfristige Wettervorhersage

M7: Durchschnittstemperatur in ausgewählten deutschen Städten (in °C, 1900 – 1999 und 2000 – 2017)

	1961-1990	1981-2010
Karlsruhe	12,2	21,4
Köln	6,7	8,9
Berlin	6,8	9,4
Stuttgart	5,2	8,6
Frankfurt	8,7	13,2
Hamburg	2,5	4,5
München	4,0	8,4

Quelle: DWD

M8: Durchschnittliche Anzahl heißer Tage im Jahr in ausgewählten deutschen Städten (1961 – 1990 und 1981 – 2010)

Jahr	Art	Schadensaufwand (in Mio. Euro)	Schadensdurchschnitt an Wohngebäuden (in Euro)
2002	Hochwasser	1800	13500
2010	Sturm Viola	260	13800
2013	Hochwasser	1650	19500
2014	Stürme	240	8000
2016	Stürme	800	k.A.

Quelle: Gesamtverband der Deutschen Versicherungswirtschaft e. V.

M9: Schadensaufwand bei Extremwetterereignissen in Deutschland (Auswahl)

1 Fassen Sie die Veränderungen des Stadtklimas im Rahmen des Klimawandels zusammen.
2 Charakterisieren Sie die sozioökonomischen Folgen des Klimawandels für Städte.
3 Nehmen Sie Stellung zu den Strategien der Veränderung des Wärmeinseleffektes (M6).

4.3.3 Flächenversiegelung

Die Bodenversiegelung durch Gebäude und Straßen haben den natürlichen Wasserhaushalt in Städten stark verändert.

Das hydrologische System einer Stadt wird geprägt durch den Input aus Niederschlag und Zufluss sowie dem Output aus Abfluss, Verdunstung und Wasserverbrauch. Rücklagen werden in der Regel nicht gebildet. Der Wasserbedarf wird durch Trinkwasser- und Brauchwasserförderung aus städtischen Grund- und Flusswasser beziehungsweise aus der Wasserbeschaffung aus ländlichen Gebieten gestillt. Der urbane Wasserkreislauf ist jedoch durch die Bodenversiegelung erheblich gestört (M1, M2).

In Folge des Klimawandels haben Städte zunehmend mit extremen Wetterverhältnissen wie Starkregen zu kämpfen. In versiegelten Städten fließen Niederschläge an der Oberfläche ab und immer geringere Mengen Wasser können versickern. Dadurch führen höhere Niederschlagsmengen immer wieder zur Überlastung des Abwassersystems und zu Überflutungen. Gleichzeitig können Städte aber unter Wassermangel leiden, weil in dicht bebauten Städten große Teile des Regenwassers nicht in die tieferen Erdschichten gelangen und so sich der Grundwasserspiegel nicht auffüllen kann.

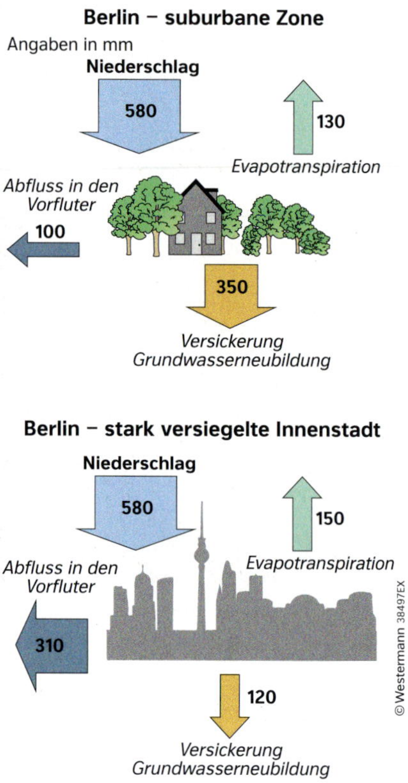

M1: Modell des städtischen Wasserhaushalts: Berlin Stadtrand und Berlin Innenstadt

Rang	Stadt	Versiegelungsgrad	Rang	Stadt	Versiegelungsgrad
1	München	46,6 %	4	Ludwigshafen	42,3 %
2	Oberhausen	44,2 %	8	Berlin	39,0 %
3	Hannover	42,6 %	50	Potsdam	12,7%

Quelle: VdS Schadenverhütung GmbH / GDV

M3: Ranking des Versiegelungsgrades der 50 einwohnerstärksten Städte

Boden	geringe Infiltration, geringe Grundwasserneubildung, geringe Schadstofffilterung/-pufferung durch verringerte Infiltration
Wasser	Absenken des städt. Grundwasserspiegels, Verschlechterung der Grundwasserqualität durch fehlende Bodenfilterung, schneller oberirdisches Abfluss, Überlastung von Kanalisation/Kläranlagen, Verschmutzungsgefahr von Vorflutern, Überschwemmungsgefahr, Hochwassergefahr
Klima	Aufheizung in Abhängigkeit von Oberflächenmaterialien/Bebauungsstruktur, verringerte Verdunstung und Verdunstungskühle (Evaporation, Transpiration, Interzeptionsverdunstung)
Fehlende Pflanzen	verringerte CO_2-Produktion, Staub-/Schadstofffilterung, Lärmpufferung, Luftfeuchte; Vernichtung von Lebensräumen; fehlende Erholungs-/Freizeiträume

M2: Negative Folgen der Bodenversiegelung

M4: Berlin (ausgewählte Stadtviertel): Versiegelung und Oberflächenabfluss nach Niederschlägen

Damit Städte mit Hitze, Trockenheit und Überschwemmungen besser fertig werden, sind Entsiegelungsmaßnahmen notwendig. Diese können aber oft nur kleinräumig durchgeführt werden. Großfugige Pflastersteine, Kies- und Sandschüttungen verlangsamen den oberirdischen Abfluss des Niederschlagswassers, helfen bei seiner Infiltration in den Boden und bei der Verdunstung aus dem Boden (Evaporation). Dach- und Fassadenbegrünungen haben ebenfalls eine Niederschlagsrückhaltefunktion, reduzieren die Hitzebelastung durch Beschattung im Sommer, tragen über die **Verdunstungskühle** der Pflanzen (aus Transpiration und Interzeption) zur Erhöhung der Luftfeuchtigkeit und zur Temperaturmilderung der Wärmeinsel bei. Gleichzeitig haben Pflanzen eine luftverbessernde Wirkung (CO_2-Produktion, Filterung von Schadstoffen und Stäuben) und tragen zur Lärmpufferung bei. Die Schaffung kleiner Parks, Grünflächen, Baumpflanzungen, Begrünung von Straßenbahntrassen, Kleingärten und auch das Urban Gardening auf Hinterhöfen oder anderen Flächen trägt zur Entsiegelung und zur mikroklimatischen Verbesserung bei.

Eine integrierte Lösung für das gesamte Versiegelungsproblem (Überschwemmungsschutz, Hitzereduzierung) bildet das Konzept der „Schwammstadt" (Sponge City). Bei dem Sponge-City-Prinzip speichert die Stadt das Niederschlagswasser wie ein Schwamm und gibt es in der niederschlagsfreien Zeit, wenn es benötigt wird, wieder ab. Dadurch wird der bisherige urbane Wasserkreislauf erweitert und viele Funktionen des natürlichen Wasserkreislaufs gelangen wieder in die Stadt.

M5: Fassadenbegrünung

M6: Regen kostet Geld!

Für abfließendes Regenwasser von versiegelten Flächen zahlen Immobilienbesitzer ihrer Gemeinde sogenannte Niederschlagswassergebühren, da das anfallende Wasser über das öffentliche Abwassersystem abgeleitet wird. Versiegelte Flächen sind: Dächer, Terrassen, gepflasterte Wege, befestigte PKW-Stellplätze, Garagenzufahrten etc. Viele Gemeinden ermitteln die versiegelten Flächen über Luftbilder. Die anfallenden Gebühren variieren von Stadt zu Stadt: 0,70 Euro/m² bis 1,90 €/m² versiegelter Fläche (Betrag für ein durchschnittliches Einfamilienhaus: 150 – 200 Euro/Jahr).

Verdunstungskühle
Mit Zunahme der Verdunstung steigt die Kühlleistung.

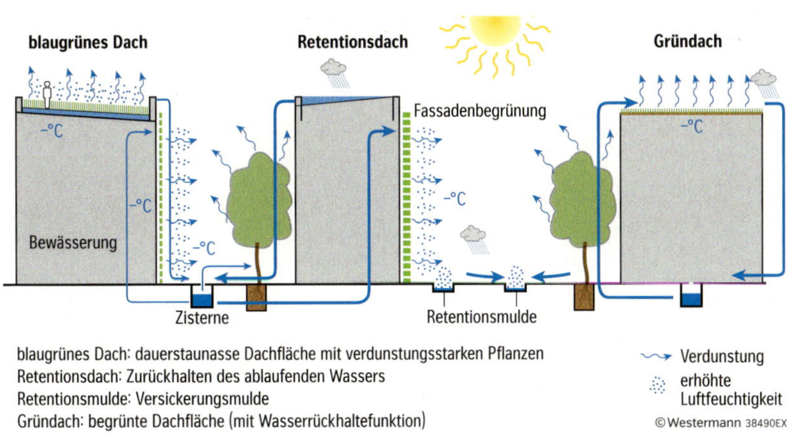

M7: Funktionsweise der „Schwammstadt"

1 Entwerfen Sie ein Schaubild zum urbanen Wasserkreislauf.
2 Die Wasserhaushaltsgleichung des urbanen hydrologischen Systems lautet: Niederschlag + Zufluss = Abfluss + Verdunstung + Verbrauch + Rückhaltung. Erklären Sie die Störanfälligkeit dieses Systems.
3 Erläutern Sie die Funktionsweise einer Schwammstadt (M7).

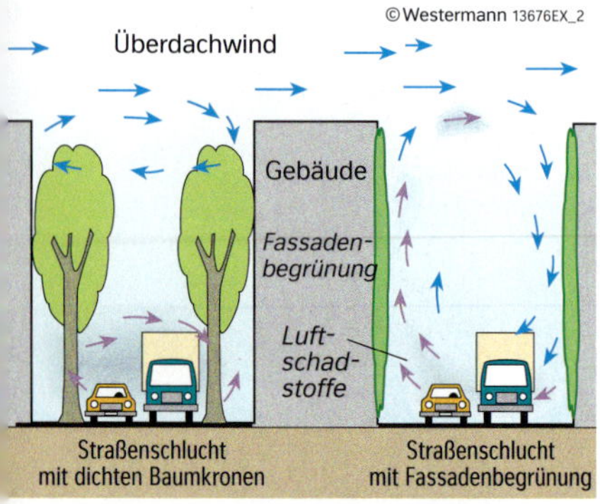

M1: Verteilung von Luftschadstoffen in Straßenräumen

Schadstoff	Konzentration	zulässige Überschreitungshäufigkeit
SO_2	50 µg/m³/Jahr 125 µg/m³/Tag	- 3
NO_2	40 µg/m³/Jahr 200 µg/m³/h	- 18
Feinstaub (PM_{10})	40 µg/m³/Jahr 50 µg/m³/Tag	- 35

Quelle: TA Luft

M2: Emissionsgrenzwerte

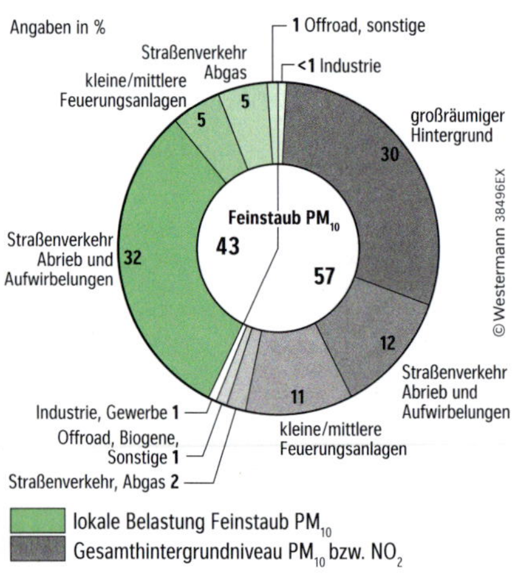

M3: Verursacher der Feinstaubbelastung, Messstelle „Stuttgart Am Neckartor" 2015 (in %)

Lokale Belastung
lokaler Messpunkt (Spotmesspunkt).
Gesamthintergrundniveau
großräumiger Hintergrund + städtischer Hintergrund (Spotmesspunkt).

4.3.4 Luftschadstoffe

Dicke Luft im Kessel! Aber die Stadt braucht frische Luft. Nicht nur Stuttgart leidet unter dem hohen Schadstoffaufkommen. Auch in vielen anderen Städten wird zunehmend Alarm geschlagen, weil eine hohe Luftverschmutzung die Gesundheit der Einwohner gefährdet.

Verantwortlich für die städtische Luftbelastung in Deutschland ist vor allem der weiter zunehmende Verkehr. Auch wenn die Autos insgesamt sauberer geworden sind, werden die Grenzwerte für Luftschadstoffe (M2) in vielen Städten nicht eingehalten, woraus eine hohe Gesundheitsgefährdung an den Hauptverkehrsachsen (M1) resultiert. Hauptverursacher dieser Gefährdung sind **Feinstaub** und **Stickstoffdioxid** (M3, M4). Durch diese Schadstoffe werden nicht nur die Lebensqualität der Städter eingeschränkt und Erkrankungen ausgelöst, sondern es tritt auch ein gesamtwirtschaftlicher Schaden ein, wenn Arbeitnehmer nicht mit voller Arbeitskraft ihre Berufe ausführen können oder sogar ganz ausfallen. Betroffen von dieser Situation sind die Großstädte als Verkehrs- und Pendlerknotenpunkte. Eine besondere Gefährdung tritt in solchen Städten ein, deren Frischluftleitbahnen (vgl. Kap. 4.3.2 und M5) durch eine erhöhte Bebauung versperrt sind oder in Städten, die in Talkesseln liegen (z. B. Stuttgart) und unter Inversionswetterlagen leiden.

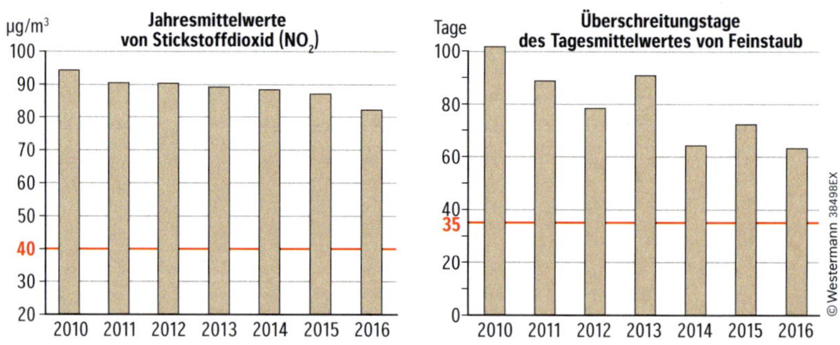

M4: Jahresmittelwerte von Stickstoffdioxid (NO_2) und Überschreitungstage des Tagesmittelwertes von Feinstaub PM_{10} in Stuttgart „Am Neckartor"

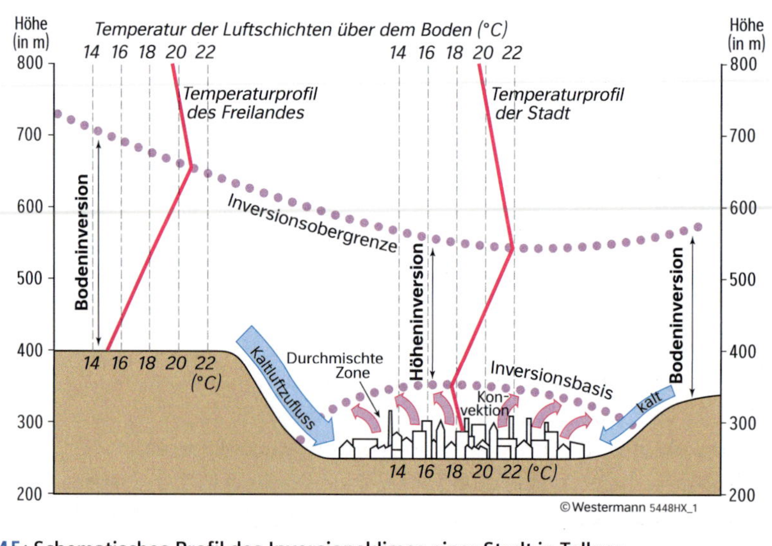

M5: Schematisches Profil des Inversionsklimas einer Stadt in Tallage

Zur Verringerung der Gesundheitsgefährdung von Stadtbewohnern ist es zwingend notwendig, die Luftqualität nachhaltig zu verbessern. Dennoch wird man die Stadtluft nicht von heute auf morgen ändern können, wenn Leben, Arbeiten und die dafür notwendige Mobilität von Berufs-, Einkaufs- und Bildungspendlern, von Produkten und Dienstleistungen und von Städtetouristen weiter funktionieren soll. Es bedarf eines ganzen Maßnahmenkatalogs (M6, M.7), um die Emissionsgrenzwerte für die diversen Luftschadstoffe einzuhalten (M2). Und die Maßnahmen dürfen nicht erst an der Stadtgrenze beginnen (M8).

Feinstaub (PM: engl., Particulate Matter)
PM_{10}: Feinstaub mit einer Körnchengröße bis 10 Mikrometer (µm), Feinstaub dringt über Nase, Mund und Kehlkopf bis in die Lunge ein. Er entsteht u.a. durch Emissionen aus Kraftfahrzeugen, Kraft- und Fernheizwerken, Öfen und Heizungen in Wohnhäusern. Feinstaub gelangt auch durch Bremsen-, Reifen- und Straßenbelagsabrieb sowie durch die Aufwirbelung des Staubes von der Straßenoberfläche in die Luft.

Stickstoffdioxid (NO_2)
toxisches Gas, Hauptquelle: Verbrennungsprozesse in Motoren und Feuerungsanlagen. In Ballungsgebieten ist vorwiegend der Straßenverkehr (hier vorrangig Dieselfahrzeuge) der Verursacher.

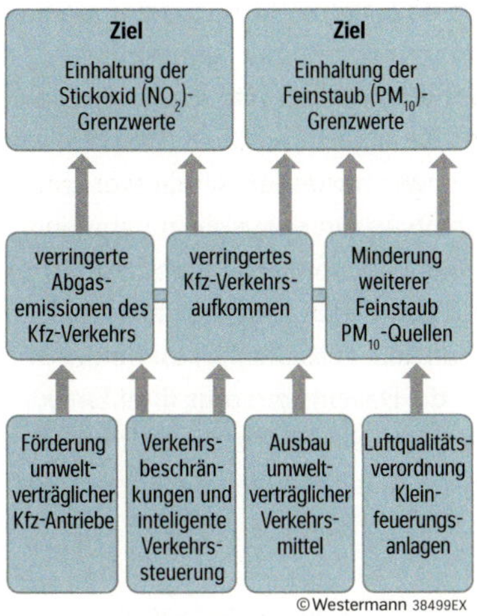

M6: Maßnahmen und Ziele zur Verbesserung der Luftqualität

Umweltverträgliche Verkehrsmittel
Ausbau des ÖPNV, des Radverkehrs, von Radschnellverbindungen, Umsetzung von Fußverkehrs- und P+R-Konzepten; emissionsarme Busse

Reduzierung von Feinstaubquellen
Abgasanforderungen für Baumaschinen, Befeuerungsstopp von Kaminöfen bei Feinstaubalarm

Umweltverträgliche Fahrzeuge
E-Fahrzeuge für den kommunalen Fuhrpark, für die Zustelldienste, für Taxibetriebe, Pflegedienste etc.

Verkehrsbeschränkung, -steuerung
Geschwindigkeitsanpassung, Parkraummanagement, intelligente Verkehrssteuerung

M7: Maßnahmenkatalog für saubere Luft in Stuttgart

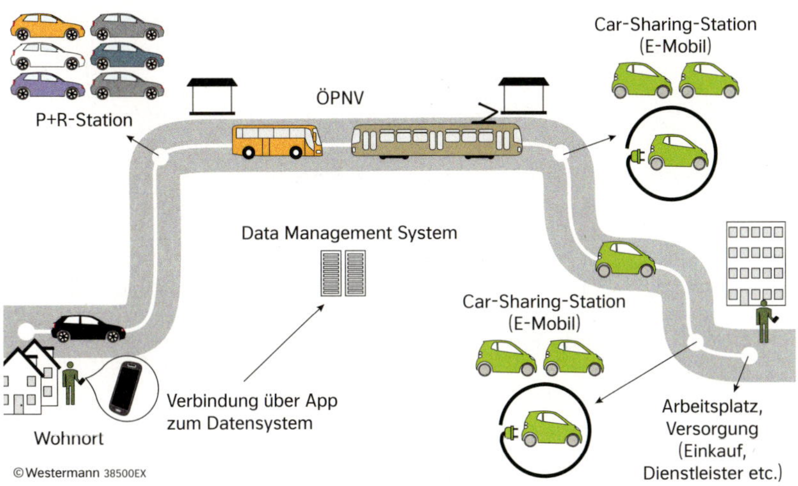

M8: Stadt-Land-Mobilitätskonzept der Zukunft?

Funktionsweise des Stadt-Land-Mobilitätskonzepts:
- *Verbindung mit der IT-Infrastruktur des Verkehrsfunks, des ÖPNV, der Carsharing-Station*
- *Pendler nutzen eigenes Auto bis zur P+R-Station*
- *Nutzung des ÖPNV (U-, S-Bahn, Tram, Bus)*
- *Übernahme/Abgabe eines E-Autos in der Stadt*
- *Fußweg zum Zielpunkt*

1 Analysieren Sie die Luftschadstoffsituation in Städten (M1 – M4).
2 Erklären Sie die besondere lufthygienische Situation von Städten in Talkesseln (M5).
3 „Neben einer deutlichen Senkung der Luftschadstoffe aus dem Autoverkehr brauchen wir auch ein anderes Mobilitätsverhalten. Dazu gehört die stärkere Nutzung umweltfreundlicher Verkehrsmittel wie Busse, Bahnen oder das Fahrrad." (Winfried Hermann, Deutscher Verkehrspolitiker in Baden-Württemberg) Beurteilen Sie unter diesem Aspekt das Stadt-Land-Mobilitätskonzept (M8).

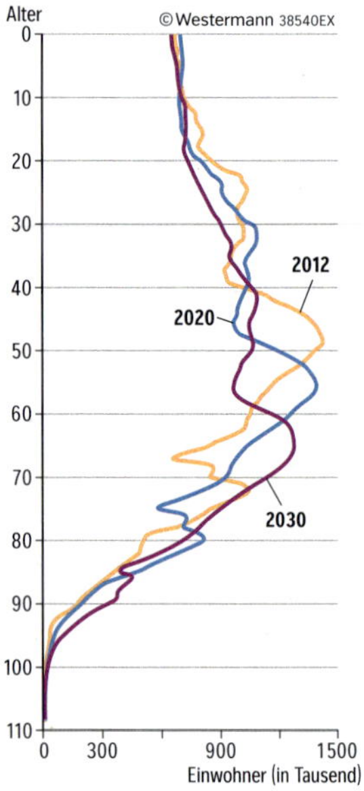

M1: Verschiebung der Altersstrukur in Deutschland

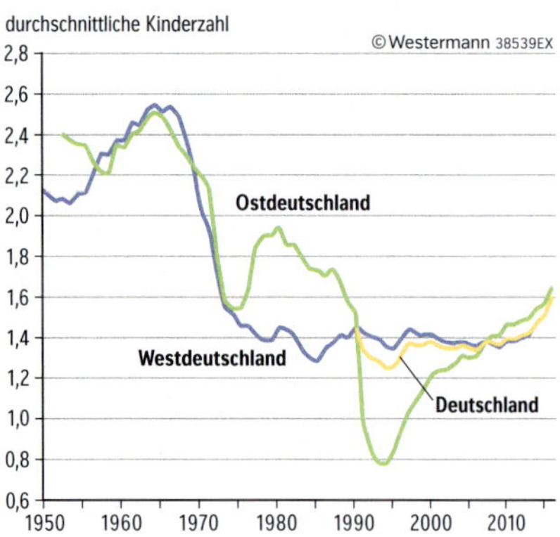

M2: Fertilitätsrate in Ost- und Westdeutschland (1950 – 2016)

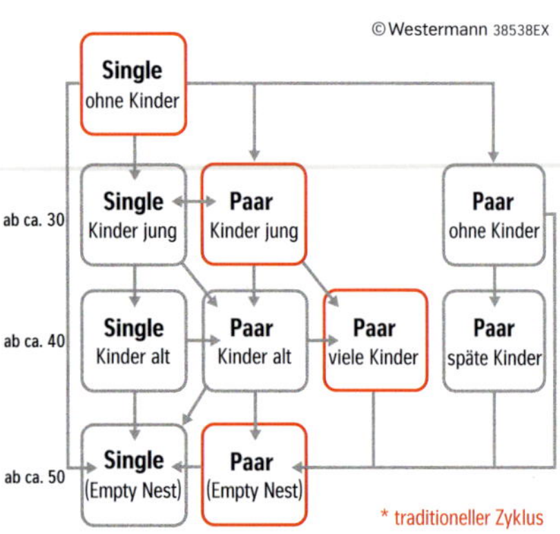

M3: Moderner Familienlebenszyklus

4.4.1 Die Stadt im demografischen Wandel

In den letzten Jahrzehnten hat in Deutschland und Europa eine gesellschaftliche Transformation stattgefunden, durch die sich die Alters- und Sozialstruktur stark verändert hat. Die Stadt(entwicklung) auf Prozesse wie Bevölkerungsrückgang und Überalterung reagieren.

Änderungen der Bevölkerungsentwicklung haben in Städten und im ländlichen Raum gleichermaßen weitreichende gesamtgesellschaftliche Folgen. Dieser **demografische Wandel**, der sich in einem Bevölkerungsrückgang und einer Überalterung (M1) zeigt, ist vor allem auf den Rückgang der Geburtenrate und der Zunahme der Lebenserwartung zurückzuführen. Damit verbunden sind unter anderem eine Veränderung der Familien- und Haushaltsstrukturen (M3, M5), der Lebensläufe und gesellschaftlichen Werte sowie besondere Herausforderungen für die Altersvorsorge und das Gesundheitswesen sowie ein zunehmender Arbeitskräftemangel. Trotz allgemeiner Trends variieren diese demografischen Umgestaltungsprozesse zwischen Stadt und Land aber auch regional (M4).

Obwohl Kommunen unterschiedliche finanzielle, arbeitsmarktbedingte und soziale Voraussetzungen haben, müssen sie die Daseinsvorsorge ihrer Einwohner grundlegend sichern. Ihre Aufgabe ist es, eine Stadt für alle Lebensalter zu schaffen. Hierbei wird in den nächsten Jahren und Jahrzehnten die Alterung der Gesellschaft die größte Rolle spielen (M6).

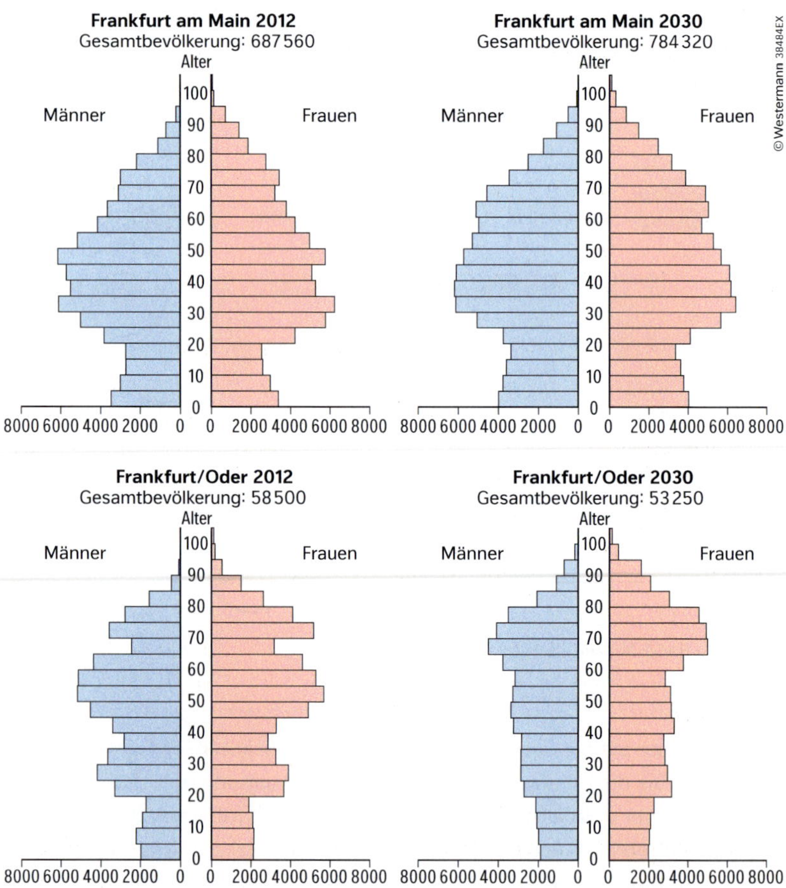

M4: Altersstruktur von Frankfurt a.M. und Frankfurt (Oder) (2012 und 2030)

Jahr	insgesamt	1-Pers. haushalte	Mehrpersonenhaushalte mit ... Personen				ø-Haushaltsgröße
			2	3	4	5 +	
	in 1000						
2015	40774	16875	13956	4940	3679	1323	2,00
2020	42202	17621	14683	4957	3659	1283	1,97
2025	42646	17998	15134	4759	3540	1215	1,95
2030	42885	18422	15377	4555	3428	1154	1,93

Quelle: Statistisches Bundesamt

M5: Entwicklung der Privathaushalte in Deutschland

»

Aufgabenbereich „technische Infrastruktur“: *Kommunen sind dafür verantwortlich, die wesentliche technische Infrastruktur wie öffentliche Gebäude, Leitungssysteme und Verkehrswege für ihre Bürger zur Verfügung zu stellen. Die Bereiche Mobilität und Wohnen sind dabei besonders wichtig für eine altersfreundliche Stadtentwicklung. Gerade für ältere Menschen ist die Mobilität im Alltag ein Schlüsselelement der Lebensqualität. Nur wer mobil ist, kann Dienstleistungen erreichen, Freizeitangebote wahrnehmen oder soziale Beziehungen pflegen. [...] Eine barrierefreie Stadt, in der Wege, öffentliche Räume und Gebäude für alle Menschen frei zugänglich sind, fördert die Mobilität älterer Menschen. Dazu gehören Rampen und Fahrstühle an öffentlichen Gebäuden und U-Bahn-Stationen, abgesenkte Bürgersteige und Bahnen, die den Einstieg mit Rollstuhl erlauben, aber auch Wegweiser in großer Schrift oder ein Leitsystem mit Farbcodes. Diese Maßnahmen kommen nicht nur älteren Menschen zugute, sondern auch gesundheitlich eingeschränkten Menschen oder Eltern, die mit dem Kinderwagen unterwegs sind. [...]*

Aufgabenbereich „soziale Infrastruktur“: *Zur sozialen Infrastruktur zählen die Bildungs- und Betreuungseinrichtungen wie Schulen, Bibliotheken oder Kindergärten, Leistungen der Gesundheitsversorgung wie Krankenhäuser sowie Kultureinrichtungen und Angebote zur gesellschaftlichen Teilhabe wie Museen, Begegnungs-, Beratungs- und Integrationsstätten. [...] Mangelnde Information, nicht angepasste Angebote oder fehlende soziale Kontakte können älteren Menschen die Teilhabe erschweren. [...] Die Organisation von Pflege und Pflegeleistungen gehört ebenfalls zur sozialen Infrastruktur der Kommunen. Zwar sind in erster Linie die Pflegekassen für die Pflegeleistungen verantwortlich, jedoch führen die Kommunen häufig die Beratung und vieles der praktischen Umsetzung durch. In diesem Bereich ist es wichtig, nicht erst bei den wirklich Pflegebedürftigen anzusetzen.*

Aufgabenbereich „Beschäftigung und ehrenamtliches Engagement“: *Wenn eine Bevölkerung altert, ist es umso wichtiger, dass Menschen aller Altersgruppen aktiv an der Gesellschaft teilhaben können – ob in formaler Beschäftigung oder durch ehrenamtliches Engagement. [...] Mit attraktiven Angeboten in der technischen wie sozialen Infrastruktur können Kommunen nicht nur der Altersabwanderung vorbeugen, sondern auch Ältere aus dem Umland dazugewinnen.*

«

M6: Quellentext zu zentralen Aufgabenbereichen für eine altersfreundliche Kommunalpolitik
Berlin-Institut für Bevölkerung und Entwicklung (Hrsg.): Stadt für alle Lebensalter, Berlin 2014, S.27

M7: Barrierefreiheit für Senioren im ÖPNV

1 Erläutern Sie die unterschiedliche Altersstruktur in Ost- und Westdeutschland (M2, M4).
2 Analysieren Sie die Entwicklung der Privathaushalte in Deutschland (M5).
3 Entwickeln Sie ein Konzept zur Daseinsvorsorge für alle Lebensalter an ihrem Schulstandort.

4.4.2 Städtische Wohnungsnot

„Wohnst du schon oder suchst du noch?" Schlange stehen im Treppenhaus, blaue Plastiküberzieher für Schuhe bei der mittlerweile vierzigsten Besichtigung und ... immer noch kein Zuschlag. In deutschen Großstädten verschärft sich die Lage auf dem Wohnungsmarkt zunehmend.

Wohnungen sind vor allem in deutschen Großstädten Mangelware: „Suche dringend Wohnung in HH-Eimsbüttel! Übernehme gerne und fachgerecht Renovierungsarbeiten. Miete max. 1300 €. Bei erfolgreicher Vermittlung 500 € Prämie. Bitte melden unter ..." So sieht der Zettelkrieg an Bäumen, Laternenmasten und schwarzen Brettern in deutschen Großstädten aus. Und eine Entspannung der Lage ist nicht in Sicht. Damit die Nachfrage gedeckt werden kann, müssen aufgrund eines Baunachholbedarfs neue bezahlbare Wohnungen in großem Stil erstellt werden, in Groß- und Universitätsstädten und deren Umland mehr als in ländlichen Regionen.

Die Gründe für diese Nachfrage liegen teilweise an altersstrukturellen Trends, da eine wachsende Zahl älterer Menschen in Kernstädten und im suburbanen Raum als Single oder im Zweipersonenhaushalt einen für sie viel zu großen Wohnraum blockieren. Ihre Kinder, die ihren Wohnstandort zwecks Ausbildung oder Studium als Haushaltsgründer verlagern, verschärfen einerseits die Nachfrage. Zudem bedeutet die internationale Zuwanderung (Fluchtwanderung aus Krisen- und Kriegsgebieten, arbeitsmarktorientierte Zuwanderung aus südlichen EU-Staaten) eine Verknappung des Wohnraums. Eine weitere Verschärfung in wirtschaftsstarken Regionen ergibt sich durch die nationale Abwanderung aus strukturschwachen Gebieten. Mit der Wohnungsknappheit verbunden ist vielerorts eine kontinuierliche Steigerung der Mieten.

M1: Schlange bei einer Wohungsbesichtigung in München für eine Dreizimmerwohnung in der City

M2: Entwicklung der Einwohner, Haushalte, Haushaltsgrößen in ausgewählten deutschen Städten (2000, 2017

Stadt	Jahr	Einwohner	Haushalte	Ø-Haushaltsgröße
Hamburg	2000	1715392	952232	1,80
	2017	1860759	1034071	1,79
Berlin	2000	3387000	1822800	1,86
	2017	3558900	2002900	1,78
Frankfurt	2000	660900	358200	1,85
	2017	741093	415172	1,78
Stuttgart	2000	538874	287283	1,88
	2017	611666	348000	1,75
Leipzig	2000	493208	264100	1,86
	2017	590337	335466	1,75

Quelle: Statistische Ämter der Städte

M3: Neubaubedarf der sieben größten Städte, der rund 16 % des gesamten deutschen Neubaubedarfs ausmacht (in Wohneinheiten pro Jahr)

Stadt	2015–2020	2021–2025	2026–2030	2015–2030
Berlin	17200	13600	9800	13800
Hamburg	8300	6800	4000	6500
München	9800	8300	6800	8400
Köln	4400	3600	2700	3600
Frankfurt a.M.	3100	2200	1400	2300
Stuttgart	2700	2300	1900	2300
Düsseldorf	1600	1200	700	1200
gesamt	47100	38000	27300	38100

Quelle: BBSR-Wohnungsmarktprognose 2030

Bauland ist in Großstädten und Verdichtungsräumen knapp. Sollen Städte aus Nachhaltigkeitsgründen nicht weiter ins Umland wachsen, dann muss auf den zur Verfügung stehenden Flächen der Stadt eine praktikable Alternative zum großräumigen Flächenwachstum gefunden werden. Momentan ist hierfür die Nachverdichtung ein gefragter Lösungsansatz. Städtebauliche Nachverdichtung kann sich auf die bauliche Erweiterung bestehender Gebäude beziehen, indem sie aufgestockt (M4, M6) oder angebaut werden. Eine weitere Möglichkeit ergibt sich aus der Bebauung noch freier Flächen, wozu etwa Blockrandschließungen, Bebauung von Blockinnenhöfen oder Hinterlandbebauung von Grundstücken zählen. Auch die Umstrukturierung von Flächen wird ins Auge gefasst, wenn Parkplatz- und Gewerbeflächen oder Kleingärten zu Wohnflächen umgewidmet werden. Die Konversion ehemaliger Militärbauten, nicht mehr genutzter Gleisanlagen oder Bauhöfe sind ebenso gefragte Nachverdichtungsflächen im Innenbereich der Städte (vgl. Kap.3.2).

Bundesland	Wohnungen
Nordrhein-Westfalen	314 000
Baden-Württemberg	176 000
Bayern	160 000
Hessen	125 000
Niedersachsen	86 000
Hamburg	64 000
übriges Deutschland	198 000

Quelle: iwd

M4: Wohnungspotenzial (ø-Wohnfläche 75 m²) bei Aufstockung der Dachgeschosse von Mehrfamilienhäusern

»

Städtebauliche Nachverdichtung ist mit unterschiedlichen Konfliktpotenzialen verbunden. Dabei spielen vor allem die Interessen der betroffenen Bevölkerung eine Rolle. [...] Grundsätzlich können die Konfliktfelder wie folgt charakterisiert werden:

- *Beeinträchtigung des (historischen) Stadtbildes*
- *Vorbehalte hinsichtlich der Bebauung von öffentlich-genutzten oder durch bestimmte Nutzergruppen angeeigneten Freiflächen sowie einer damit verbundenen Unterversorgung des Stadtquartiers mit Naherholungs-, Spiel- und Freizeitflächen*
- *Bedenken hinsichtlich der Verstärkung von Gentrifizierungsprozessen im Stadtquartier*
- *Beeinträchtigungen durch zusätzliche Verkehrs- und Lärmbelastung*
- *(Vermeintliche) persönliche Beeinträchtigung durch Nachbarn. [...]*

Klimaanpassung und Nachverdichtung wurden bisher häufig als Gegensätze betrachtet, da zusätzliche Bebauung mit dem Verlust von Freiflächen und der Zunahme von Hitzeinseln gleichgesetzt wurde. Durch eine gezielte Steuerung lassen sich diese negativen Auswirkungen allerdings vermeiden.

«

M5: Quellentext zu Problemen bei der Nachverdichtung
Bundesinstitut für Bau-, Stadt- und Raumforschung: Städtebauliche Nachverdichtung im Klimawandel. ExWoSt-Informationen 46/1 2014, S.16

M6: Innenhofbebauung in München

»

Bei einer Aufstockung um durchschnittlich 1,3 Stockwerke ergibt sich ein Potenzial von 1,1 Millionen neuen Wohnungen mit insgesamt 84 Millionen Quadratmetern Wohnfläche. [...] die ökologischen Vorteile sind laut TU Darmstadt [...] nicht von der Hand zu weisen: Aufstocken spart Energie. Wird die oberste Geschossdecke der Mehrfamilienhäuser überbaut, sinkt der Heizbedarf in den ehemaligen Dachwohnungen um bis zu 50 Prozent. Und bei einer modernen, energieeffizienten Bauweise würden die neuen Obergeschosse kaum zusätzliche Wärme verbrauchen. Aufstocken spart Fläche. Um dieselbe Menge an Wohnraum neu zu bauen, müssten insgesamt 348 Millionen Quadratmeter mehr versiegelt werden – eine Fläche, die beispielsweise die Größe der Städte Dresden oder Bremen übersteigt."

«

M7: Quellentext zur Aufstockung
Hallo Karlsson. iw-dienst Informationen aus dem Institut der deutschen Wirtschaft Köln 5.5.2016, S.2

1 Erklären Sie das Zustandekommen des städtischen Wohnungsmangels.
2 Erörtern Sie das Konzept der Nachverdichtung als Lösungsansatz für den Wohnungsmangel.

4.5.1 Städte im Konkurrenzkampf

Städte befinden sich in einem zunehmenden Konkurrenzkampf um öffentliche Aufmerksamkeit, Investoren und Arbeitskräfte. Aktive Standortpolitik und Stadtmarketing gehören daher zum Repertoire der Stadtentwicklungspolitik.

Kiel.
Kiel
Sailing. City.

M1: Logo des Stadtmarketings für Kiel

„München mag dich", „Stuttgart – Motor Deutschlands", „365/24 Berlin", „Lohne lohnt sich." Es gibt kaum eine Stadt mehr in Deutschland, die nicht mit einem Slogan für sich wirbt. Städte begreifen sich als Marken, kreieren ein charakteristisches Image und weisen auf Alleinstellungsmerkmale hin, um national und international attraktiv als Wirtschaftsstandort, Wohn- und Einkaufsort und touristisches Ziel zu sein. Dies ist unter anderem deswegen notwendig, weil die städtischen Standorte immer ähnlicher geworden sind und sich bezüglich der harten Standortfaktoren (Verkehrserschließung, Boden-/Mietpreise, Produktions- und Büroflächen etc.) kaum mehr unterscheiden. Weiche Standortfaktoren (Image, Freizeitwert, kulturelles Angebot etc.) werden also immer wichtiger. Um die Stadt ins rechte Licht zu rücken, eignen sich besonders große Events (Sportveranstaltungen, kulturelle Festivals, Gartenschauen etc.), aber auch außergewöhnliche Neubauprojekte (z. B. Elbphilharmonie Hamburg, Marta Herford) und die Restaurierung historischer Gebäude (z. B. Frauenkirche Leipzig, Stadtschloss Berlin).

M2: Definition von Stadtmarketing durch die Bundesvereinigung City- und Stadtmarketing Deutschland e.V.
Heribert Meffert, Bernadette Spinnen, Jürgen Block (Hrsg.): Praxishandbuch City- und Stadtmarketing. Wiesbaden: Springer Gabler, S. VIII

» *Stadtmarketing als Ansatz der zielgerichteten Gestaltung und Vermarktung einer Stadt basiert auf der Philosophie der Kundenorientierung. Es dient der nachhaltigen Sicherung und Steigerung der Lebensqualität der Bürger und der Attraktivität der Stadt im Standortwettbewerb. Dies geschieht im Rahmen eines systematischen Planungsprozesses […].*
Das „Produkt" – die „Marke Stadt" – ist das Ergebnis der Einstellungen und des Handelns der Menschen in der Stadt. Stadtmarketing wird deshalb idealerweise von allen Menschen mitgetragen. In einem institutionalisierten Verfahren werden die vielfältigen und häufig unterschiedlichen Interessen aus dem öffentlichen wie privaten Bereich zusammengeführt und die Kräfte gebündelt. Dies setzt die Vereinbarung von Zielvorstellungen voraus, zum Beispiel in Form eines ganzheitlichen Stadtleitbildes. Im Stadtmarketing werden Teilstrategien zusammengeführt. Diese unterscheiden sich nach Zielgruppen, Akteuren und räumlichen Schwerpunkten, z.B. Verwaltungsmarketing, Standortmarketing, Tourismusmarketing oder City-Marketing. «

M3: Berlin Marathon

M4: Elbphilharmonie in Hamburg

4.5.2 Städtetourismus

Von dem seit geraumer Zeit weltweit boomenden Tourismus profitieren auch die Städte, die in Deutschland auf eine lange Tradition als Reiseziel zurückblicken können. Neben einer Reihe positiver ökonomischer Effekte hat der Städtetourismus aber auch negative Begleiterscheinungen.

Der Städtetourismus (privat und beruflich bedingt) ist insbesondere für Großstädte ein nicht unerheblicher Wirtschaftsfaktor geworden. In Hamburg etwa wird durch Übernachtungs- und Tagesgäste ein Umsatz von circa sechs Mrd. Euro generiert (entspricht dem Umsatz des Baugewerbes oder der Chemieindustrie). Dabei sind die **direkten**, aber auch die **indirekten und induzierten Effekte** des Tourismus von Bedeutung. Die touristischen Einkünfte verteilen sich nicht nur auf die Gastronomie (23 %) und die Beherbergungsgewerbe (18 %), sondern vor allem auch auf den Einzelhandel (38 %) und andere Dienstleistungen (21 %).

Städtereisen sind vor allem bei ausländischen Touristen beliebt, die mittlerweile bei den wichtigsten deutschen Reisezielen mehr als ein Drittel der Übernachtungen ausmachen. Auch hier befinden sich die Städte in einer Konkurrenzsituation. Eine Möglichkeit der Profilierung des städtetouristischen Angebots stellt eine konsequente Spezialisierung dar, die zumeist auf den vorhandenen infrastrukturellen, architektonischen, kulturellen oder historischen Gegebenheiten der jeweiligen Stadt basiert (M8).

Neben zahlreichen positiven meist wirtschaftlichen Wirkungen, hat der Tourismus auch soziale und ökologische Folgewirkungen. Zuletzt wurde vor allem die Zweckentfremdung von innerstädtischen Wohnungen als Ferienwohnungen diskutiert.

Direkte, indirekte, induzierte Effekte des Tourismus
Direkte Effekte beziehen sich auf Ausgaben für Güter und Dienstleistungen, die unmittelbar von Touristen konsumiert bzw. genutzt werden. Indirekte Effekte liegen in der Herstellung der Güter für den Tourismus und in der Vorleistung für die benötigten Dienstleistungen. Induzierte Effekte ergeben sich dadurch, dass die im Tourismus erwirtschafteten Einkommen – direkt oder indirekt – wieder in andere Wirtschaftsbereiche investiert werden.

M5: Chinesische Reisegruppe am Römer in Franfkurt am Main

- Messestädte (z. B. Hannover, Düsseldorf, Leipzig, Frankfurt)
- Musicalstädte (z. B. Bochum, Hamburg),
- Städte mit regionalem Bezug (z. B. Kiel, Rostock, Bremerhaven)
- Städte mit historischem Schwerpunkt (z. B. Heidelberg, Tübingen, Potsdam, Münster, Mainz)
- Kunst- und Kulturstädte (z. B. Bayreuth, Stuttgart, Dresden, Bonn)
- internationale Städte (z.B. Berlin, Hamburg, München)

M8: Regionale Spezialisierung deutscher Städtereiseziele

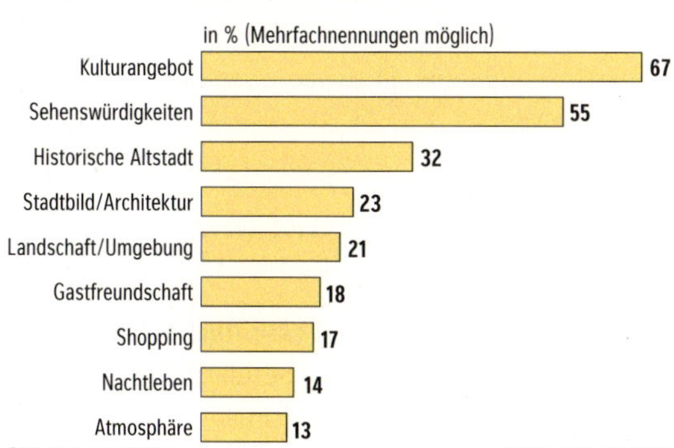

M6: Attraktionsfaktoren für Städtereisen in Deutschland

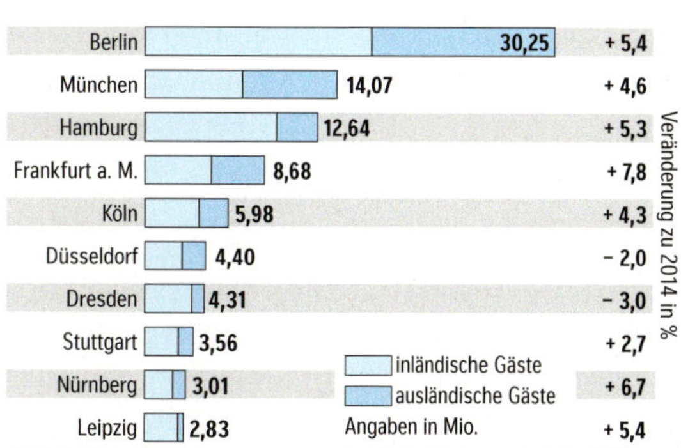

M7: Übernachtungen in deutschen Städten 2017

Positive Wirkungen	Negative Wirkungen
• bessere Auslastung der Unterkunftskapazität, • Umsatzsteigerung in Gastronomie und Einzelhandel, • Mehrverkauf von Eintrittskarten in Kultur- und Freizeiteinrichtungen sowie bei Veranstaltungen, • höhere Einnahmen durch Parkgebühren und im ÖPNV, • Stärkung der örtlichen Wirtschaft durch Inanspruchnahme von Dienstleistungen, • Belebung örtlicher Handwerks- und Industriebetriebe, • *eine allgemeine Verbesserung des Images,* • *eine generelle Steigerung der touristischen Anziehungskraft,* • *ein höheres Ansehen der Stadt durch Investitionen im Kultursektor,* • *Verbesserung der innerstädtischen Verkehrssituation durch tourismusorientierte Einzelmaßnahmen auf dem Verkehrssektor,* • *Verbesserung der städtischen Grünflächensituation durch tourismusorientierte Investitionen in der Grünversorgung,* • *Erhaltung und positive Gestaltung des Stadtbildes und der Infrastruktur, die auch den Einheimischen zur Verfügung steht,* • *Einfluss auf die Sozialstruktur der Bevölkerung,* • *generelle Erhöhung der Lebensqualität,* • *höhere Attraktivität bei der Ansiedlung von Betrieben (weiche Standortfaktoren).*	• Kosten für bauliche und personelle Investitionen (z. B. in Hotellerie und Gastronomie, in der Verkehrsinfrastruktur, im öffentlichen Raum, im Kultur- und Veranstaltungsbereich sowie in Information und Werbung), • bauliche und personelle Folgekosten für alle Investitionen, die im Tourismus getätigt wurden, • Steigerung des allgemeinen Preisniveaus, • höhere Kosten für Wartung und Instandhaltung durch die touristische Mitbenutzung von städtischen Einrichtungen, • höhere Kosten bei der städtischen Wasserversorgung/ -entsorgung, Stadtreinigung etc., • *Überfüllung der Stadt oder einzelner Viertel,* • *Überlastung der städtischen Infrastrukturen,* • *Verbauung der Ortsstruktur,* • *Störung der privaten Haushalte durch Lärm, Abgase, Abfälle etc.,* • *Behinderung des Wirtschaftsverkehrs in der Stadt durch Belastung der Straßen mit Ausflugsverkehr,* • *Belastung der Lebensqualität der einheimischen Bevölkerung (Identifikationsverlust),* • *tourismusbedingte Schäden an städtischen Denkmälern durch Feuchtigkeit,Trittbelastung, Zerstörung etc.*

Quelle: Steinecke 2011

M1: Positive und negative Wirkungen des Tourismus für die Städte (kursiv= geldlich nicht quantifizierbar)

M2: Quellentext zur Ferienwohnungsvermietung in Berlins Innenstadt
Andrej Holm: Wie verändert Airbnb den Wohnungsmarkt? analyse & kritik 21.6.2016

Zweckentfremdungsverbot (Berlin, 2018)

- *Zur Verhinderung der dauerhaften Umwandlung von Mietwohnungen in Ferienwohnungen und des Verlustes für den Wohnungsmarkt*
- *Vermietung an Feriengäste ist genehmigungspflichtig, wenn mehr als die Hälfte einer Wohnung tage- oder wochenweise oder eine Zweitwohnung mehr als 90 Tage vermietet wird.*

» *Seit Jahren polarisieren die steigenden Tourismuszahlen die stadtpolitische Diskussion in Berlin. Während Senat und Lobbyverbände der Berliner Wirtschaft die fast 30 Millionen Übernachtungen pro Jahr als Zeichen für den wirtschaftlichen Aufschwung der Stadt deuten, wächst in vielen Nachbarschaften der Unmut über den Tourismus. Zudem werden die Ferienwohnungen als Faktor wahrgenommen, der die Wohnungsnot in Berlin verschärft. Ein an Touristen vermietetes Apartment kann schließlich nicht gleichzeitig von jemand anderem bewohnt werden.*
Das Problem der Ferienwohnungen hat sich in den letzten Jahren zu einem regelrechten Politikum entwickelt. Zum 1. Mai beschloss der Berliner Senat ein Zweckentfremdungsverbot, um die Vermietung von Ferienwohnungen einzuschränken. [...] Dass das Angebot preisgünstiger Wohnungen vor allem in den Innenstadtbezirken in den letzten Jahren drastisch geschrumpft ist, liegt vor allem an einem massiven Zuwachs der Eigentumswohnungen. Eine Studie des Immobilienentwickler GBI ermittelte für April 2016 etwa 24000 Ferienwohnungsangebote in der Stadt. [...] Ein Großteil der Ferienwohnungen liegt in den Innenstadtgebieten, in denen auch die höchsten Mietsteigerungen zu verzeichnen sind. «

1 Charakterisieren Sie die Begriffe Inszenierung und Festivalisierung der Stadt.
2 Beim Stadtmarketing arbeiten meist private (z.B. Unternehmen, Verbände) und öffentliche Akteure (Politik, Stadtverwaltung) zusammen. Beurteilen Sie, inwieweit die Bürger dabei beteiligt sind.
3 Beschreiben Sie die direkten, indirekten und induzierten Effekte im Städtetourismus.
4 Erörtern Sie den Nutzen des Städtetourismus für deutsche Großstädte (M1).
5 Beurteilen Sie den Begriff „Touristication“ als Bezeichnung für das in M6 dargestellte Phänomen.

Stadt der Zukunft – nachhaltig und smart

Die Stadt der Zukunft – gibt es sie überhaupt? Wird sie nicht in jeder Stadtentwicklungsphase neu erfunden? Im Rahmen der globalen Digitalisierung bestimmt das Smart City-Konzept die momentanen Herausforderungen an die Stadtplanung.

Überall auf der Welt müssen die Städte an die neuen Informations- und Kommunikationstechnologien (Stichwort Digitalisierung) angepasst werden, wobei die Städte in den Industrieländern im Gegensatz zu den Entwicklungs- und Schwellenländern weitaus komplexere Strukturen aufweisen. Um Städte, egal wo auf der Welt, entwicklungsfähig zu halten, gilt es das städtische Entwicklungserbe zu achten und zu erhalten, es aber gleichzeitig auf die neuen sozioökonomischen und ökologischen Anforderungen eines zukünftigen urbanen Lebens auszurichten. Moderne Technologien sollen zudem dazu beitragen, Lösungen für eben diese Herausforderungen zu finden. Hierbei spielt das Smart City-Konzept eine entscheidende Rolle, in das eine breite Palette verschiedener Themenfelder Eingang findet: intelligente Verkehrssteuerung (M4), Steigerung der Energieeffizienz, partizipatorischere Politik und Verwaltungsformen und vieles mehr (M1, M3, S.108). Eine eindeutige Definition des Begriffs „Smart City“ gibt es jedoch nicht.

smart (engl. Adjektiv)
schlau, klug, pfiffig, gescheit, aufgeweckt, findig etc.

»

Smart ist: *intelligent (innovative Ansätze, Einsatz neuartiger Informations- und Kommunikationstechnologien), integrativ, hochgradig vernetzt und bereichsübergreifend (über die systemübergreifende und auch räumliche Vernetzung von Handlungsfeldern entstehen Systemerweiterungen), effizient (damit ist die Reduzierung des Energieverbrauchs gemeint), attraktiv (für Bürger und Wirtschaft; soll zu gesteigerter Lebensqualität führen). Smart bedeutet in unserem Kontext konkret, dass beispielsweise ein mitdenkendes Haus elektronische Geräte ausschaltet, falls wir es beim Verlassen des Hauses vergessen haben. Oder die Heizung reguliert sich über eine App selbst, da diese aus dem Internet die lokalen klimatischen Bedingungen mitberücksichtigt. So entstehen sich selbst regulierende und lernende Systeme, die Effizienzsteigerungen (reduzierter Energieverbrauch etc.) mit sich bringen. Diese Systeme sind hochgradig vernetzt und selbstheilend, in dem Sinne, dass bei Ausfällen im System andere Systembereiche „heilend“ die Funktion ohne Systembrüche übernehmen.*

«

M3: Quellentext zur Bedeutung des Begriffs „Smart“
Michael Jaekel, Karsten Bronnert: Moderne Städte sind smart. In Die digitale Evolution moderner Großstädte. Wiesbaden: Springer Vieweg 2012 S. 9

① Taxi-Stand (verdeckt)
② ÖPNV-Station: 2-U-Bahn-, 1 Tram-, 4 Buslinien
③ Echtzeit-Informationssystem
④ Fahrradverleihsystem
⑤ Carsharing freefloat (FFCS): Pkw steht dort, wo der letzte Kunde ihn abgegeben hat, Ortung per Handy
⑥ E-Ladestation für FFCS für zwei Pkw
⑦ Carsharing stationsbasiert: Pkw wird an einer bestimmten Stelle abgeholt und muss dort auch zurückgebracht werden.
⑧ Bike & Ride: Fahrradstellplätze

M4: Energieeffizientes Verkehrssystem: Mobilstation in München

4.6 Stadt der Zukunft

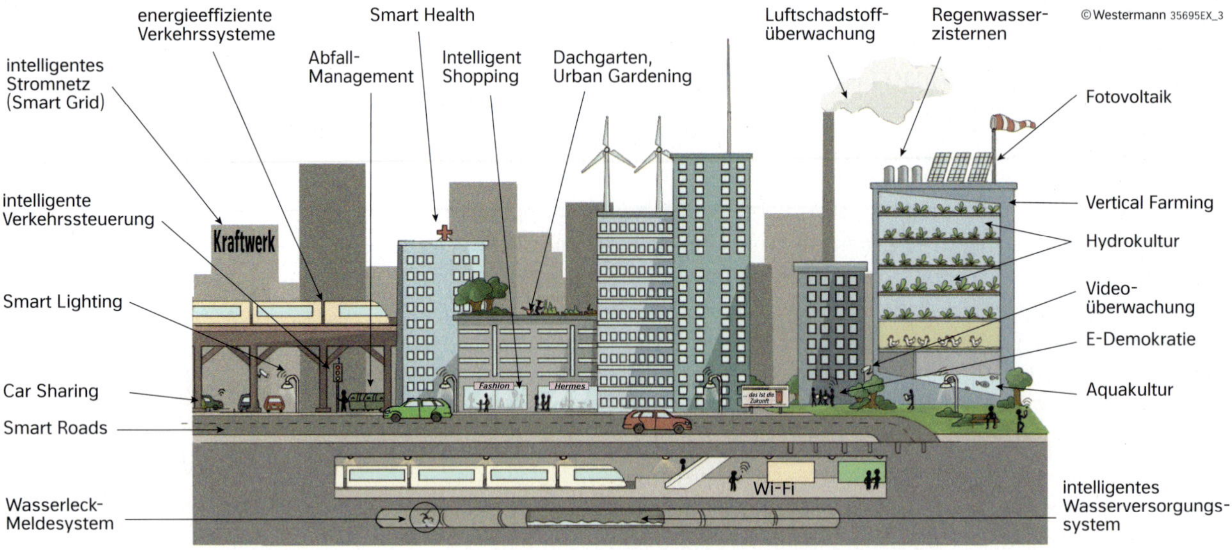

M1: Smart City

- Keine alleinige Bewältigung des ökologischen Wandels durch „smarte“ Technologien
- Smart City ist ein Marketinginstrument der Technologiekonzerne und damit ein lukratives Geschäft für die Bereitstellung „smarter“ Technologie.
- Gefahr von möglicher technologischer Abhängigkeit in allen Anwendungen
- Gefahr von Sicherheitslücken als Angriffsfläche für Cyber-Attacken
- Gefahr digitaler Spaltung der Gesellschaft durch fehlende digitale Nutzungskompetenz
- Gefahr der automatisierten Erfassung und Analyse von Nutzerdaten, schmaler Grat zwischen Smart City und totaler Überwachung einer städtischen Gesellschaft

M2: Kritik am Smart City-Konzept

Smart Roads / Smart Lighting	**Smart Health**
Überwachung der Straßen mithilfe eines Verkehrsmanagementsystems. Intelligente Sensoren überwachen Verkehrsfluss und Zustand der Straßen. Aber auch die Beleuchtung der Straßen und Gehwege kann automatisch witterungsabhängig erfolgen.	Durch innovative Technik und Vernetzung können Prozesse und Abläufe in der Gesundheitsversorgung effektiver gestaltet werden. Dazu können auch Ferndiagnosen durch Experten und Behandlungen durch Telemedizin beitragen.
Intelligente Verkehrssteuerung	**E-Demokratie**
Über intelligente Assistenten in Fahrzeugen, aber auch in Smartphone-Apps können Verkehrsströme gesteuert werden. Ebenso kann der öffentliche Nahverkehr über diese Systeme Kapazitäten passend bereitstellen und Personen entsprechend lenken.	Neue Formen der Bürgerbeteiligung über das Internet und Vereinfachung von Informations- und Kommunikationsprozessen zwischen Parlamenten, Bürgern und Unternehmen. Mit E-Petitionen können Politiker z.B. auf Probleme aufmerksam gemacht werden.
Terrorschutz	**Intelligent Shopping**
Sensoren in der Stadt spüren gefährliche chemische und explosive Stoffe auf.	Bereitstellung von Waren nach Kundenpräferenzen und -gewohnheiten beim Einkauf.
Vertical Farming	**Sharing Economy**
Landwirtschaftliches Konzept in Städten, bei der die Agrarproduktion in Hochhäusern (vertikal) stattfindet, um städtischen Raum nachhaltig landwirtschaftlich zu nutzen.	Systematisches Ausleihen von Gegenständen und gegenseitige Bereitstellen von Lager- und Arbeitsräumen, nichtkommerziell und kommerziell (z.B. Tausch-, Schenkbörsen auf elektronischen Plattformen und sozialen Netzwerken, Car- und Wohnungssharing, Fahrdienste, Werkzeugverleih, Coworking)
Urban Mining	
Systematische Erfassung und Rückgewinnung von (Sekundär-)Rohstoffen aus Gebäuden, Infrastruktur, Produkten.	

M3: Beispiele für Elemente einer Smart-City

1 Beschreiben Sie die wirtschaftlichen, ökologischen und politischen Herausforderungen und Probleme in Städten, für die das Smart City-Konzept Lösungen anbietet.

2 Erörtern Sie das Smart City-Konzept.

3 „Nur die Menschen, die darin wohnen, arbeiten, handeln, die sie regieren oder verwalten, können durch ihr intelligentes Verhalten einer Stadt als sozialem, politischem und räumlichem Gebilde ‚Intelligenz‘ verleihen.“ Nehmen Sie Stellung zu dieser Aussage des deutschen Stadtplaners und Architekten A.F. Speer.

Verstädterung in den Ländern des Südens

5

Im Norden von Johannesburg trennt eine Straße arm und reich – links schmucke, oft hoch umzäunte Einfamilienhäuser der weißen Mittelschicht, rechts einfache Hütten mit Wellblechdächern der schwarzen Armutsbevölkerung. Diese Polarisierung der Gesellschaft, die sich räumlich in einer Fragmentierung der Stadtlandschaft ausdrückt, ist ein typisches Phänomen vieler Städte in Entwicklungs- und Schwellenländern. Trotzdem ist das Leben in den Städten für viele Menschen attraktiv. Während sich in den Industriestaaten die Verstädterung immer weiter abschwächt, setzt sich das städtische Wachstum insbesondere in Asien und Afrika rasant fort. Dabei sind es vor allem die großen Metropolen die vielerorts zu immer größeren Städtemonstern mit vielen Millionen Einwohnern wachsen. Diese nur schwer zu steuernden Megastädte kämpfen mit ihrer unzureichenden Infrastruktur sowie zahlreichen sozialen, wirtschaftlichen und ökologischen Problemen und sind zugleich die Hoffnungsträger für die zukünftige Entwicklung der Länder des Südens.

5.1 Globale Verstädterung

Land/Region	Verstädterungsgrad 2018	Verstädterungsgrad 2050
Welt	55,3 %	68,4 %
Industrieländer	**78,7 %**	**86,6 %**
Europa	74,5 %	83,7 %
Westeuropa	79,9 %	87,0 %
Nordeuropa	82,2 %	89,2 %
Südeuropa	71,5 %	82,1 %
Osteuropa	69,6 %	79,4 %
Nordamerika	82,2 %	89,0 %
Japan	91,6 %	94,7 %
Australien/Neuseel.	86,1 %	91,1 %
Entwicklungländer	**50,6 %**	**65,6 %**
Afrika	42,5 %	58,9 %
Nordafrika	52,0 %	64,1 %
Subsahara-Afrika	40,4 %	58,1 %
Asien*	48,7 %	65,6 %
Ostasien*	60,5 %	80,4 %
Südasien	35,8 %	53,8 %
Südostasien	48,9 %	66,0 %
Zentralasien	48,2 %	60,5 %
Westasien	71,6 %	81,4 %
Lateinamerika	80,7 %	87,8 %
Südamerika	84,1 %	90,1 %
Mittelamerika	74,7 %	84,0 %
Ozeanien**	23,1 %	36,6 %

* ohne Japan ** ohne Australien und Neuseeland
Quelle: UN Urbanization Prospects 2018

M1: Verstädterungsgrad (2018 und 2050)

In den letzten Jahrzehnten hat die globale Verstädterung rasant zugenommen. Dabei steigt die Anzahl der Städter vor allem in den weniger entwickelten Ländern, während sie in den entwickelten Ländern auf hohem Niveau stagniert.

2018 lebten auf der Welt 4,2 Mrd. Menschen in Städten, 55 Prozent der Weltbevölkerung. Damit hat sich die Zahl der Städter seit 1950 mehr als verfünffacht (M2). Nach UN-Schätzungen wird 2050 die Einwohnerzahl in Städten auf 6,7 Mrd. anwachsen. Die am wenigsten verstädterten Großregionen sind aktuell Asien und Afrika, die allerdings auch die größten Verstädterungsraten haben. Während die durchschnittliche jährliche Wachstumsrate in der Welt zwischen 2010 und 2015 bei etwa zwei Prozent lag, wuchs die städtische Bevölkerung in Subsahara-Afrika um vier Prozent im Jahr. Es wird erwartet, dass bis 2050 90 Prozent des städtischen Wachstums in Afrika und Asien erfolgt, 30 Prozent allein in den Ländern Indien, China und Nigeria. Unter den weniger entwickelten Regionen ist Südamerika traditionell die Ausnahme bei der Verstädterung. Hier stagniert der Verstädterungsgrad seit geraumer Zeit nahezu – ähnlich wie in den entwickelten Regionen (M3).

Während sich in Europa und später in Nordamerika der Prozess der Verstädterung bereits während der Industrialisierung im 19. Jahrhundert vollzog, startete

M2: Wachstum der städtischen Bevölkerung weltweit und Anteil der Großregionen an der Stadtbevölkerung (1950–2050)

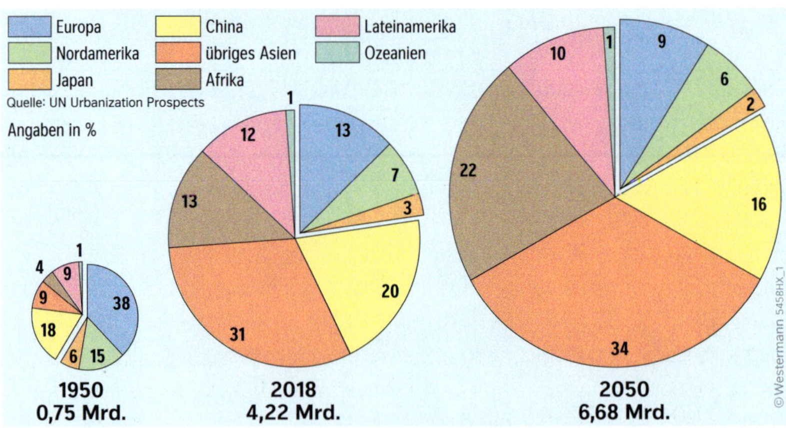

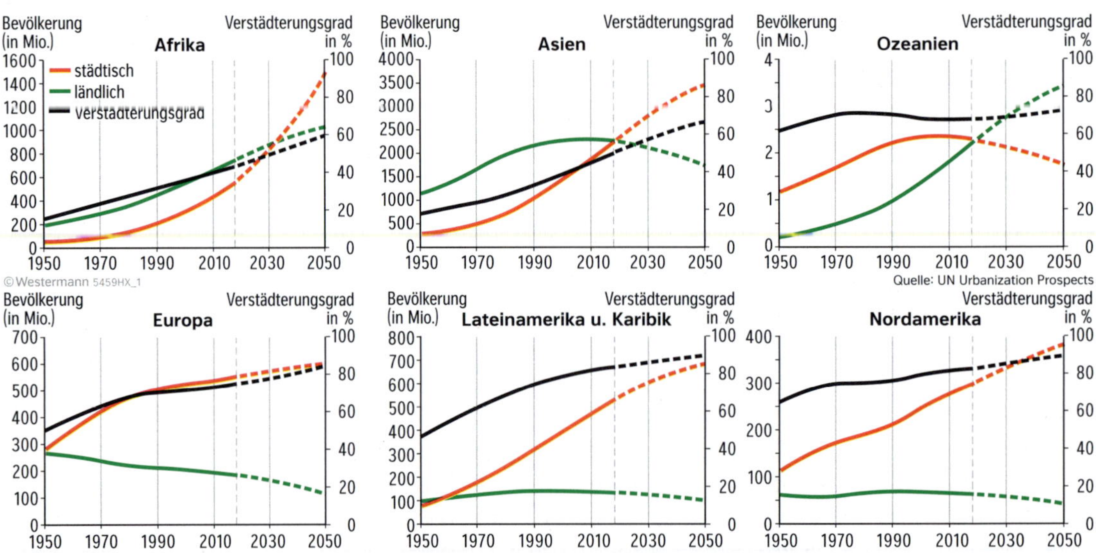

M3: Entwicklung der städtischen und ländlichen Bevölkerung nach Großregionen (1950–2050)

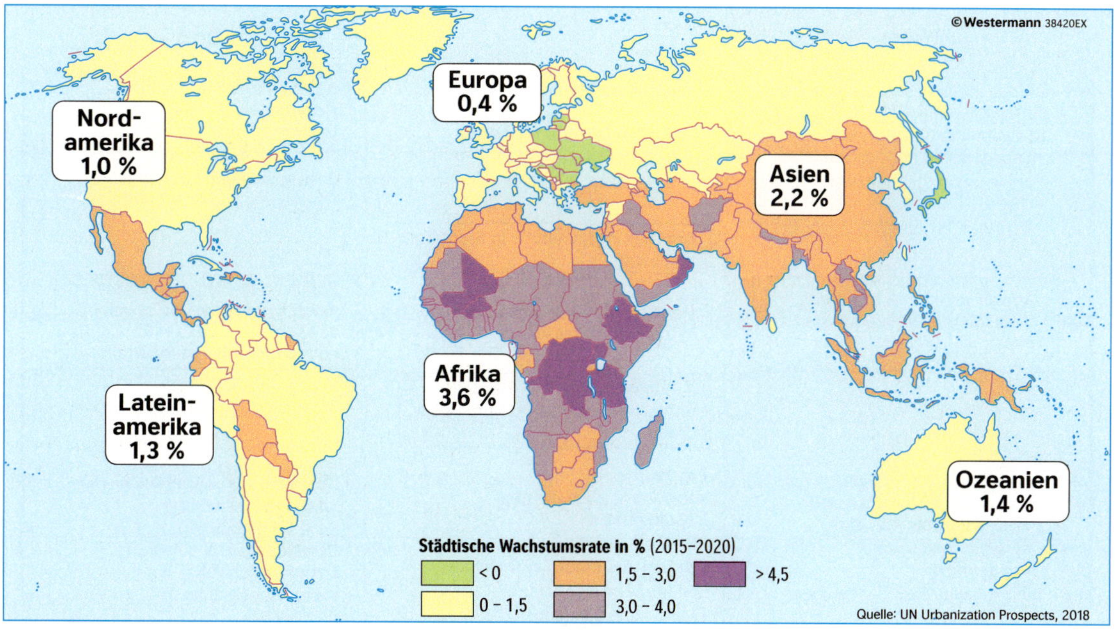

M4: Jährliche Wachstumsrate der Stadtbevölkerung (2015 – 2020)

das zum Teil explosionsartige Städtewachstum in den heutigen Entwicklungs- und Schwellenländern erst nach 1950. Zuwanderung war in beiden Fällen eine wesentliche Ursache für die Zunahme der Stadtbevölkerung. Vereinfachend wird zur Erklärung der Land-Stadtwanderung das Push- und Pull-Modell verwendet (M1, M2, S. 112).

»

Städtisches Bevölkerungswachstum hängt von der Bilanz der natürlichen und räumlichen Bevölkerungsbewegungen ab. Aber auch die Neuzuordnung ländlicher zu städtischen Gebieten sowie Eingemeindungen in Städte können von Bedeutung sein. Einfluss auf [den Verstädterungsgrad] *nehmen die wirtschaftliche Dynamik, die Zahl der Geburten je Frau sowie historische, soziokulturelle und politische Bedingungen. Auch naturräumliche Gegebenheiten können eine Rolle spielen. Nach wie vor wandern junge Menschen in die Städte auf der Suche nach einem Arbeitsplatz, in der Hoffnung auf ein höheres Einkommen sowie bessere Bildungs- und Aufstiegschancen als in den ländlichen Räumen. Die vergleichsweise junge Altersstruktur der städtischen Bevölkerung führt zu einer Zunahme der Zahl der Geburten, sodass* [...] *mit fortschreitender Verstädterung Geburtenüberschüsse die positive Bilanz der räumlichen Bevölkerungsbewegungen als wichtigste Komponente des städtischen Wachstums ablösen und sogar Wanderungsverluste mehr als ausgleichen können.*

Aber auch bei der Verstädterungsdynamik gibt es regionale Unterschiede. In Afrika, wo die Geburtenhäufigkeit auch in Städten nach wie vor hoch und die ökonomische Entwicklung schwach ist, resultieren etwa 75 Prozent des städtischen Wachstums aus Geburtenüberschüssen. In China hingegen tragen vor allem Wanderungsgewinne zum Wachstum der Städte bei: Die Ein-Kind-Politik, die in den Metropolen eher als in ländlichen Gebieten durchgesetzt werden konnte, die wirtschaftliche Prosperität und die hohe Erwerbsbeteiligung von Frauen spielen dabei eine wesentliche Rolle.

«

M5: Quellentext zur globalen Verstädterung
Paul Gans, Ansgar Schmitz-Veltin, Christina West: Bevölkerungsgeographie. Braunschweig: Westermann 2019, S. 22 – 23

Natürliche Bevölkerungsbewegungen
Veränderung des Bevölkerungsstandes durch Geburten und Sterbefälle.

Räumliche Bevölkerungsbewegungen
Veränderung des Bevölkerungsstandes durch Wanderungen (Zuzüge und Wegzüge).

Globale Verstädterung

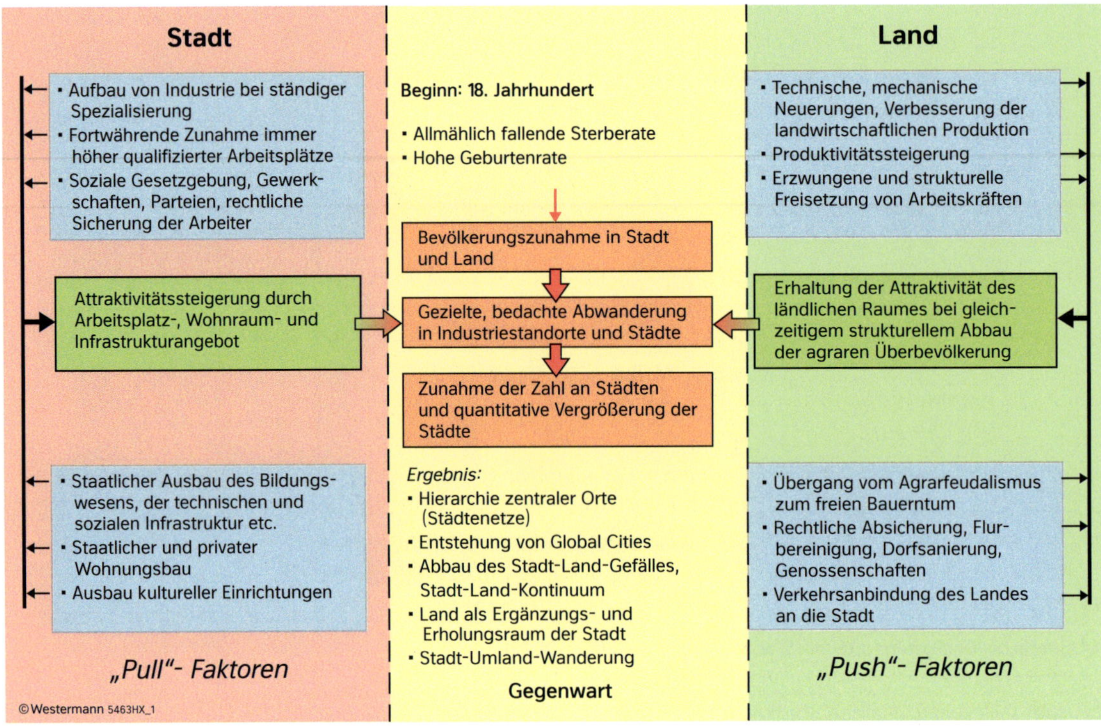

M1: Verstädterung in den heutigen Industrieländern

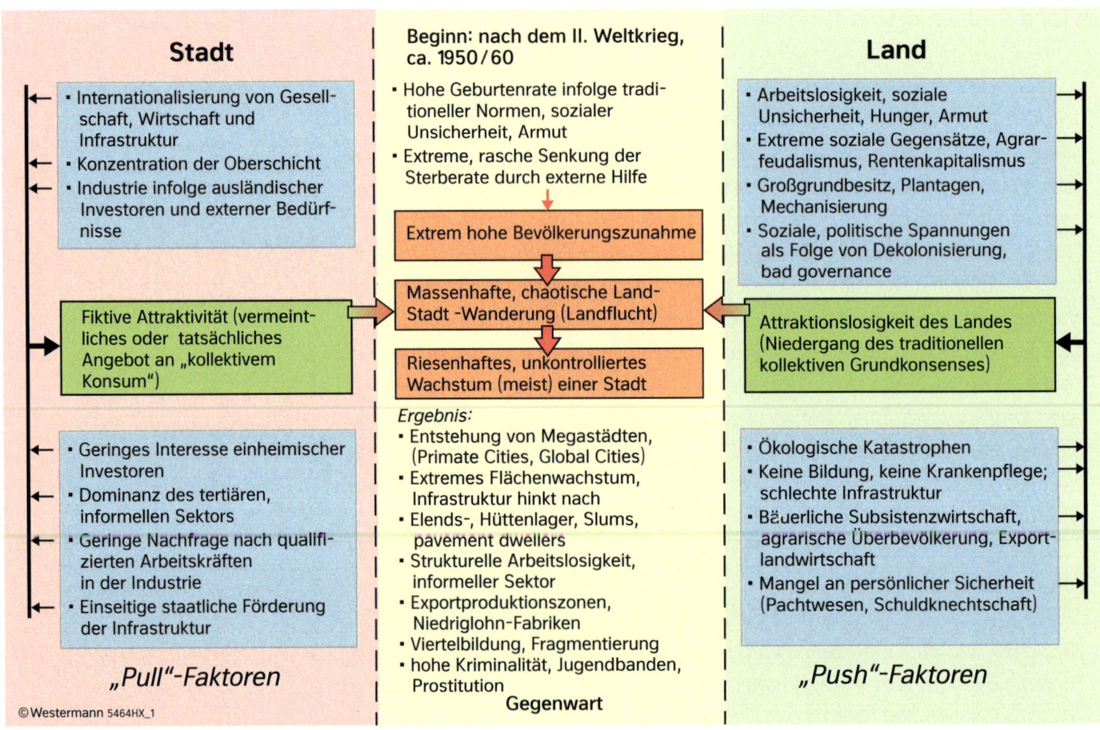

M2: Verstädterung in weniger entwickelten Ländern

1 Fassen Sie die Trends der globalen Verstädterung seit 1950 zusammen (M1 – M4, S. 110 – 111).
2 Vergleichen Sie die Verstädterung in entwickelten und weniger entwickelten Ländern (M1, M2).

Metropolisierung 5.2

Neben der allgemeinen Zunahme der Verstädterung ist insbesondere in den weniger entwickelten Ländern ein Trend zur Vergroßstädterung oder Metropolisierung zu beobachten. Dabei spielen die Megastädte in zahlreichen Ländern eine immer wichtigere Rolle.

Mit London gab es im frühen 19. Jahrhundert eine einzige Millionenstadt auf der Welt. 1900 war ihre Zahl auf 13 angestiegen, die sich – vom britisch-indischen Kalkutta abgesehen – alle in den Industrieländern befanden (M4). Heute hat sich dieser Trend umgekehrt: 391 der 513 Millionenstädte auf der Welt und 23 der 29 Megastädte mit mehr als zehn Mio. Einwohnern befinden sich heute in weniger entwickelten Ländern (M5). In vielen Ländern nimmt eine Millionen- oder Megastadt eine Primatstellung ein (demografische Primacy; vgl. Kap. 1.2.4).

Während der Anteil der Bewohner von Millionen- und Megastädten im Bezug auf die gesamte städtische Bevölkerung gerade in den weniger entwickelten Ländern stetig zugenommen hat, fiel vor allem der Anteil der Klein-, Mittel- und kleineren Großstädte (weniger als 300 000 Ew.; M3). Rein quantitativ oder demografisch kann man also von einem Prozess der Vergroßstädterung sprechen, auch **Metropolisierung** oder **Megapolisierung** genannt. Allerdings leben weiterhin die meisten Menschen in „kleinen" Städten (42 %).

In der Geschichte gab es bereits Millionenstädte: Rom (100 n. Chr.), Bagdad im heutigen Irak und Xi'an in China (800), Angkor im heutigen Kambodscha (1150) und Hangzhou (1250) und Peking (1600) in China und Ayutthaya in Thailand (1700).

Metropolisierung
Entwicklung einer die anderen Städte eines Landes an Größe und Bedeutung weit überragenden Metropole (Vergrößerung der Primatstruktur).

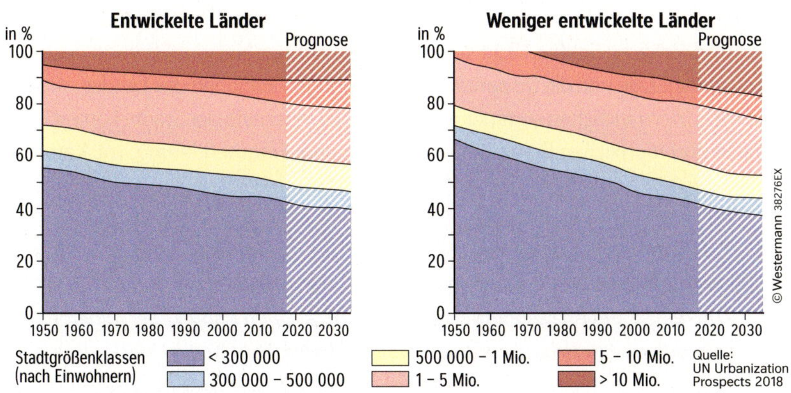

M3: Entwicklung der Städtegrößenklassen nach prozentualem Anteil an der Stadtbevölkerung (1950 – 2030)

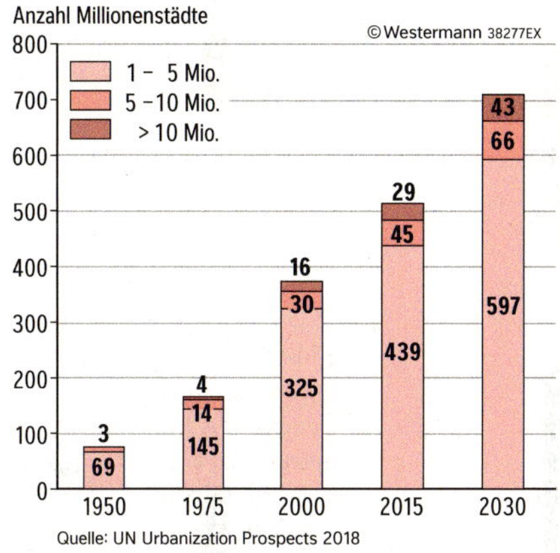

M5: Anzahl der Millionenstädte (1950 – 2030)

Rang	1900		1950		2018		2035	
	Stadt	Mio. Ew.	Stadt	Mio. Ew.	Stadt	Mio. Ew.	Stadt	Mio. Ew.
1	London	6,5	New York	12,3	Tokio	37,4	Delhi	43,3
2	New York	5,5	Tokio	11,3	Delhi	28,5	Tokio	36,0
3	Tokio	5,2	London	8,4	Shanghai	25,6	Shanghai	34,4
4	Paris	4,0	Osaka	7,0	São Paulo	21,7	Dhaka	32,2
5	Berlin	2,4	Paris	6,3	Mexiko Stadt	21,6	Kairo	28,5
6	Chicago	1,9	Moskau	5,4	Kairo	20,1	Mumbai	27,3
7	Wien	1,7	Buenos Aires	5,2	Mumbai	20,0	Kinshasa	26,7
8	Kalkutta	1,5	Chicago	5,0	Peking	19,6	Mexiko Stadt	25,4
9	St. Petersburg	1,4	Kalkutta	4,6	Dhaka	19,6	Peking	25,4
10	Philadelphia	1,4	Shanghai	4,3	Osaka	19,3	São Paulo	24,5

Quelle: UN

M4: Rangliste der zehn größten Städte / Agglomerationen* (1900 bis 2035)
** National unterschiedliche Definitionen der räumlichen Ausdehnung städtischer Verwaltungseinheiten (Kernstadt und Umland)*

5.2 Metropolisierung

M1: Tokio (Japan)

Metropole
politischer und wirtschaftlicher Mittelpunkt eines Landes, meist Hauptstadt, vor allem in zentralistisch regierten Staaten und vielen weniger entwickelten Ländern.

Der Begriff Metropolisierung deutet schon an, dass damit ein mehr als nur demografischer Prozess gemeint ist. Mit dem demografischen Wachstum gerade von Primatstädten in Entwicklungs- und Schwellenländern wächst meist auch die funktionale Primacy, das heißt, die überproportional hohe Konzentration politisch-administrativer, wirtschaftlicher und kulturell-wissenschaftlicher Funktionen dieser Städte im nationalen Städtesystem steigt weiter. In diesen Städten sind nicht nur alle politischen Entscheidungsträger und (global agierenden) Unternehmen zu Hause, sondern auch die meisten Infrastruktureinrichtungen und vor allem auch Arbeitsplätze im sekundären und tertiären Sektor. Nicht selten nehmen mit der Metropolisierung auch das Wohlstandsgefälle und die Disparitäten zu den übrigen Regionen des Landes – insbesondere zu den ländlichen – immer weiter zu. Auch innerhalb der Städte kommt es zu sozialen und räumlichen Disparitäten (Polarisierung, Fragmentierung, vgl. Kap. 5.4).

M2: Quellentext zu Ursachen der Megaurbanisierung
Frauke Kraas: Megastädte. In Geographie. Heidelberg: Spektrum 2011, S. 881

»

Für die Intensivierung weltweiter Megaurbanisierungsprozesse sind drei ineinandergreifende Ursachenkomplexe verantwortlich:

- *Zum einen stehen Megaurbanisierungsprozesse im Kontext der allgemeinen weltweiten Urbanisierung. Diese ist bedingt durch die Überlagerung zweier Prozesse, nämlich des hohen natürlichen Bevölkerungswachstums in den meisten Staaten der Entwicklungs- und Schwellenländer seit Mitte des 20. Jahrhunderts sowie wachsender Zuwanderung aus den ländlichen Regionen, teils infolge notweniger Landflucht, teils infolge der Attraktivität wachsender Städte und ihrer Arbeits- und Bildungsmöglichkeiten.*
- *Zum anderen ist die Megastadtentwicklung zunehmend von Mechanismen ökonomischer Globalisierung beeinflusst: Denn mit der globalen Verlagerung von Produktions-, Dienstleistungs- und Finanzstandorten in Metropolen der Entwicklungs- und Schwellenländer im Zuge neuer internationaler Arbeitsteilung treten privatwirtschaftliche Entscheidungen transnationaler Akteure einer globalisierten Wirtschaft in den Vordergrund. Diese bestimmen die Entwicklung global miteinander um die Ansiedlung von „Leitunternehmen" konkurrierender Megastädte wesentlich mit.*
- *Schließlich führt wirtschaftliche Transformation – vor allem in Asien und ausgelöst durch den Übergang vormaliger Zentralverwaltungs- zu Marktwirtschaften – zu einer bisher ungekannten Entfaltung (mega-)urbaner Ökonomien. Diese benötigen kurz- und mittelfristig enorme Arbeitskräfte aller Qualifikationsstufen, wodurch nationale und internationale Zuwanderung in die Megastädte beschleunigt wird.*

«

Land	Stadt	Anteil
Puerto Rico	San Juan	67,1 %
Kuwait	Kuwait Stadt	65,3 %
Uruguay	Montevideo	49,8 %
Israel	Tel Aviv	45,9 %
Mongolei	Ulan Bator	45,8 %
Paraguay	Asunción	44,7 %
Panama	Panama Stadt	42,2 %
Rep. Kongo	Brazzaville	39,2 %
Gabun	Libreville	38,7 %
Libanon	Beirut	38,1 %
Japan	Tokio	29,1 %
Frankreich	Paris	16,7 %
UK	London	13,2 %
USA	New York	5,8 %
Deutschland	Berlin	4,3 %
China	Shanghai	1,7 %

Quelle: UN Urbanization Prospects 2018

M3: Anteil der größten Städte an der Gesamtbevölkerung eines Landes

M4: Dhaka (Bangladesch)

Besonders die Entwicklung der **Megastädte** in den weniger entwickelten Ländern zu gewaltigen „Städtemonstern" findet in letzter Zeit Beachtung. Ausufernde Agglomerationen wie Mexiko-Stadt und Rio de Janeiro in Lateinamerika, Lagos und Kairo in Afrika oder Delhi, Manila und Dhaka in Asien haben zahlreiche fast unlösbare Probleme und das städtische Wachstum lässt sich planerisch und infrastrukturell kaum noch bewältigen (vgl. Kap. 5.4 – 5.8).
Nur wenige Megastädte sind auch **Global Cities**, also funktionale Steuerungszentralen von globaler Bedeutung (vgl. Kap. 1.2.4). Dies trifft auf die „alten" Weltstädte wie New York, Tokio, London, Paris und Moskau zu. Ansonsten zählen allenfalls Seoul, Peking und Shanghai zu den Global Cities. Megastädte wie São Paulo, Kinshasa, Mumbai und Jakarta haben nationale und regionale Bedeutung, in den globalisierten Wirtschaftsketten sind sie aber nur nachgelagert.

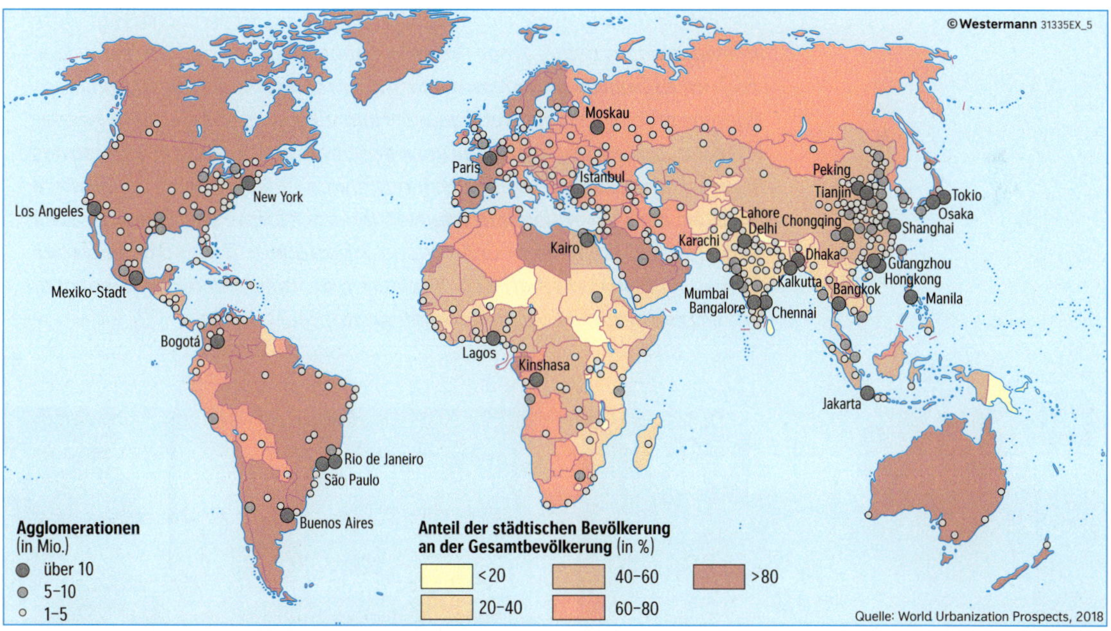

M5: Millionenstädte und Verstädterungsgrad 2018

1 Beschreiben Sie die weltweite Verteilung der Megastädte (M5; M5, S.113).
2 Erläutern Sie die Ursachen für die Entwicklung von Megastädten (M2).
3 Beurteilen Sie die Aussage, dass Größe nur ein untergeordnetes Kriterium für Global Cities ist.

5.3 Chancen und Risiken der Verstädterung

Bei der Betrachtung der rasant wachsenden Agglomerationen in den Ländern des Südens stehen vor allem die großen ökologischen, wirtschaftlichen, sozialen und politischen Risiken im Fokus. Dabei werden die durchaus vorhandenen Chancen von Verstädterung und Metropolisierung oft übersehen.

Die Mega- und Millionenstädte Lateinamerikas, Afrikas und Asiens haben mit zahlreichen Problemen zu kämpfen. Verkehrschaos, Lärm und Luftverschmutzung sowie allgegenwärtige Armut und heruntergekommene Wohnquartiere prägen überall den ersten Eindruck der Städte. Westliche Shoppingmalls und luxuriöse Apartmenthäuser zeugen aber zugleich davon, dass zumindest einige zu den Profiteuren der Einbindung dieser Städte in die Weltwirtschaft gehören. Die Polarisierung ist in den Ländern des Südens weitaus größer als in Industriestaaten, da hier der Abstand zwischen arm und reich beträchtlich größer ist. Große Bevölkerungsgruppen werden in eine wirtschaftliche, gesellschaftliche und räumliche Randexistenz abgedrängt (**Marginalisierung**, vgl. Kap. 5.4). Meist sind diese gezwungen, informellen Tätigkeiten nachzugehen (vgl. Kap. 5.6). Hinzukommen, dass die Infrastruktur (Verkehr, Nahrungsmittel, Wasser, Entsorgung, Bildung etc.) mit dem Wachstum der Städte nicht Schritt hält und dass zahlreiche Umweltprobleme auftreten (vgl. Kap. 5.5). Schließlich führt die rasante, oft chaotisch verlaufende Verstädterung dazu, dass die Planungs- und Verwaltungsorgane der Stadt meist hoffnungslos überfordert sind, das Wachstum zu lenken und notwendige Infrastrukturen zur Verfügung zu stellen.

Marginalisierung
(lat. margo „Rand") Abschiebung von Bevölkerungsgruppen an den Rand der Gesellschaft, verbunden mit unzureichender-Versorgung mit Ressourcen und Grundbedürfnissen, ungenügende Einbeziehung in politische Entscheidungsprozesse, geringe Partizipation am Wirtschaftswachstum sowie Diskriminierung oder Unterprivilegierung im soziokulturellen Bereich.

M1: Quellentext zu Chancen der Megaurbanisierung
Frauke Kraas: Megastädte. In Geographie. Heidelberg: Spektrum 2011, S. 881

» *Megastädte unterliegen dem globalen ökologischen, sozioökonomischen und politischen Wandel ebenso wie sie ihn umgekehrt durch ihre hohe Entwicklungsdynamik erheblich mitbestimmen. Zumeist werden sie deshalb als globale Risikogebiete eingestuft. [...] Dabei wird oft vernachlässigt, dass in Megastädten tiefgreifende Transformationsprozesse stattfinden, die sie zugleich zu Innovationszentren machen durch hohe Entwicklungsdynamik sowie eine oft breite Palette verfügbaren Humankapitals und global vernetzter Akteure. Größere Nachhaltigkeit kann erzielt werden durch Verringerung des „Flächenverbrauchs", den Bau leistungsfähiger ÖPNV-Systeme, effizientere Nutzung der verwendeten Ressourcen (primär Wasser und Energie) sowie verbesserte Gesundheits- und Bildungsinfrastruktur. Die Entstehung bzw. Entfaltung zivilgesellschaftlicher Strukturen, die vielfach bereits international vernetzt sind, stärkt soziale Nachhaltigkeit.* «

M2: Stau in São Paulo (Brasilien)

M3: Innovatives Verkehrssystem in Curitiba (Brasilien)

	Risiken	Chancen
ÖKOLOGIE	• Luftverschmutzung, Smog • Stadtklima, Hitzeinseln • Landschaftsverbrauch durch unkontrolliertes Flächenwachstum (Urban Sprawl/Zersiedlung) • Bodenverschmutzung, Bodenversiegelung, Degradierung fruchtbarer Böden • Trinkwasserverschmutzung, ungeklärte Abwässer, Belastung von Flüssen und Küstenzonen • Verkehrsprobleme • Lärm • Hohes Abfallaufkommen, mangelhafte Entsorgung, unkontrollierte Müllkippen, toxische Abfälle • Umweltgesundheit: Hygienedefizite, Seuchengefahr, degenerative Erkrankungen • hohe Verwundbarkeit gegenüber Naturkatastrophen (Erdbeben, Überschwemmungen etc.)	• Effiziente Landnutzungsplanung • Effizienterer Ressourcenverbrauch pro Person, Zeit- und Flächeneinheit, z.B. geringerer Flächenverbrauch pro Bürger • Schließen von Stoff- u. Energiekreisläufen (z.B. Recycling von Abfällen) • Umfassendes Monitoring und Management von Mensch-Natur-Interaktionen • Management urbaner Biodiversität • Nachhaltige urbane Landwirtschaft und Freiflächenpolitik (z.B. Umwandlung von Industriebrachen in Freizeitflächen) • Umweltvorteile durch Tertiärisierung und Informatisierung der Wirtschaft • Umweltgesetzgebung, Regulierung, Flächennutzungsplanung
WIRTSCHAFT	• Massenarbeitslosigkeit und Unterbeschäftigung, Fehlen von Arbeit im formellen Sektor • Niedriges Lohnniveau, Ausbeutung von Arbeitskraft • Breites Spektrum informeller (unregistrierter, unkontrollierter, teils illegaler) Aktivitäten, Kinderarbeit • Migrations- und Pendlerströme (Zeitverlust durch lange Anfahrtswege) • Unzureichende, überlastete Infrastruktur (Transport, Wasser, Energie etc.) • Unberechnete Wasser- und Energieströme • Verfall von Bausubstanz und Produktionsmitteln • Anfälligkeit für globale/regionale Wirtschaftskrisen • Abhängigkeit von globalisierten Wirtschaftsstrukturen	• Steigende Einkommen und Wohlstand • Verbesserte Wohlfahrtssysteme • Agglomerationsvorteile: Absatzmarkt und Nachfragesog, Produktivitätssteigerung • Zunehmende Interaktion und Abstimmung aller ökonomischer Sektoren • Wissenschaftliche und technische Innovationen, Kreativitätspotential • Erhöhtes Steueraufkommen und Investitionsvolumen für den Staat • Ausbau von Infrastruktureinrichtungen, kurze Transportdistanzen • Übergang zur Dienstleistungs- und Wissensgesellschaft
SOZIALES	• Verlust sozialer Kohärenz (Zusammenhalt) • Vergrößerung sozioökonomischer Disparitäten und soziale Polarisierung (Wohnen, Einkommen, Lebensqualität) • Ungleicher Zugang zu Gesundheitssystemen, Bildungs- und Sicherheitsinfrastruktur • Informelle, teils illegale Siedlungen • Soziale Desorganisation: Konflikte, Kriminalität, Unruhen, rechtsfreie Räume • Unterdrückung von Minderheiten und Migranten • Wachsende Verwundbarkeit marginalisierter Bevölkerungsgruppen • Soziale Ungerechtigkeit, Missbrauch sozialer Macht	• Breiteres Angebot an Bildungs- und Gesundheitssystemen • Sozialkapital, Bürgersinn • Ausbildung einer neuen „Mittelklasse" • Sinkende Durchschnittsarbeitszeit • Freizeit, kulturelles Angebot • Sinkende Geburtenraten und Abnehmen des „endogenen" Bevölkerungsdrucks • Interkulturelle Diversität, Interaktion und Austausch • Pluralisierung von Lebensstilen • Erhöhte Planungssicherheit und Strategiefähigkeit • Geschlechtergleichstellung und -befähigung
POLITIK	• Verlust der Regier- und Steuerbarkeit • Wachsende Informalität in Entscheidungsprozessen, politisch-ökonomische Netzwerke, Selbstorganisation öffentlicher Funktionen (z.B. private Sicherheitsdienste) • Ungerechte Repräsentation der Öffentlichkeit (z.B. der Migranten) • Widersprüchliche Gesetzgebung • Korruption, Vetternwirtschaft	• Größere Breite, Tiefe und Verfügbarkeit von Informationen und Kommunikationswegen, internationale Verbindungen und Meinungsvielfalt • Entwicklung und Stärkung zivilgesellschaftlicher Institutionen • Steigende Partizipation in politischen Entscheidungsprozessen (Demokratisierung) • Bessere Regierungsführung, Implementierung von Gesetzen

Quelle: ergänzt und verändert nach Knoll, Kraas 2013

M4: Chancen und Risiken der Verstädterung in den Ländern des Südens

1 **Charakterisieren Sie den Begriff Marginalisierung mit Beispielen aus M4.**

2 **„Gesellschaftlicher Wandel und Reformprozesse nehmen in großen Städten ihren Anfang." Nehmen Sie Stellung zu dieser Aussage.**

5.4 Polarisierung und Fragmentierung

In den Megastädten des Südens tritt zunehmend eine Polarisierung und Fragmentierung auf, die sich in ausufernden innerstädtischen und peripheren Slums der Armen und in Gated Communities der Reichen zeigen.

» [Megastädte] *sind nicht nur bevölkerungsreich, sondern zeichnen sich auch durch große Horizontalerstreckung, Verkehrschaos, infrastrukturelle Unter- oder Nichtversorgung aus. Sozialräumlich sind sie punkthaft fragmentiert: Einerseits die Wohlstandsinseln (Paradiese), die isolierten Gated Communities in Form räumlich eng begrenzter, von Mauern oder Zäunen umschlossener und bewachter Hochhaus- (vertikale Paradiese) und Villenkomplexe (No-Entrance-Areas). Andererseits die flächenweiten Armutsviertel (Höllen), die ausgedehnten Hütten- und Slumareale (No-Go-Areas), die wegen der herrschenden Gewalt und Kriminalität von Ortsfremden nicht betreten werden und die selbst für die Bewohner nicht ungefährlich sind.*

Fred Scholz,
deutscher Geograph (2012)

» *Die Polarisierung zwischen den „Gewinnern" und „Verlierern" der Globalisierung schreitet fort und spiegelt sich in der Raumstruktur der Städte wider. Von Armut gekennzeichnete Räume stehen mehr oder weniger ausgedehnte Wohlstandsbereiche gegenüber.*

Jürgen Bähr, Ullrich Jürgens,
deutsche Geographen (2009)

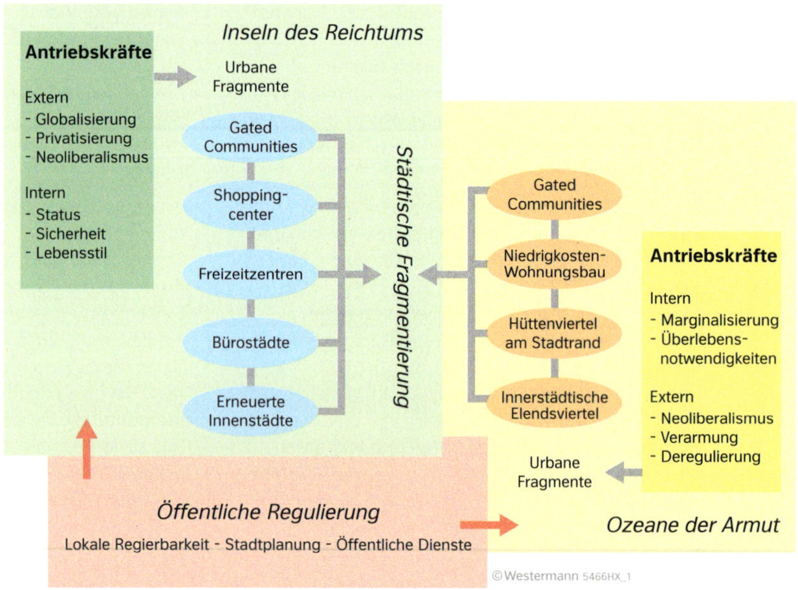

M1: Fragmentierung der Städte in Entwicklungsländern

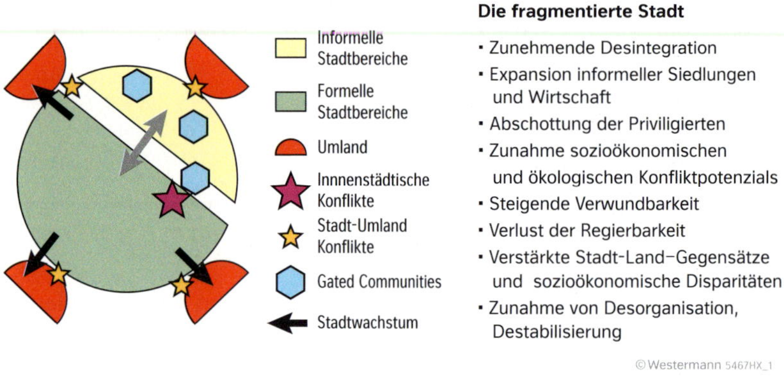

M2: Modell der fragmentierten Stadt in Entwicklungsländern

5.4.1 Slums und informelle Siedlungen

Das Leben in Armut zeigt sich in Städten vor allem in der Wohnsituation. Dabei reicht die Palette vom Bürgersteigbewohner (Pavement Dweller) über den Besitzer einer illegalen Wellblechhütte am Stadtrand bis zum Mieter eines heruntergekommenen Hauses in der Innenstadt. Neben der unzureichenden Ausstattung der Bleibe liegt ein weiteres Problem in der fehlenden Rechtssicherheit von Land und Unterkunft.

Im Jahr 2014 – dem Zeitpunkt der letzten UN-Erhebung – lebten 881 Mio. Menschen in den weniger entwickelten Ländern in Slums. Das ist knapp ein Drittel der gesamten städtischen Bevölkerung (30 %) beziehungsweise 15 Prozent der dortigen Gesamtbevölkerung. Dabei besteht allerdings ein erheblicher Unterschied zwischen den Großregionen (M3). Während die absolute Zahl der Slumbewohner seit 1990 zugenommen hat (M4), ist ihr relativer Anteil aufgrund der schneller steigenden Gesamtstadtbevölkerung gefallen (1990: 39 %).
Elendsviertel (ein häufig verwendeter deutscher Begriff) gibt es in allen Städten in den Ländern des Südens, aber auch in Industrieländern. Neben einer Vielzahl

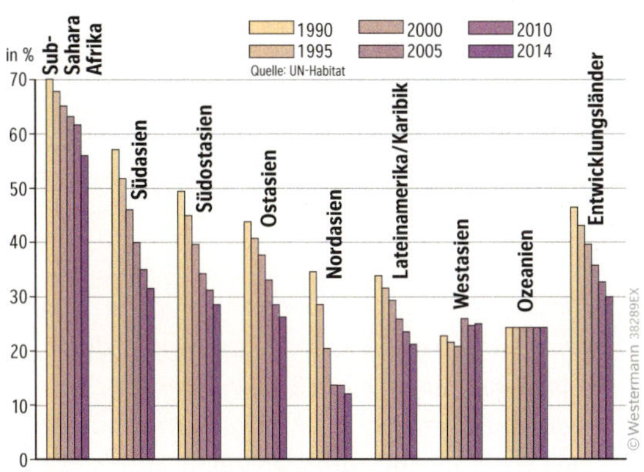

M3: Anteil der städtischen Bevölkerung, der in Slums lebt, in ausgewählten Großregionen (1990 – 2014)

Region	1990	2000	2007	2014
Entwicklungs-länder	689,0	791,7	845,3	881,1
Nordafrika	22,0	16,9	13,1	11,4
Subsahara-Afrika	93,2	128,4	163,8	200,7
Lateinamerika	106,1	116,9	112,5	104,8
Ostafrika	204,5	238,4	250,9	251,6
Südafrika	181,0	193,9	196,3	190,9
Südostasien	69,6	79,7	79,6	83,5
Westasien	12,3	17,0	28,5	37,6
Ozeanien	0,4	0,5	0,5	0,6

Quelle: UN Habitat

M4: Städtische Slumbevölkerung in ausgewählten Großregionen (in 1000, 1990 – 2014))

M5: Innerstädtischer Slum in São Paulo (Brasilien)

M6: Slum Kibera in Nairobi (Kenia) mit circa 250 000 Bewohnern

M7: Pavement Dweller (Bürgersteigbewohner) in Delhi (Indien)

Gemäß der Definition von UN HABITAT zeichnet sich ein Slum dadurch aus, dass mindestens eins der fünf folgenden Kriterien nicht erfüllt ist:
- *eine stabile Behausung mit Schutz vor Klimaextremen,*
- *genügend Raum (nicht mehr als drei Personen pro Raum),*
- *Zugang zu sauberem Wasser,*
- *Zugang zu verbesserten sanitären Anlagen,*
- *sicherer Wohnstatus ohne Risiko auf Vertreibung.*

M1: UN-Slum-Definition

regionaler Begriffe (M2) gibt es für sie auch in der Wissenschaft eine Reihe von Bezeichnungen. Während die Begriffe Slum oder Marginalsiedlung eher auf den Zustand der Behausungen abzielen, stellt der Begriff informelle Siedlung den illegalen Charakter des Viertels in den Mittelpunkt.

Bezeichnung	Definition
Slum	Ursprünglich innerstädtisches, degradiertes (von der Mittel- und Oberschicht aufgegebenes) Wohnviertel, dessen Bebauung in immer kleinere Wohneinheiten aufgeteilt wurde; heute oft Oberbegriff für ein innenstädtisches und randständiges Elendsviertel unterschiedlicher Art
Marginalsiedlung	Siedlung mit mangelhafter Bausubstanz, hoher Einwohnerdichte und mangelhafter Infrastruktur; gelegentlich auch speziell für eine ausgedehnte Hüttensiedlung in der Peripherie der Städte
Squattersiedlung	Auf illegal besetztem Gelände, oft öffentlichem Land, errichtete „improvisierte“ Siedlung einfachster Bausubstanz (Squatter = Siedler ohne Eigentumstitel)
Informelle Siedlung	Siedlung, bei der die Bewohner keine gültigen Rechtstitel für die Grundstücke haben, auf denen ihre Häuser/Hütten stehen. Dabei kann es sich um privaten oder öffentlichen Grund handeln. Hinzu kommen Siedlungen, die gegen bestehende Bau- und Planungsvorschriften verstoßen oder in Gefahrengebieten liegen.
Regionale Bezeichnungen	Rio de Janeiro – Favela, São Paulo – Vila, Argentinien – Villa miseria, Chile – Campamento, Ecuador – Invasiones, Mexiko – Colonias populares, Peru – Barriada, Uruguay – Cantegril, USA – Hood (Los Angeles), Getto, Skid row; Arabien – Mudun safi, Türkei – Gecekondu, Spanien – Barrio marginal, Barcelona – Barraca, Russland – Trushchobi, frankofones Afrika – Bidonville, Tansania – Mabanda, Sambia – Komboni, Südafrika – Shanty Town, Indien –Basti (Kolkata); Chawls (Mumbai), Katras (Delhi)

M2: Wissenschaftliche und regionale Bezeichnungen für „Elendsviertel“ weltweit

M3: Quellentext zur Entstehung der ersten Squattersiedlungen
Einhard Schmidt-Kallert: Magnet Stadt. Wuppertal: Peter Hammer 2016, S. 66 – 67

»

Seit etwa 1950 erlebten erst die großen Städte in Lateinamerika, dann auch die asiatischen Metropolen einen enormen Bevölkerungszuwachs durch Land-Stadt-Wanderung. Wo und wie fanden diese Zuwanderer ein Dach über dem Kopf? In lateinamerikanischen Städten bezogen Zuwanderer anfangs kleine Mietwohnungen in den innenstadtnahen Wohnvierteln, die von Angehörigen der Mittel- und Oberschicht verlassen wurden, als sie sich ein Haus oder eine Villa am Stadtrand leisten konnten. Aber diese Wohnraumreserve reichte nur für einen kleinen Teil der Zuwanderer. So kam es in allen lateinamerikanischen, asiatischen und später auch afrikanischen Metropolen zur Entstehung weiträumiger Squattergebiete an den Stadträndern. Denn auf dem bestehenden Wohnungsmarkt fand kaum einer der Zuwanderer bezahlbare Wohnmöglichkeiten. Stattdessen bauten sie in Eigenregie auf Flächen, für die sie keine Eigentumstitel hatten, meistens auf staatlichem Grund und Boden, ihre eigenen provisorischen Unterkünfte. [...] Erst in den 60er-Jahren nahmen Politiker und Stadtplaner das Thema Wohnungspolitik für die Armen allmählich als eine dringende Aufgabe wahr. Die wohnungspolitischen Antworten auf diese Herausforderung waren in fast allen Ländern des Globalen Südens [...] erstaunlich ähnlich: Die meisten Regierungen nahmen (nach Jahren der Duldung) eine legalistische Haltung gegenüber den Squattern ein. Squatter, so die Argumentation, verletzten durch die Besetzung von Grund und Boden, der nicht ihr Eigentum war, einen Grundpfeiler der bestehenden Rechtsordnung. Immer mehr Regierungen gingen deshalb dazu über, einzelne Squatterhäuser oder ganze Wohngebiete von Polizei und Sondereinsatzkräften räumen zu lassen.

«

Es existieren je nach Entstehung, Lage und rechtlicher Stellung zahlreiche Typen von Slums. Schon die Bauweise kann sich fundamental unterscheiden: von festen, aber heruntergekommenen Häusern, über Baracken und Hütten aus Holz und Wellblech bis hin zu sporadischen Unterkünften aus Planen und diversen anderen temporären Materialien. Oft befinden sich Slumviertel an gefährlichen Plätzen wie steilen Berghängen, Überschwemmungsgebieten, Abwasserkanälen, Flussufern, Müllkippen, Bahndämmen, Straßenüberführungen oder direkt an Eisenbahngleisen – kurz auf allen unbebauten Flächen innerhalb der Stadt. Alternativ finden sich an den Stadträndern expandierende Hüttenviertel. Beschäftigung finden die Slumbewohner meist nur im informellen Sektor (vgl. Kap. 5.6). Slums aber allein als desolate Siedlungen mit Armut, Krankheiten, Gewalt, Kriminalität und fehlenden Perspektiven als Orte der Hoffnungslosigkeit abzutun, trifft die Situation nicht oder nicht immer.

Zum einen hat sich in den letzten Jahrzehnten die bauliche und infrastrukturelle Situation in vielen „Hüttenvierteln" durchaus verbessert. Aus Hütten sind Häuser aus festen Baumaterialien geworden, Straßen wurden befestigt, Strom- und Wasserleitungen wurden verlegt sowie Schulen, Geschäfte und vielfältige Dienstleistungen eingerichtet. Diese Aufwertungen erfolgten meist in Eigeninitiative und Nachbarschaftshilfe. In vielen Slums der Welt sind aber insbesondere die Trinkwasserversorgung und die sanitären und hygienischen Verhältnisse problematisch geblieben.

Zum anderen stellen Slums hochkomplexe, integrierte soziale Einheiten sowie einen großen Wirtschaftsfaktor dar. Der berühmte Slum Dharavi in Mumbai (M5), dessen Bewohner ein höheres Einkommen als die Durchschnittsinder verdienen, produziert Waren für umgerechnet 700000 Euro jährlich für den Weltmarkt (M6). Slumbewohner wehren sich oft gegen durchaus attraktive Umsiedlungsmaßnahmen, weil diese die funktionierenden sozialen Strukturen in den Slums zerstören würden. Zudem sind in den Megastädten der Länder des Südens Slums in den Innenstadtbereichen auch für formell Beschäftigte die einzige Möglichkeit, an bezahlbaren Wohnraum zu kommen, wenn sie nicht im Umland weit außerhalb unterkommen wollen.

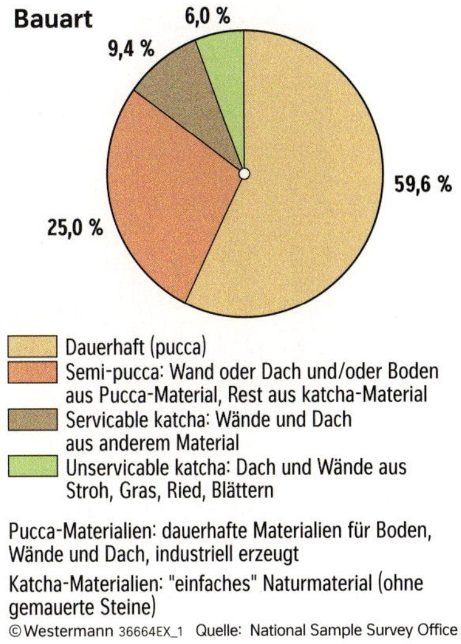

M7: Bauart von Slumgebäuden in Indien

„Dreck und Elend haben wir hier vermutet, jetzt aber beobachten wir: normales Leben. Zwar müssen sich in Dharavi rund 1440 Menschen eine Toilette teilen. Doch ansonsten gibt es hier alles, Videotheken, Restaurants, Banken, Spielzeugläden und Krankenstationen."

Silke Weber, *Journalistin*

M8: Zitat zu Dharavi

Slumanlage	Anteil	Wasserversorgung	Anteil	Elektrizitätversorgung	Anteil	Latrinennutzung	Anteil
Neben Flussufer/ Abwassergraben	29,3 %	Wasserleitung	71,4 %	Straßenbeleuchtung, Haushalt	67,6 %	keine Latrine	31,3 %
Neben Eisenbahnlinien	9,3 %	Rohrbrunnen/Bohrloch	20,4 %	nur Haushalt	19,2 %	öffentliche Latrine mit Bezahlung	17,3 %
Hügelgelände/Abhang	3,9 %	befestigter Brunnen	0,5 %	nur Straße	6,3 %	ohne Bezahlung	13,8 %
Parks/offenes Land	30,3 %	unbefestigter Brunnen	0,3 %	keine Elektrizität	6,5%	Gemeinschaftslatrine	4,9 %
Sonstiges	27,2 %	Anderes	7,4 %	nicht genannt	0,4 %	eigene Latrine	32,6 %

Quelle: National Sample Survey Office 2014

M4: Charakteristika indischer Slums

M5: Slum Dharavi in Mumbai (Indien)

M6: Bekleidungsfabrik in Dharavi, Mumbai

M1: Soziales Wohnungsbauprojekt (vor alter Favela) in São Bernardo do Campo in Brasilien

M3: Low-Cost-Housing-Programm in Südafrika

Der Umgang von Stadtverwaltungen mit ihren „Problemvierteln" wechselt regelmäßig. Obwohl auch heute noch viele Slums kompromisslos abgerissen werden (Slum Clearing) und die Bewohner in ihrer Obdachlosigkeit allein gelassen oder vertrieben werden, gibt es auch eine Reihe städtebaulicher Strategien im Umgang mit Slums – etwa ihre Sanierung oder alternative Wohnangebote für ihre Bewohner (M2). Die in vielen Städten meist genormten Siedlungen des sozialen Wohnungsbaus sind oft nur für finanziell besser gestellte Familien erschwinglich. Programme, die bestehenden Slums zu legalisieren, (in Eigeninitiative) zu sanieren und die infrastrukturelle Situation nachhaltig zu verbessern (Slum-Upgrading) sind oft erfolgreich, wenn auch umstritten, weil gerade innerstädtische Slums von Stadtentwicklern als lukrativer Baugrund gesehen werden. Eine weitere Alternative sind Site-and-Service-Programme, die aufgrund der Kosten und der Randlage der zur Verfügung gestellten Grundstücke oft nur eine geringe Akzeptanz bei der Slumbevölkerung haben.

Abriss (und Umsiedlung)	• Abriss der Slumsiedlungen wegen höherwertiger Nachnutzung, aber auch wegen hohem Risiko (Hanglagen, Überschwemmungsgebiete etc.) • Umsiedlung/Vertreibung auf freie Flächen in Randlagen
Sanierung (Upgrading)	• Legalisierung der Besitzverhältnisse (durch städtische Subventionen) • Aufwertung bestehender Wohnräume • Verbesserung der Infrastruktur (Wasser- und Sanitäreinrichtungen, Asphaltierung und Straßenanbindung, Kanalisation) • Vergabe von Mikrokrediten zur Renovierung der Häuser • Registrierung der Bewohner (Abgaben, Nebenkosten und Steuern) • evtl. Partizipation der Bewohner
Sanierung (Redevelopment)	• Abriss der Slumsiedlung und Bereitstellung mehrgeschossiger Wohnbauten auf Teilflächen durch private Immobilienunternehmen • Amortisierung durch Bau hochwertiger Immobilien auf Restflächen
Site-and Service-Programme	• Bereitstellung von Parzellen in Einheitsgröße, die an Wasserversorgung und Kanalisation angeschlossen sind (Kauf oder Miete) • Bau der Häuser in Eigeninitiative (Beratung durch städtische Experten)
Low-Cost-Housing-Programme	• Bau standardisierter mehrgeschossiger Wohnblöcke oder schlichter Reihen- und Einzelhäuser inklusive Infrastruktur auf geräumten Arealen oder billigem Bauland in der Peripherie durch den Staat oder halbstaatliche Organisationen

M2: Städtebauliche Strategien der Stadtverwaltungen im Umgang mit Slums und zur Verbesserung der Wohnsituation für die Slumbewohner

1 Beschreiben Sie Slums als globales Phänomen (M3, M4, S.119).
2 Charakterisieren Sie indische Slums (M4–M8, S.121).
3 Vergleichen Sie die verschiedenen Strategien nach sozialen und ökonomischen Kriterien (M2).

5.4.2 Gated Communities

Abgeschottete Inseln der Ober- und auch Mittelschicht sind das augenfälligste Merkmal der Fragmentierung der Städte des globalen Südens. Die Wohnquartiere dienen nicht nur dem (vermeintlichen) Schutz vor Kriminalität, sondern bieten auch eine sozial homogene Nachbarschaft.

Geschlossene Wohnkomplexe oder -quartiere mit unterschiedlichen Zugangsbeschränkungen – zunächst eine Erfindung der US-Immobilienwirtschaft – finden sich mittlerweile auch in vielen Ländern des Südens. Gated Communities, Barrios cerrados (span.), Condomínios fechados (port.) werden meist wie Shoppingmalls von privaten Immobilienentwicklern geplant, gebaut und betrieben. Trotz nationaler Unterschiede haben Gated Communities eine Reihe gemeinsamer Merkmale. Dazu gehören

- gemeinschaftlich genutzte Grünanlagen, Sporteinrichtungen (Tennis- und Golfplätze etc.) und Ver- und Entsorgungsinfrastruktur sowie Dienstleistungen wie Wach- und Hausmeisterdienste und Gärtner,
- Selbstverwaltung der Anlagen durch Eigentümer,
- Zugangsbeschränkung (zumeist durch einen 24-stündig tätigen Sicherheitsdienst), aber auch Umzäunung und -mauerung, Videoüberwachung etc.,
- Verhaltensauflagen,
- teilweise Auflagen zur Sozial- und Altersstruktur.

Neben horizontalen Gated Communities mit Einzel- und Reihenhäusern in landschaftlich schönen, suburbanen und Umlandlagen (M4) gibt es vertikale Gated Communities in der Innenstadt (Hochhauskomplexe und Apartmentblocks, M6). Hinzu kommen kleinstadtähnliche Wohnkomplexe mit mehr als 50 000 Einwohnern (Gated Towns, Ciudades Valladas, vgl. Kap. 2.5).

M6: Abgeschlossener Apartmentkomplex in Bengaluru (Indien)

Die Verbreitung dieser Wohnform war insbesondere in Lateinamerika auf die Zunahme städtischer Gewalt zurückzuführen. Die Gewährleistung von Sicherheit als eigentlich zentrale Staatsaufgabe wurde privatisiert. Aus Sicherheitsgründen haben auch Wohnviertel der Mittel- und Unterschicht begonnen, sich nachträglich abzuschotten (Umzäunung, Absperrung öffentlicher Straßen). Gated Communities dienen also zum einen dazu, die wirkliche oder auch nur die gefühlte Gewalt der Stadt durch Mauern und Sicherheitsdienste auszuschließen. Neben dem Sicherheitsaspekt gibt es aber einen weiteren Grund, warum bewachte Wohnkomplexe für die Ober- und Mittelschicht attraktiv sind: Die Bewohner bleiben unter ihresgleichen (Exklusion) und leben in einer sauberen grünen Umgebung fernab innerstädtischer Umweltbelastungen (zumindest in den suburbanen Anlagen).

Laut UN-Angaben stehen in Südamerika 3,8 Mio. privaten Sicherheitsleuten nur 2,5 Mio. reguläre Polizisten gegenüber.

M4: Gated Community in Uganda

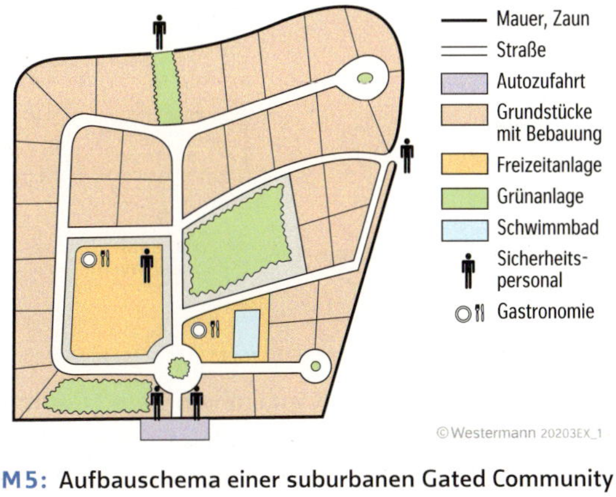

M5: Aufbauschema einer suburbanen Gated Community

5.4 Polarisierung und Fragmentierung

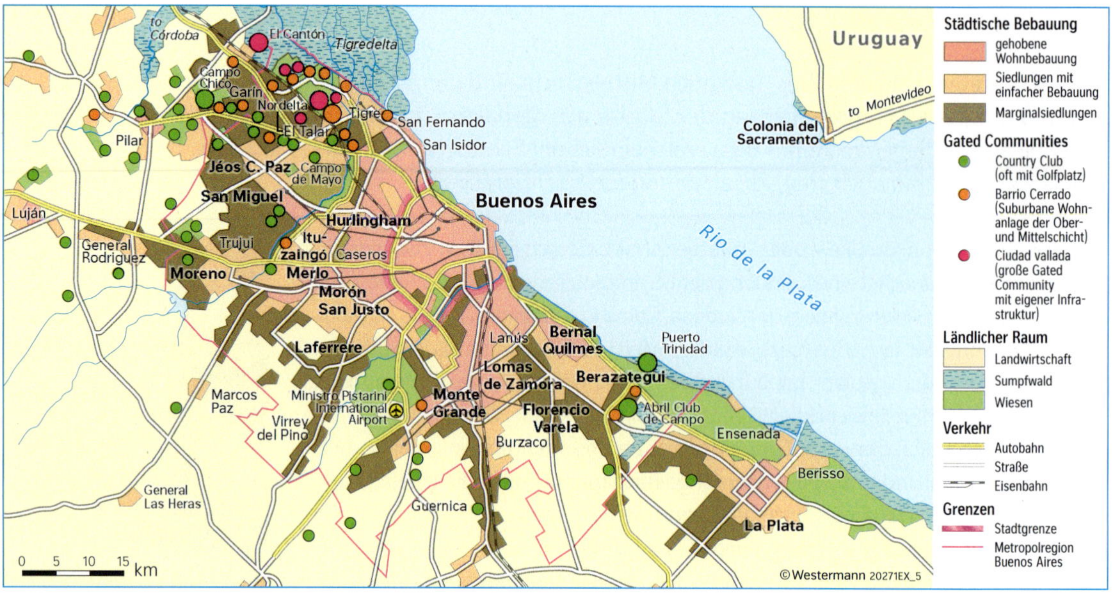

M1: Fragmentierung in Buenos Aires (Argentinien)

M2: Quellentext zur sozialen Entfremdung in lateinamerikanischen Städten
Nicole Anliker: Die geteilte Stadt. Neue Zürcher Zeitung 21.9.2016

» *Die geteilte Stadt, das Nebeneinander von Arm und Reich, prägt Lateinamerika [...]. Zwar gibt es Gated Communities in vielen Großstädten der Welt. In Lateinamerika sind sie aber zur Charakteristik der Metropolen geworden. [...] Eine derart gespaltene Gesellschaft hemmt das Entwicklungspotenzial eines Landes und wirkt sich destabilisierend auf die Politik aus. Die fragmentierte Stadt reduziert auch die Möglichkeit, dass sich Menschen unterschiedlicher sozialer Herkunft auf Augenhöhe begegnen. Öffentliche Räume, wo der Banker auf den Müllmann und die Staatsanwältin auf die Kioskfrau trifft, verschwinden. Dies verzerrt die Wahrnehmung anderer Lebensrealitäten und führt zur sozialen Entfremdung.* «

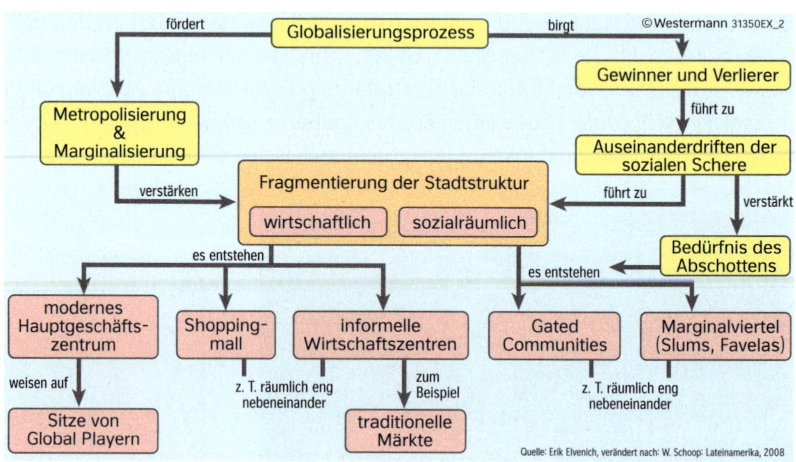

M3: Concept Map: Fragmentierung der Stadtstruktur

1 Beschreiben Sie das Konzept von Gated Communities.
2 Charakterisieren Sie die sozialen Folgen von Fragmentierung und Abschottung in Städten.
3 Fassen Sie die Formen der städtischen Fragmentierung in Entwicklungsländern zusammen (M3).

Herausforderungen für die städtische Infrastruktur

Das rasante Wachstum der Städte in den Ländern des Südens lässt auch ihre meist zuvor schon wenig ausgebaute Infrastruktur an ihre Grenzen stoßen.

Vielen Bewohnern von Millionen- und Megastädten fehlt nicht nur bezahlbarer Wohnraum. Oft mangelt es abseits privilegierter Viertel auch an einer sicheren Wasserver- und -entsorgung, stabilem Strom, regelmäßiger Müllabfuhr, an Schulen und Krankenhäusern. Die bestehenden Kapazitäten reichen aufgrund des Bevölkerungswachstums nicht aus und der Ausbau und allein die Wartung der oft alten Systeme überfordert die Stadtverwaltungen. Oft erfolgt die Versorgung mit Strom in „Eigeninitiative" durch illegales Anzapfen oder mit Wasser durch private Unternehmer („Wassermafia"), die Stadtviertel mit Lastwagen versorgen. Das Müllrecycling der gewaltigen Müllberge der Megastädte ist einer der großen Wirtschaftszweige des informellen Sektors (vgl. Kap 5.6.). Oft führen die Mängel zu Umweltproblemen und gesundheitlichen Belastungen der Bewohner. Heikel sind fehlende Abwasserkanäle und Kläranlagen.

Zum typischen Erscheinungsbild von Megastädten gehören auch hoffnungslos überfüllte Straßen und Eisenbahnen. Der oft immense Pendlerverkehr aus dem Umland und der hohe Anteil des Individualverkehrs (neben Pkws in vielen Ländern auch Massen an Motorräder, Roller, Tuk-Tuks, Motorrikschas etc.) bei wenig effektiven öffentlichen Personennahverkehr (keine U-Bahnen, keine Busspuren etc.) führt zu Staus und hohen Zeitverlusten der Pendler. Der Verkehr hat in vielen Metropolen enorme Luftverschmutzung mit Feinstaub, Stickoxiden und anderen Abgasen, Lärm sowie zahlreiche Unfälle zur Folge. Den Fehler vieler Städte in Industrieländern, dass viele und größere Straßen auch mehr Verkehr produzieren, wiederholt sich auch in etlichen Megastädten des Südens. An einem intelligenten Verkehrskonzept und dem Aufbau eines leistungsfähigen ÖPNV führt kein Weg vorbei.

Wasserzugang	Welt	Südasien	Afrika*
sicher, zu Hause	85 %	61 %	46 %
sicher (< 30 min)	10 %	33 %	36 %
begrenzt (> 30 min)	2 %	2 %	10 %
unsicher	2 %	4 %	7 %
Oberflächenwasser	0,3 %	0 %	2 %

sicher = frei von Verunreinigungen und bei Bedarf frei zugänglich, Zeitangabe = Zeitaufwand zum Wasserholen
*Subsahara-Afrika

Sanitäre Einrichtungen	Welt	Südasien	Afrika*
sicher	43 %	k.A.	k.A.
elementar	40 %	69 %	41 %
begrenzt	9 %	19 %	32 %
unsicher	5 %	7 %	19 %
im Freien	2 %	5 %	8 %

sicher = Toiletten, wo die Exkremente sicher aufbereitet und entsorgt werden, elementar/begrenzt = Latrine, die (nicht) mit anderen Haushalten geteilt werden muss, unsicher = einfache Gruben, Eimer etc.
Quelle: WHO/UNICEF

M9: Zugang zu sicherem Trinkwasser und sanitären Einrichtungen in Städten 2015

M5: Verkehr in Dhaka (Bangladesch)

M7: Private Müllsammler in Johannesburg (Südafrika)

M6: Wasserversorgung in Neu-Delhi mit einem Tankwagen

M8: Illegale elektrische Anschlüsse in einer Favela

5.6 Informelle städtische Wirtschaft

Mehr als die Hälfte der erwerbstätigen Bevölkerung in den Städten des globalen Südens geht keiner „regulären“ Tätigkeit nach, sondern arbeitet im informellen Sektor.

Informelle Wirtschaft
Teil einer Volkswirtschaft, der statistisch und steuerlich nicht erfasst wird, dessen Aktivitäten staatlich nicht registriert und kontrolliert sind und in dem keine formellen Beschäftigungsverhältnisse vorliegen.

Schon in den 1960er-Jahren stellte man fest, dass die Zuwanderung von Arbeitskräften in die Städte sich nicht in der offiziellen Beschäftigungsstatistik widerspiegelte, sondern dass eine große und wachsende Zahl von Menschen mit nicht erfassten Aktivitäten beschäftigt war. Seitdem unterscheidet man zwischen einer formellen und **informellen Wirtschaft**. Hierzu zählen Betreiber von Garküchen und Imbissständen (M4), fliegende Händler, Müllsammler, Lastenträger, Schuhputzer, Wäscher (M3), Parkwächter, Straßenmusiker, Handwerker jeglicher Art, Heimarbeiter, Haushaltshilfen und vieles mehr. Typische Merkmale sind:

- kleine Organisationseinheiten: Kleinstunternehmen, Einzelselbstständige,
- private Haushalte oder Privatpersonen als Eigentümer,
- Mitbeschäftigung von Familienangehörigen,
- Einsatz von arbeitsintensiven und angepassten Technologien,
- Verwendung von lokalen Ressourcen,
- leichter Marktzugang, aber unregulierte und wettbewerbsintensive Märkte,
- Fehlen von Arbeitsverträgen (oder nur mündlich), Renten-, Arbeitslosen- und Krankenversicherung, Kündigungsschutz und Arbeitsschutzbestimmungen,
- niedriges und unsicheres Einkommen.

Neben Tätigkeiten in den Bereichen Handel, Produktion und Reparatur, Bauwesen sowie personenbezogenen Dienstleistungen (Gastronomie, Müllbeseitigung, Wachdienste, Kultur etc.) schließt die informelle Wirtschaft – abgesehen vom Nichtzahlen von Steuern – auch illegale Beschäftigungen (Diebstahl, Rauschgifthandel, Betrug, Prostitution) und Bettelei mit ein. Nicht immer aber oft fehlt den informell Beschäftigten eine berufliche Ausbildung, um Chancen im formellen Arbeitsmarkt zu haben. Die Mehrzahl der Menschen arbeitet nicht freiwillig in der informellen Wirtschaft, sondern als Folge mangelnder Möglichkeiten in der formellen Wirtschaft und wegen des Fehlens anderer Existenzgrundlagen.

Auf dem Land ist informelle Arbeit allerdings noch häufiger (84,2 % in Entwicklungs- und Schwellenländern).

Die Internationale Arbeitsorganisation (ILO) gibt an, dass mehr als 52,4 Prozent der städtischen Erwerbsbevölkerung in den Entwicklungs- und Schwellenländern ihren Lebensunterhalt in der informellen Wirtschaft verdient (43, 7 % weltweit), mit durchaus großen regionalen Unterschieden (M1). Ein beträchtlicher Anteil der „Informellen“ ar-

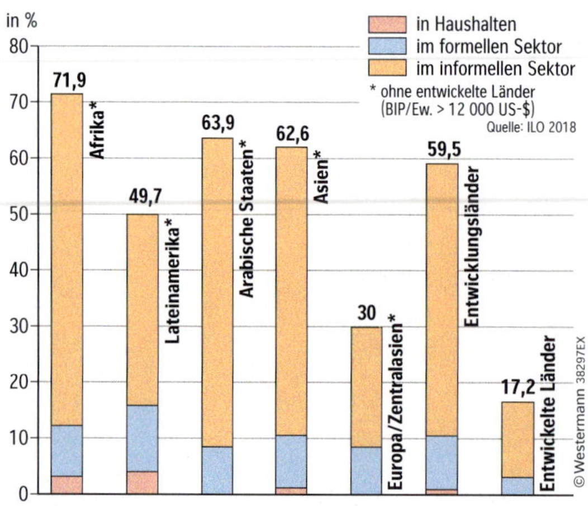

M1: Anteil der informell Beschäftigten in ausgewählten Regionen (ausgenommen Landwirtschaft) 2016

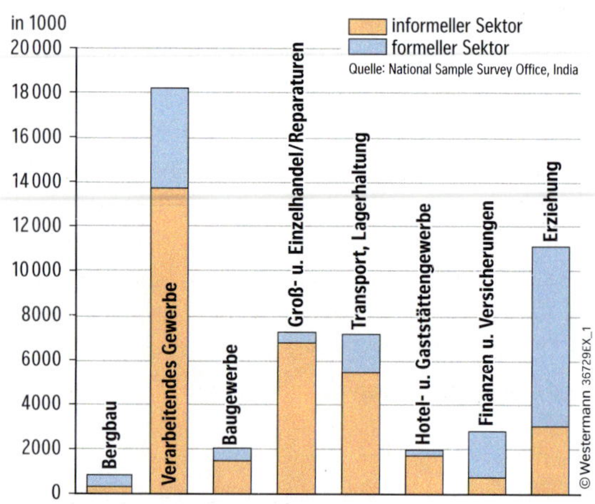

M2: Arbeitskräfte im formellen und informellen Sektor in Indien nach Wirtschaftskategorien 2012

M3: Wäscher in Mumbai (Indien)

M4: Straßenverkäuferinnen in Addis Abeba (Äthiopien)

beitet selbstständig oder gar als Unternehmer mit eigenen Angestellten, die Mehrheit sind aber Angestellte oder mitarbeitende Familienangehörige (M5). Insbesondere in den Entwicklungsländern ist der Anteil der Frauen im informellen Sektor höher als der der Männer. Auch findet Kinderarbeit überwiegend informell statt.

Doch die alleinig negative Sichtweise auf die Informalität gilt als überholt: Auf der einen Seite sichert die informelle Wirtschaft den Beschäftigten eine (bescheidene) Grundversorgung und Überlebenssicherung und stellt auf der anderen Seite kostengünstige Produkte und Dienstleistungen für die Geringverdienenden bereit, wovon letztlich auch Staat und Stadtverwaltung profitieren. Dabei ist es außerdem keineswegs so, dass der informelle Sektor grundsätzlich unproduktiv ist und lediglich einen geringen Beitrag zur städtischen Wirtschaft leistet. Er stellt eine weite Spanne von billigen, arbeitsintensiven und durchaus wettbewerbsfähigen Waren und Dienstleistungen zur Verfügung und zeichnet sich durch eine hohe Flexibilität und Anpassungsfähigkeit aus. Ein nicht unerheblicher Anteil der informell Beschäftigten arbeitet sogar im formellen Sektor (M1). Zudem vergibt die formelle Wirtschaft Unteraufträge in die informelle Wirtschaft, was ihre Produktion aufgrund niedriger Löhne und wegfallender Steuern und Abgaben extrem verbilligt. Mittlerweile besteht Einigkeit darüber, dass der Übergang von formellem und informellem Sektor fließend ist und es sich um eng miteinander verwobene Wirtschafts- und Interaktionskreisläufe handelt.

Bei der kritischen Betrachtung informeller Arbeit steht heute der Umstand im Fokus, dass sie ungeschützt – weder vom Staat noch von Gewerkschaften überwacht – stattfindet, mit mangelndem Sozialschutz, geringen Arbeitsrechten und ohne menschenwürdige Arbeitsbedingungen. Die Schaffung formeller Arbeitsplätze, die offizielle Registrierung und Überwachung informeller Tätigkeiten, der Ausbau öffentlicher Versorgungsleistungen und Erhöhung des Bildungsniveaus sind Schlüsselfaktoren zur Überwindung der Informalität.

	Entwicklungs- und Schwellenländer	Entwickelte Länder
Angestellte	35,4 %	51,3 %
Unternehmer*	2,5 %	6,5 %
Selbstständige	45,5 %	35,9 %
Mitbeschäft. Familienmitglieder	16,6 %	6,3 %

* mit Angestellten Quelle: ILO

M5: Informalität und Beschäftigungsstatus

1 Vergleichen Sie die Bedeutung der informellen Wirtschaft in bestimmten Regionen und Wirtschaftsbereichen (M1, M2).

2 Beurteilen Sie die Vor- und Nachteile des informellen Sektors für die Beschäftigten und die Stadt.

5.7 Verwundbarkeit und Umweltprobleme

Millionen- und Megastädte sind besonders verwundbar (vulnerabel) gegenüber durch die Natur und den Menschen selbst verursachte Gefahren. Hinzu kommt, dass sie aufgrund ihrer Strukturen und Wachstumsprozesse selbst eine ganze Reihe von sozialen, ökonomischen und ökologischen Gefahren produzieren.

Allein die Größe und die Bevölkerungsdichte von Megastädten erhöhen deren Risiko für eine Vielzahl von Gefahren, da die Folgen sich immer auf eine hohe Anzahl von Menschen auswirken. So kann eine Naturkatastrophe (Erdbeben, Tsunami, Wirbelsturm, Überschwemmung etc.), eine Epidemie, Wasser- und Nahrungsmittelmangel, ein terroristischer Akt, soziale Unruhen, ein Industrieunfall oder eine Wirtschaftskrise gravierende Folgen haben, meist weit über die Grenzen der Stadt hinaus. Aufgrund der Bedeutung der Städte (funktionale Primacy) haben solche Krisen dann oft einen weiten regionalen, nationalen oder gar globalen Ausstrahleffekt.

In der Vulnerabilitätsforschung gibt es verschiedene Ansätze. Ein konkretes Vulnerabilitätskonzept benutzt der Weltrisikoindex (siehe Atlas S. 252/253 www.weltrisikobericht.de).

Der in den Geowissenschaften verwendete Begriff der **Vulnerabilität** (Verwundbarkeit) macht deutlich, dass für das Ausmaß der Auswirkungen eines gefährlichen Ereignisses nicht nur dessen Stärke, sondern auch eine Reihe von weiteren Faktoren verantwortlich ist. Ein leicht nachvollziehbares Beispiel hierfür ist, welche Folgen ähnlich starke Erdbeben in einem hochentwickelten Land wie Japan oder in weniger entwickelten Ländern wie Haiti oder Indonesien haben. Von Bedeutung ist dabei neben der Anzahl der konkret bedrohten Menschen in einer Region oder Stadt (Gefährdung), welche technischen und organisatorischen Vorkehrungen getroffen wurden und welche Fähigkeiten die Gesellschaft besitzt, mit einer Katastrophe umzugehen, sie zu bewältigen und zu überwinden. Eine Stadt ist etwa bei einem Erdbeben ebenso besonders verwundbar durch eine veraltete Bausubstanz, eine hohe Bevölkerungsdichte und eine unsichere Stromversorgung wie durch hohe Armut, ein hohes Analphabetentum und eine korrupte Stadtverwaltung. Im Gegenteil erhöhen Deiche, ein Frühwarnsystem, ein funktionierendes Gesundheitssystem, soziale Netzwerke und demokratische Strukturen die Widerstandsfähigkeit (**Resilienz**). Das Verwundbarkeitskonzept wird aber nicht nur bei der Betrachtung von Natur- und Umweltkatastrophen eingesetzt, sondern findet auch Anwendung bei ökologischen (Klimawandel, Desertifikation etc.) oder aber sozialen Krisen (Armut, Bürgerkrieg, Metropolisierung etc.).

M1: Quellentext zum Konzept der Verwundbarkeit
Hans-Georg Bohle: Geographien der Verwundbarkeit. Geographische Rundschau 10/2007, S. 20–21

»

Das Konzept der Verwundbarkeit – sei es in den Umwelt-, Ingenieurs- oder Sozialwissenschaften – richtet sich immer auf zwei Aspekte: auf die Art und Intensität der Bedrohungen in der globalen Risikogesellschaft und auf die Frage, wie Menschen, aber auch Ökosysteme und technische Strukturen, mit diesen Bedrohungen fertig werden können – oder eben nicht. So besteht die soziale Verwundbarkeit im Kern aus einer Doppelstruktur mit einer externen Seite, die den Grad der Bedrohung angibt, und einer internen Seite, welche die Möglichkeiten der Betroffenen widerspiegelt, im Angesicht der Bedrohungen zu (über)leben. Der Grad der Verwundbarkeit ergibt sich aus dem Zusammenspiel der beiden Seiten. Verwundbarkeit ist immer dann besonders hoch, wenn erheblichen Bedrohungspotenzialen geringe Bewältigungs- und Anpassungskapazitäten gegenüberstehen. Umgekehrt ist die Verwundbarkeit gering, wenn ein niedriger Grad der Bedrohungen von hohen Anpassungsfähigkeiten begleitet wird. Dann kann man im Gegensatz zu Verwundbarkeit von menschlicher Sicherheit, Resilienz oder Robustheit sprechen.

«

M2: Port-au-Prince (Haiti) nach dem Erdbeben 2010 (220000 bis 500000 Tote, 1,85 Mio. Obdachlose, geschätzt)

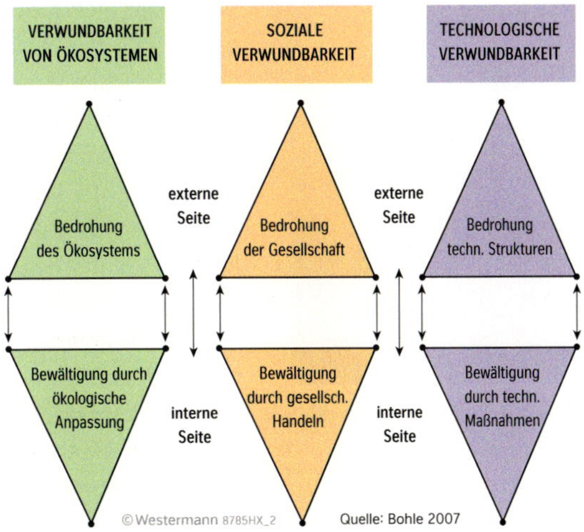

M3: Ökologische, soziale und technologische Verwundbarkeit

In Bezug auf die Verwundbarkeit von Städten durch Naturkatastrophen sind zwei Trends von Bedeutung: das starke Wachstum insbesondere der Küstenstädte und den mit dem Klimawandel verbundenen Phänomenen des Meeresspiegelanstiegs und der Zunahme von Extremwetterereignissen (M4). Hinzu kommt aber gerade in weniger entwickelten Ländern eine hohe Anfälligkeit (Bauweise der Gebäude, Mängel bei Infrastruktur etc.) und fehlende Bewältigungs- und Anpassungskapazitäten (schlechtes Katastrophenmanagement ineffektiver Verwaltungen, Mängel bei Gesundheits- und Nahrungsmittelversorgung, schlechter Gesundheitszustand der Bewohner etc.).

»

Auf globaler Ebene betrachtet findet städtisches Wachstum gerade in Entwicklungs- und Schwellenländern verstärkt in hoch exponierten Küsten- und Deltaregionen statt. In Asien beispielsweise leben heute bereits mehr als 18 Prozent der urbanen Bevölkerung in der „Low Elevation Coastal Zone", das heißt in Küstengebieten mit weniger als zehn Metern Höhe über dem Meeresspiegel. [...] Von den weltweit rund 350 Millionen städtischen Bewohnern dieser Zone [leben] *rund 30 Prozent in Ländern mit geringem und weitere 36 Prozent in Ländern mit mittlerem Einkommen im unteren Bereich. [...]*
Auf der Maßstabsebene der einzelnen Städte lässt sich feststellen, dass sich in den Ländern mit niedrigem Einkommen aufgrund der raschen Urbanisierung Städte besonders häufig in hoch exponierte Gebiete ausbreiten, die zuvor aufgrund ihrer Gefährdungslage von Bebauung ausgespart waren. Die Höhe der Hochwasserschäden in Bangkok im Jahre 2011 beispielsweise lässt sich unter anderem dadurch erklären, dass die Stadt sich in den vergangenen Jahrzehnten ungeplant innerhalb des Chao-Phraya-Deltas ausgedehnt hat und zusätzlich zahlreiche Flussläufe und Kanäle im Zuge der Ausbreitung zugeschüttet wurden. [...] In vielen Entwicklungs- und Schwellenländern mit rascher Urbanisierung und unzureichender Verfügbarkeit von erschwinglichem Wohnraum müssen Arbeitsmigranten und andere Armutsgruppen aufgrund mangelnder Alternativen oftmals auf urbanen Brachflächen siedeln. Diese sind häufig durch ein Gefahrenpotenzial gekennzeichnet und werden daher von anderen Nutzergruppen gemieden.

«

M4: Quellentext zur Gefährdung von Städten
Matthias Garschhagen: Urbanisierung und Risiko – Herausforderungen und Chancen. In Bündnis Entwicklung Hilft (Hrsg.): Weltrisikobericht 2014 Risikoraum Stadt. Berlin 2014, S. 12, 14

Gefährliche Siedlungsflächen sind zum Beispiel an Steilhängen gebaute und von Hangrutschung bedrohte Favelas in lateinamerikanischen Städten wie Rio de Janeiro oder von Ufererosion und Hochwasser bedrohte Slum-Siedlungen entlang von Kanälen und Flussläufen in vielen asiatischen oder afrikanischen Städten wie Mumbai oder Lagos.

5.7 Verwundbarkeit und Umweltprobleme

M1: Smog in der ostchinesischen Stadt Jiujiang

Wie bereits mehrfach angeklungen, ist die Verstädterung in den Ländern des Südens auch mit zahlreichen ökologischen Risiken verbunden. Als Zentren wirtschaftlicher/industrieller Aktivität treten in Städten diverse Emmissionen auf. Zur Luftverschmutzung mit Schadstoffen tragen aber auch maßgeblich die Verkehrs- und Infrastrukturprobleme und ein unterentwickeltes Umweltbewusstsein bei (vgl. Kap. 5.3). Häufiger als im globalen Norden werden zum Kochen und Heizen fossile Energieträger (Holz, Briketts etc.) eingesetzt. Oftmals werden die Grenzwerte der Weltgesundheitsorganisation (WHO) für Luftschadstoffe stark überschritten. Abhängig von topographischen Begebenheiten und saisonalen Wetterlagen kommt es in vielen Städten zu Smog (M1).

Auch das Wasser wird durch Städte stark belastet. Industrie, manche Dienstleistungsbetriebe und auch die privaten Haushalte leiten organische und anorganische, oft ungeklärte Abwässer nicht selten in offenen Abwasserkanälen in Flüsse, Seen, ins Grundwasser und Meer. Verschmutztes Wasser und mangelnde sanitäre Einrichtungen bergen ein eklatantes Gesundheitsrisiko für die Stadtbewohner.

Megastädte produzieren gewaltige Mengen Müll, die das Stadtbild nicht nur in den Slums prägen. Vielerorts haben sich informell Recycling-Systeme etabliert, da eine reguläre Müllabfuhr nur bedingt funktioniert und für viele Menschen das Müllgeschäft eine wenn auch geringe und gesundheitsgefährdende Einnahmequelle bietet (M2). Riesige Mengen Müll werden trotzdem ungeregelt und offen auf (illegalen) Deponien gelagert und verbrannt (starke Luftbelastung). Neben normalem Siedlungsmüll (mit einem stetig steigenden Anteil an Kunststoffen) existieren in vielen Städten keine Systeme oder auch Vorschriften zur Entsorgung von giftigen Abfällen (Schwermetalle, Öl, Krankenhausabfälle etc.).

Schätzungen zufolge könnten die Städte mit mehr als 100000 Einwohnern zwischen 2000 und 2030 ihre bebaute Fläche um 175 Prozent ausdehnen, während die urbane Bevölkerung in diesem Zeitraum nur um 72 Prozent wachsen wird.

Schließlich kommt hinzu, dass Suburbanisierung keineswegs nur ein Phänomen der Städte in Industrieländern ist. Die rasche Ausbreitung informeller Siedlungen sowie von Industrie und Gewerbe gepaart mit einer fehlenden Flächennutzungsplanung führt auch in den Städten des globalen Südens dazu, dass sie sich rasant in die Fläche ausbreiten. Bodenversiegelung (Veränderung des Wasserkreislaufs, Erosion, Erwärmung etc.) und Umwandlung von Ökosystemen (Verlust von Biodiversität) sind die Folge. Da sich Städte aber nicht nur in ökologisch empfindliche Gebiete (z. B. Flussauen, Küstensümpfe) ausdehnen, sondern oft auch in zuvor landwirtschaftlich genutzte Areale, erschweren Flächennutzungsänderungen die Lebensmittelversorgung des urbanen Raums.

M2: Metallsammler auf einer Deponie in Accra (Ghana)

M3: Offener Abwasserkanal in Dhaka (Bangladesch)

1 Erläutern Sie die Begriffe soziale, ökologische und technologische Verwundbarkeit (M3, S. 129).
2 Charakterisieren Sie die Gefahren für Küstenstädte.

Chancen durch nachhaltige Stadtentwicklung 5.8

Bei der Umsetzung einer nachhaltigen Entwicklung kommt den Städten in den Ländern des Südens eine Schlüsselrolle zu. Schon um die gewaltigen eigenen Probleme zu lösen, ist es von Bedeutung, dass alle Akteure – Politik, Wirtschaft und Bevölkerung – bei Planung und Umsetzung zusammenarbeiten.

» *Städte sind als Konzentrationspunkte intensiver Bevölkerungsverdichtung und (inter-)nationaler Migration sowie Akkumulationszentren von Kapitalflüssen, Produktions- und Dienstleistungssystemen zugleich führende politische und ökonomische Entscheidungs- und Steuerungsmotoren weit über ihre unmittelbaren Verwaltungs- und Einzugsbereiche hinaus. Zudem sind sie Zentren von Investition, Innovation und Interaktion sowie Experimentierfelder, Vorreiter und Wegweiser für zukünftige Entwicklungen.*

Mareike Kroll, Frauke Krass, *deutsche Geographinnen*

Trotz aller Probleme und Risiken wird in Städten das Potenzial gesehen, nicht nur ihre eigenen Schwierigkeiten zu lösen, sondern auch die Keimzellen für eine nachhaltige Entwicklung in ihren Ländern zu sein. Gerade durch die hohe Bevölkerungskonzentration in urbanen Räumen ergeben sich Chancen (M4, S. 117): Öffentlicher Nahverkehr, Wohnraum, Energie- und Wasserversorgung können in dicht besiedelten Gebieten kostengünstiger und umweltverträglicher organisiert werden. Die Stadtbevölkerung hat meist Zugang zu einem größeren und vielfältigeren Arbeitsmarkt und Städte sind aufgrund des hohen Arbeitskräftepotenzials attraktive Standorte für Unternehmen. Auch der Zugang zu Gesundheit und Bildung für eine große Zahl von Menschen ist in der Stadt effizienter zu erreichen. Dort, wo viele kommunizieren und ihre Gedanken auch mit Menschen anderer Länder austauschen, lassen sich Ziele wie Gleichberechtigung und demokratische Strukturen leichter umsetzen. So sind Städte am ehesten Orte des wirtschaftlichen, ökologischen und sozialen Wandels, in denen nachhaltig innovative Wirtschaftsformen und neue Lebensstile entwickelt werden können.

Trotz solcher positiven Grundvoraussetzungen haben es die nationale Politik und die Stadtverwaltungen bislang nur selten geschafft, Herr der immensen Probleme in den unkontrolliert wachsenden Metropolen des globalen Südens zu werden. Die lokalen Stadtverwaltungen leiden meist an schlechter personeller und finanzieller Ausstattung und tragen nicht selten durch Korruption zu den Problemen bei. Auch das Agieren privater (internationaler) Wirtschaftsunternehmen verringert die Steuerungsfähigkeit der öffentlichen Hand (M4). Daher wird im Rahmen einer nachhaltigen Stadtentwicklung diskutiert, inwieweit die Städte von internationaler Zusammenarbeit profitieren und wie auch die (arme) Bevölkerung in die großen und kleinen Stadtentwicklungsprojekte sinnvoll mit einbezogen werden kann (Partizipation).

„Städte sind die Orte, an denen der Kampf für nachhaltige Entwicklung gewonnen oder verloren wird."

Ban Ki-Moon, *ehemaliger UN-Generalsekretär*

M6: Zitat

In der jüngeren Geschichte des Nordens fungierten Städte als Innovationszellen in fast allen Bereichen und wirkten als Entwicklungspole mit vielfältigen Ausstrahlungseffekten ins nahe und weitere Umland. Voraussetzung dafür waren funktionierende städtische und auch ländlich/dörfliche Gemeinwesen. Dieses Modell der Wachstumspole im Sinne eines modernisierungstheoretischen Entwicklungsverständnisses wurde auch für den Süden lange propagiert, hat dort aber eigentlich nie funktioniert.

Fred Scholz, *deutscher Geograph*

M7: Zitat

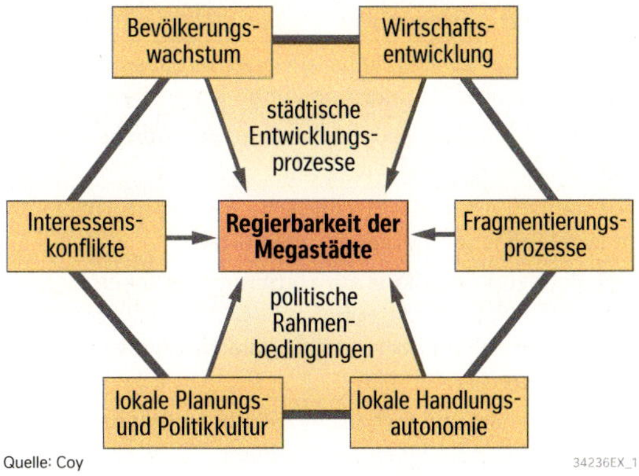

Quelle: Coy 34236EX_1

M4: Einflussfaktoren zur Regierbarkeit von Megastädten

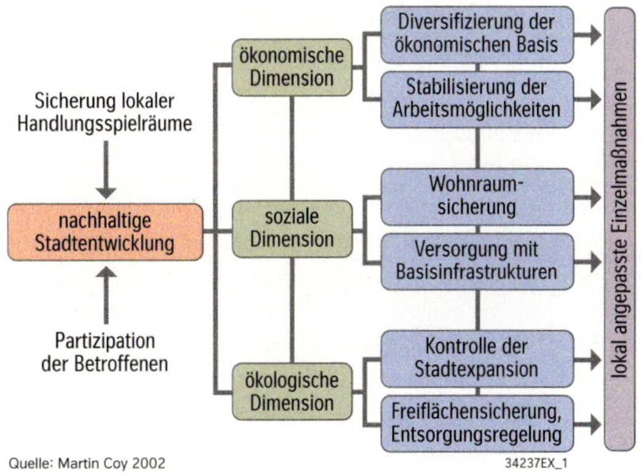

Quelle: Martin Coy 2002 34237EX_1

M5: Prioritäten nachhaltiger Stadtentwicklung

5.8 Chancen durch nachhaltige Stadtentwicklung

Es ist keinesfalls so, dass sich in den verschiedenen Regionen des globalen Südens – in Lateinamerika, Subsahara-Afrika, der arabischen Welt, in Indien, China und den anderen asiatischen Regionen – die Muster von Verstädterung und Urbanisierung gleichen. Zwar gibt es einige Aspekte wie Metropolisierung, Polarisierung, Fragmentierung und Marginalisierung, die überall auftreten, aber ihre konkreten Erscheinungsformen unterscheiden sich sogar auf Länderebene. Dies gilt auch für die Impulse, die von staatlicher Planung und Politik ausgehen. Sie reichen von vollkommener Laissez-faire-Politik und Gleichgültigkeit in einigen Ländern bis hin zu durchaus ambitionierten und ausgeklügelten Visionen und Zukunftsvorstellungen in anderen Ländern.

Schnell einsichtig ist, dass es nur wenig Sinn macht, westliche Stadtentwicklungsideen und -leitbilder zu kopieren und eins zu eins auf die Städte des globalen Südens zu übertragen. Zahlreiche Planstädte nach westlichen Entwicklungsidealen wie Chandigarh (Indien), Yamoussoukro (Elfenbeinküste) oder Anting (China) zeigen, dass die dort umgesetzten Ideen meist an den Bedürfnissen der Stadtbewohner vorbeigingen. In bestehenden Städten des Südens gilt es zum Teil ganz andere Schwerpunkte im Sinne einer nachhaltigen Stadtentwicklung anzugehen als in den Städten des Nordens (M1).

- Armutsbekämpfung
- Wohnraumsicherung
- Ausbau von Basisinfrastrukturen
- Zugang zu Basisdienstleistungen
- Kontrolle des Stadtwachstums
- Interessensausgleich zwischen formeller und informeller Stadt
- Partizipation

M1: Konzepte und Inhalte einer nachhaltigen Stadtentwicklung in den Städten des Südens (Auswahl)

Auch die internationale Staatengemeinschaft setzt sich mit den Problemen der Städte auseinander. So fand 2016 in Quito (Ecuador) die dritte „UN-Conference on Housing and Sustainable Development“ (kurz: Habitat III) mit 30000 Teilnehmern aus den Bereichen Politik, Wirtschaft, Wissenschaft und Zivilgesellschaft statt, um sich mit den Herausforderungen der Urbanisierung zu beschäftigen. Man einigte sich auf eine „New Urban Agenda“ als Richtschnur einer globalen nachhaltigen und integrierten Stadtentwicklung. Auch die 2016 in Kraft getretenen Sustainable Development Goals (SDG, Ziele für nachhaltige Entwicklung) der 2030 Agenda formulieren in Ziel 11 Forderungen für eine nachhaltige Stadt (M2). Wie aber die Ziele konkret erreicht werden sollen, bleibt weitestgehend offen beziehungsweise der Kreativität der lokalen Akteure überall auf der Welt überlassen.

Ziel 11	Städte und Siedlungen inklusiv, sicher, widerstandsfähig und nachhaltig gestalten
11.1	Bis 2030 den Zugang zu angemessenem, sicherem und bezahlbarem **Wohnraum** und zur Grundversorgung für alle sicherstellen und Slums sanieren
11.2	Bis 2030 den Zugang zu sicheren, bezahlbaren, zugänglichen und nachhaltigen **Verkehrssystemen** für alle ermöglichen und die Sicherheit im Straßenverkehr verbessern, insbesondere durch den Ausbau des öffentlichen Verkehrs
11.3	Bis 2030 die Verstädterung inklusiver und nachhaltiger gestalten und die Kapazitäten für eine **partizipatorische, integrierte und nachhaltige Siedlungsplanung und -steuerung** in allen Ländern verstärken
11.4	Die Anstrengungen zum Schutz und zur Wahrung des **Weltkultur- und -naturerbes** verstärken
11.5	Bis 2030 die Zahl der durch **Katastrophen**, einschließlich Wasserkatastrophen, bedingten Todesfälle und der davon betroffenen Menschen deutlich reduzieren und die dadurch verursachten unmittelbaren wirtschaftlichen Verluste im Verhältnis zum globalen Bruttoinlandsprodukt wesentlich verringern
11.6	Bis 2030 die von den Städten ausgehende **Umweltbelastung** pro Kopf senken, unter anderem mit besonderer Aufmerksamkeit auf der Luftqualität und der kommunalen und sonstigen Abfallbehandlung
11.7	Bis 2030 den allgemeinen Zugang zu sicheren, inklusiven und zugänglichen **Grünflächen und öffentlichen Räumen** gewährleisten
11.a	Durch eine verstärkte nationale und regionale Entwicklungsplanung positive wirtschaftliche, soziale und ökologische **Verbindungen zwischen städtischen, stadtnahen und ländlichen Gebieten** unterstützen
11.b	Bis 2020 die Zahl der Städte und Siedlungen, die **integrierte Politiken und Pläne** zur Förderung der Inklusion, der Ressourceneffizienz, der Abschwächung des Klimawandels, der Klimaanpassung und der Widerstandsfähigkeit gegenüber Katastrophen beschließen und umsetzen, wesentlich erhöhen und ein ganzheitliches Katastrophenrisikomanagement auf allen Ebenen entwickeln und umsetzen
11.c	Die am wenigsten entwickelten Länder unter anderem durch finanzielle und technische Hilfe beim Bau nachhaltiger und widerstandsfähiger **Gebäude** unter Nutzung einheimischer Materialien unterstützen

M2: Sustainable Development Goal 11 und seine Unterziele

»
Eine großzügig angelegte Allee mit hohen, Schatten spendenden Bäumen führt [in der äthiopischen Stadt Bahir Dar] *von Süden nach Norden in gerader Achse auf den Tanasee zu. Banken, ein paar Textilkaufhäuser, Autohäuser, Restaurants, hier und da ein Internetcafe säumen die Prachtstraße. Die Gebäude sind nichts Besonderes, wie überall in schnell wachsenden Städten in Afrika dominieren mehrstöckige, in Stahlskelettbauweise erstellte Geschäftshäuser, es gibt keine architektonischen Formen, die im Gedächtnis bleiben.* [...]
Die Lage der Stadt am größten See des äthiopischen Hochlandes hat von Generation zu Generation immer wieder politische Visionäre, Utopisten und Planer beflügelt. [...] *Vor vier Jahren wurde ein kanadisches Planungsbüro beauftragt, ein neues Entwicklungskonzept für Bahir Dar vorzubereiten. Diesmal wollten die Planer ihre Ideen nicht nur am Reißbrett, sondern im Dialog mit der Bevölkerung konkretisieren.*
So viele hochfliegende Pläne, doch in der Wirklichkeit haben sie nur wenige Spuren hinterlassen. Denn afrikanische Städte entwickeln sich anders. Man braucht nur von der asphaltierten Allee in eine der unbefestigten Nebenstraßen oder einen der Trampelpfade einzubiegen. Kaum 30 Meter hinter den gepflegten Fassaden beginnt das andere Bahir Dar, die Stadt der Zuwanderer aus den Dörfern. Auf den ersten Blick erscheinen diese Stadtviertel wie ein planloses Gewirr aus eingeschossigen Lehmhäusern, mehrstöckigen Mietshäusern aus Zementblöcken und kleinen Werkstätten. Zwischen den Schlaglöchern und den Pfützen, die der letzte Regen hinterlassen hat, spielen Kleinkinder, laufen Schulkinder zum Unterricht, treiben Männer und Frauen ihre mit Feuerholz und anderen Lasten schwer bepackten Maulesel an und bahnen sich ihren Weg zwischen Ziegen, Hühnern und anderem Viehzeug. In den schmalen Lücken zwischen den Häusern haben die Bewohner Gemüsebeete angelegt und Obstbäume gepflanzt.
Auch hier geschieht nichts ohne Plan. Aber der Plan hat wenig mit den Konzepten der Stadtplaner zu tun, er entwickelt sich in den Köpfen der Menschen, die aus dem Dorf kommen, Arbeit gesucht, mit Glück ihre Nische gefunden haben und sich nun in ihrem Stadtviertel einrichten. So treffen wir auch hier, wie fast überall in den Ländern des Globalen Südens, auf das Nebeneinander von formeller Stadtplanung und informeller Stadtentwicklung an den Rändern und in den Nischen und Zwischenräumen der geplanten Stadt. [...]
Die Bewohner informeller Siedlungen haben einen hybriden Lebensstil entwickelt, der Elemente des Städtischen mit dem Ländlichen verbindet. Und dazu gehört auch eine ganz neue Form von Städtebau. Sicher, das ist häufig ein provisorischer Städtebau, nicht immer langlebig und zukunftsfähig. Aber eben sehr oft bedürfnisgerecht.
Und aus dieser Erkenntnis ergibt sich auch die aus meiner Sicht wichtigste Anforderung an gute, zukunftsfähige Stadtplanung in den Ländern des Globalen Südens: Die Entwicklung von stadtplanerischen Visionen, die die Bedürfnisse aller Stadtbewohner, der Mittelschicht wie der städtischen Armen in den informellen Siedlungen, in ein gesamtstädtisches Konzept integrieren.

M3: Quellentext zu Stadtplanung in Bahir Dar
Einhard Schmidt-Kallert: Magnet Stadt. Wuppertal: Peter Hammer 2016, S. 149–152

M4: Hauptstraße in Bahir Dar

M5: Nebenstraße in Bahir Dar

„Meine Zukunftsvision ist die einer polyzentrischen Metropolregion. Jeder Bewohner muss Zugang zu Infrastruktur und die Chance auf einen Job haben. Wohnen und öffentlicher Nahverkehr müssen für den Großteil der Bevölkerung bezahlbar sein. Das bauliche Erbe muss ebenso bewahrt bleiben wie die natürlichen Ressourcen, die Wälder, Wasservorräte, der Fischreichtum und die Landwirtschaft."
Uma Adusumilli, *Chef-Stadtplanerin der Metropolregion Mumbai (2018)*

M6: Zitat

1 Charakterisieren Sie die Ziele einer nachhaltigen Stadtentwicklung in den Ländern des Südens (M1, M2).
2 Vergleichen Sie die Ansätze Stadtentwicklung von „oben" und „unten" (M3).
3 Nehmen Sie Stellung zu dem Zitat von Ban Ki-Moon (M6, S. 131).

Ausgewählte Literatur

Bähr, J., Jürgens, U.: Stadtgeographie II. Braunschweig: Westermann 2009
Borsdorf, A., Bender, O.: Allgemeine Siedlungsgeographie. Köln, Weimar, Wien: Böhlau 2010
Breuste, J., Pauleit, St., Haase, D., Sauerwein, M.: Stadtökosysteme, Funktion, Management und Entwicklung. Berlin, Heidelberg: Springer Spektrum 2016
Bronger; D: Metropolen, Megastädte, Global Cities. Darmstadt: WBG 2016
Endlicher, W.: Einführung in die Stadtökologie, Grundzüge des urbanen Mensch-Umwelt-Systems. Stuttgart: Ulmer 2012
Fassmann, H: Stadtgeographie I. Braunschweig: Westermann 2009
Friedrichs, J., Glatter, J.: Gentrifizierung. Leverkusen: Barbara Budrich 2019
Gaebe, W.: Urbane Räume. Stuttgart: Ulmer UTB 2004
Gehl, J.: Städte für Menschen. Berlin: Jovis 2015
Hahn, B.: Die US-amerikanische Stadt im Wandel. Berlin, Heidelberg: Springer Spektrum 2014
Heineberg, H.: Stadtgeographie. Paderborn, München, Wien, Zürich: Schöningh 2017
Henninger, S. (Hrsg.): Stadtökologie, Bausteine des Ökosystems Stadt. Paderborn: Ferdinand Schöningh 2011
Hofmeister, G.: Die Stadtstruktur. Darmstadt: WBG 1996
Lichtenberger, E.: Die Stadt: von der Polis zur Metropolis. Darmstadt: WBG 2011
Paesler, R.: Stadtgeographie. Darmstadt: WBG 2012
Priebs, A: Die Stadtregion: Planung – Politik – Management. Suttgart: Ullmer 2018
Rink, D., Haase, A.: Handbuch der Stadtkonzepte. Leverkusen: Barbara Budrich 2018
Schmidt-Kallert, E.: Magnet Stadt: Urbanisierung im Globalen Süden. Wuppertal: Peter Hammer 2016
WBGU – Wissenschaftlicher Beirat der Bundesregierung Globale Umweltveränderungen: Der Umzug der Menschheit: Die transformative Kraft der Städte. Berlin: WBGU 2016
→ www.wbgu.de/hg2016

Geographische Rundschau
Themenheft 6/2018: Die Zukunft der Städte
Themenheft 5/2017: Natur in der Stadt
Themenheft 7-8/2017: Smart Cities
Themenhefen 10/2015: Urbane Konflikte
Themenheft 9/2016: Regionen in Schrumpungsprozessen
Themenheft 5/2014: Slums und Gettos
Themenheft 1/2014: Flughäfen und Stadtentwicklung
Themenheft 2/2013: Berlin
Themenheft 11/2010: Europäische Metropolregionen und Raumordnung
Themenheft 7-8/2009: Stadtgeographie und Baukultur
Themenheft 2/2009: Städtetourismus
Themenheft 11/2008: Megastädte in Entwicklungsländern
Themenheft 6/2006: Großstädte in Deutschland

Internetlinks

Bundesinstitut für Bau-, Stadt- und Raumordnung (BBSR)
www.bbsr.bund.de
Bundeszentrale für Politische Bildung
Dossier „Stadt und Gesellschaft
→ www.bpb.de/politik/innenpolitik/stadt-und-gesellschaft/
Dossier Megastädte
→ www.bpb.de/internationales/weltweit/megastaedte/
Deutsches Institut für Urbanistik
→ https://difu.de
Kommon. Informationssystem der Städte, Gemeinden, Kreise und Verbände
→ www.kommon.de/
Nationale Stadtentwicklungspolitik
→ www.nationale-stadtentwicklungspolitik.de
TU Berlin Smart City Platform
→ www.smartcity.tu-berlin.de
Umweltbundesamt - Nachhaltige Mobilität
→ www.umweltbundesamt.de/themen/verkehr-laerm/nachhaltige-mobilitaet
World Urbanization Prospects
→ www.un.org/development/desa/publications/2018-revision-of-world-urbanization-prospects.html

Register

fett – definierender oder erläuternder Text in der Marginalspalte

Quellenverzeichnis

6 Hartmut Häußermann, Walter Siebel: Neue Urbanität. Frankfurt am Main: Suhrkamp 1987, S. 7

6 Lexikon der Geographie. Heidelberg: Spektrum 2001

6 Mein Rostock, Text: Berger, Dirk Heinz/Conen, David/Illvibe, DJ/Laciny, Marten 4/Garcia Soler, Jose Antonio. Copyright: Hanseatic Musikverlag GmbH & Co. KG, Hamburg/BMG Rights Management GmbH, Berlin/Budde Music Publishing GmbH

7 Veolia Umweltservice Insight 1/2008, S. 13

7 Ludger Basten, Ulrike Gerhard: Stadt und Urbanität. In: Humangeographie kompakt. Berlin: Springer 2016, S.116

12 M 1 Axel Borsdorf, Oliver Bender: Allgemeine Siedlungsgeographie. Wien: Böhlau 2010, S.77

70 Monika Dittrich, Helmut Frei: Große Shoppingcenter in der Kritik. Deutschlandfunk 30.7.2015

79 M 5 Basten, Gerhard; S.134

82 Basten, Gerhard; S.135

89 Bundesinstituts für Bau-, Stadt- und Raumforschung: Nachhaltige Stadtentwicklung www.bbsr.de

133 M 5 Gläserne Menschen in Filterblasen. Frankfurter Allgemeine Sonntagszeitung 18.2.2018, S.56

Bildnachweis

alamy images, Abingdon/Oxfordshire: 21, 39 M 7(View Stock), 70 M 3 (Hans Blossey), 82 M 1, 119 M 6 (Cancalosi, John), 123 M 4 (agence FOB);

Appelhans, Nadine, Dortmund: 133 M 4, 133 M 5;

Atelier Katharina Duwe, Hamburg: 7 1.R.;

Aurelis Real Estate GmbH, Eschborn: Laubner, Dirk - Berlin 53 M 6;

Barber, John Seb, Leeds: 28 M 1;

Behörde für Umwelt und Energie, Landschaftsplanung und Stadtgrün, Hamburg: 93 M 6;

Brauch, André, Reutlingen: 26 M 1;

Bundesamt für Bauwesen und Raumordnung (BBR), Bonn: 13 M 6, 13 M 7, 55 M 4;

City-Residence GmbH, Frankfurt: 58 M 1, 58 M 2, 58 M 3;

Denkmalpflege und Archäologie, Luzern: 22 M 1;

dreamstime.com, Brentwood: 40 M 2 (Linqong), 40 M 3 (Dancancer);

Eisenbahner-Wohnungsbaugenossenschaft Dresden eG (EWG), Dresden: Archiv EWG Dresden eG 52 M 3, 52 M 4;

ELBE&FLUT, Hamburg: Thomas Hampel 79 M 4;

fotolia.com, New York: 31 M 4 (joemanjiarts), 35 M 4 o. (Phil_Good);

Fraport AG, Frankfurt/Main: 72 M 4, 74 M 1;

Getty Images, München: 38 M 2 (Paulo Fridman), 115 M 4 (Rahman, Arju);

Hermes, Stephanie, Hardegsen-Hevensen: 7 3.R., 8 M 2;

iStockphoto.com, Calgary: 5 (Alija, Orbon), 6 3.R., (AsianDream), 7 2.R. (bluejayphoto), 17 M 4(pawel.gaul), 29 M 7, (KorobanovaMarina), 31 M 5 (cuiphoto), 32 M 2 (zanskar), 34 M 1(Carillet, Joel), 38 M 1 (C_Fernandes), 42 M 1, 44 M 4 (Arpad Benedek), 47 (hanohiki), 48 M 3 (geogif), 48 M 4 (ollo), 53 M 5 (querbeet), 63 M 4 (elxeneize), 65 M 5 (ChrisHepburn), 65 M 6 (laranik), 77 (Marco_Bonfanti), 114 M 1 (sara_winter), 116 M 3 (Alfribeiro), 119 M 5 (holgs), 121 M 6 (paulprescott72), 125 M 8 (luoman), 129 M 2 (Niko Guido), 130 M 2 (niewielki);

Kiel-Marketing e.V., Kiel: 104 M 1;

Klack, Gunnar: 84 M 3 (CC-BY-SA-4.0);

Merian, Matthaeus: 6 1.R.;

Miller, Johnny, Cape Town: 109;

NASA - Earth Observatory: 14 M 3;

Petermann, Sandra, Mainz: 35 M 4 u.;

Picture-Alliance GmbH, Frankfurt/M.: 6 4.R. (Bernd Wustneck), 56 M 1(Jan Woitas/dp), 56 M 2(R. Goldmann), 83 M 3 (Rumpf), 102 M 1(Stephan), 103 M 5 (Alessandra Schellnegger), 105 M 5 (Arne Dedert dpa/lhe), 125 M 6 (AP Photo/Manish Swarup);

REUTERS, Berlin: Desmond Boylan 121 M 5;

Ruhl, Nikolaus: 53 M 7;

Senatsverwaltung für Stadtentwicklung und Wohnen, Berlin: Umweltatlas Berlin 96 M 4,

Shutterstock.com, New York: 23 M 5 (Edge, Simon), 24 M 3 (gerdharder); 30 M 2 (Kokhanchikov), 30 M 3 (rlassman), 36 M 2 (Vinces, Christian),40 M 4 (HelloRF Zcool), 43 M 4 (marchello74); 44 M 3 (rSnapshotPhotos), 52 M 2 (ollo), 67 M 3(Noppasin Wongchum), 69 M 6 (Nataly Reinch), 88 M 4 (AsianDream), 97 M 5 (Giancarlo Liguori), 104 M 3 (mkrberlin), 116 M 2 (Alfribeiro), 119 M 7 (Silentgunman), 122 M 3 (Klaaste, Howard), 125 M 5 (MissRuby), 125 M 7 (VladanRadulovicjh), 127 M 3(Zzvet), 127 M 4 (StevanZZ Titel; Sunshine Seeds), 130 M 1(humphery), 130 M 3 (Sk Hasan Ali);

Stadt Bochum, Kommunikationsservice - Presse und Informationsamt, Bochum: 28 M 4;

Standortinitiative MertonViertel, Frankfurt am Main: 72 M 3;

stock.adobe.com, Dublin: 6 2. R. (Oliver Hoffmann), 7 4. R. (Seybert, Gerhard), 8 o. (auremar), 8 u. (bilanol), 60 M 1 (anderssehen), 62 M 2, 62 M 3 (ArTo), 63 M 5 (elxeneize), 63 M 8 (Tiberius Gracchus), 91 M 6 (warloka79), 101 M 7, 104 M 4 (Franz);

Voß, Gerhard, Hannover: 85 M 7,

Werkladen Conzen Kunst Service GmbH, Köln: 86 M 1;

wikimedia.commons: 27 M 5 (Immanuel Giel/Lizenz: CC 0), 37 M 3 (aleposta Lizenz: CC-BY-SA-4.0), 42 M 2 (Library of congress), 65 M 4 (JLuetkestratkoetter/Lizenz: CC-BY-SA-3.0), 70 M 4 (Axel Hindemith / Lizenz: Creative Commons CC-by-sa-3.0 de), 84 M 2 (Lizenz: CC-BY-SA 3.0), 122 M 1 (Lukaaz Lizenz: CC-BY-SA-4.0), 123 M 6 (Amol. Gaitonde/Lizenz: CC-BY-SA 3.0).